DICTÉE

D'UN

PROFESSEUR DE DROIT FRANÇAIS.

Majores majora sonent; mihi parva locuto.
Sufficit in vestras sæpè redire manus.
MARTIAL.

PREMIÈRE ANNÉE.

Années scholaires 1830-1831, 1833-1834, 1836-1837.

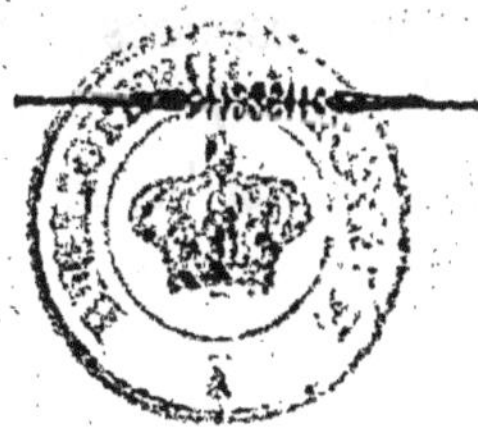

DIJON,

DE L'IMPRIMERIE DE E. FRANTIN.

1835.

A DIJON,

CHEZ V. LAGIER, LIBRAIRE, PLACE SAINT-ÉTIENNE.

L'auteur de ces traités élémentaires n'a point eu la prétention d'écrire pour le public; il croit même que sa théorie, bien qu'il se soit efforcé de la présenter avec autant de clarté que de précision, ne peut guère être comprise et appréciée que par ceux qui auront entendu le commentaire du professeur, et cherché avec lui dans l'enchaînement des principes qu'il établit, la solution des nombreuses questions qu'il propose à ses studieux auditeurs. Aussi ne s'est-il déterminé à livrer sa dictée à l'impression qu'afin de pouvoir, au commencement de chaque leçon, consacrer vingt ou vingt-cinq minutes de plus à une sorte de conférence, où les jeunes légistes qui suivent son cours sont, chacun à leur tour, appelés à développer les dispositions de la loi, et à en faire l'application à quelques espèces particulières; une assez longue expérience lui ayant fait reconnaître combien cet exercice est utile au plus grand nombre.

PROLÉGOMÈNES.

DE LA NATURE DES LOIS CONSTITUTIVES DU DROIT.

La loi, proprement dite, peut être définie : une règle prescrite aux actions de l'homme, qui ont leur principe dans son libre arbitre, par une autorité à laquelle il est moralement tenu d'obéir.

Communis civitatis *sponsio*, ad cujus præscriptum omnes qui in eâ republicâ sunt, vitam instituere debent. (*Demosthenes*, L. 2, ff. *de legibus*.)

Regula actuum *moralium*, obligans ad id quod rectum est. (*Grotius, de jure pacis et belli*, Lib. 1, cap. 1°, n° IX.)

Le droit est le système général des lois, ou leur réunion dans un ordre méthodique.

En ce sens, le droit peut être défini : l'art de la justice et de l'équité, ou la collection des maximes qui apprennent à distinguer ce qui est juste et équitable de ce qui ne l'est pas.

On appelle droit civil, c'est-à-dire *droit de la cité*, la collection des lois particulières à chaque peuple.

Dans une autre acception, le mot droit signifie une faculté garantie par la loi, ou qui a son fondement dans la loi.

La loi devant commander l'obéissance, l'un de ses caractères essentiels est qu'elle ait une *sanction*; autrement elle dégénérerait en un simple conseil.

L'on entend ici par *sanction* la peine attachée par la loi même à la violation ou à l'inobservation de ses préceptes.

DE LA DIVERSITÉ DES LOIS, OU DES PRINCIPALES DIVISIONS DU DROIT.

§. Ier. *Division des lois d'après leur origine.*

Considérées, par rapport à leur auteur, les lois se divisent en *droit naturel*, en *droit des gens*, et en *droit positif* ou *pur droit civil.*

La loi naturelle est celle que Dieu même a imposée à tous les hommes, et qu'ils peuvent connaître par les seules lumières de leur raison, en considérant avec attention leur nature et leur état.

Vocatur autem naturalis, quia rationem sufficientem habet in ipsâ hominis rerumque essentiâ atque naturâ.

Et cùm Deum habeat autorem essentia atque natura hominis et rerum, quâ positâ, poniturlex naturæ, autor juris naturalis ipse Deus est, et lex naturæ, lex divina. (*Wolff, instit. juris nat.*, n° 39 *à* 41.)

Les fondemens de la législation primitive et de toute législation humaine (1) sont dans ces trois préceptes dictés par l'amour éclairé de soi-même, et consacrés par la religion :

Veiller à la conservation de notre personne et de ce qui touche à notre personne ou nous appartient;

Mais, en même temps, ne point faire aux au-

---

(1) Nihil est profectò præstabilius quàm nos planè intelligi, ad justitiam esse natos; neque opinione, sed naturâ jus esse constitutum. (*Cicero, de legibus.*)

tres ce que nous ne voudrions point qu'ils nous fissent à nous-mêmes (1);

Et, en outre, faire pour leur bien-être tout ce qui ne doit pas essentiellement nuire au nôtre.

Quod naturaliter homini uni, quatenùs homo est, licitum, id etiam licitum est alteri; immò quod unus alteri debet, id etiam alter ipsi debet; hinc porrò patet, QUOD JURE TIBI NON VIS FIERI AB ALTERO, ID NEC ALTERI FACIENDUM ESSE; ET QUOD JURE VIS FIERI TIBI, ID ALTERI QUOQUE FACIENDUM: qui secùs faciunt prærogativam affectant, qualis naturâ non datur; et æqualitatem naturalem tollunt. (*Wolff, inst. juris nat.*, n° 72 et 73.)

Delà, d'abord, l'obligation de repousser une aggression injuste, mais sans jamais excéder ce que réclame impérieusement la nécessité d'une défense légitime.

La nécessité ne serait point *absolue*, et la défense ne serait point *légitime* si l'on avait seulement à se préserver d'un mal léger, d'un dommage purement pécuniaire, d'une simple offense, quelque grave qu'elle fût d'ailleurs, et que l'on employât contre l'aggresseur une arme qui doit lui donner la mort, ou le blesser gravement. — Ce serait, suivant l'expression de Bacon, une nécessité *coupable* et une défense *homicide*.

---

(1) Alexandre Sévère fut tellement frappé de la vérité et de la beauté de cette maxime : *Ne feceris alteri, quod non vis tibi fieri; quod ab alio oderis tibi fieri vide ne tu alteri facias; ab alio expectes alteri quod feceris;* qu'il ordonna qu'elle fût inscrite sur le frontispice de son palais et de tous les monumens publics de Rome. (*Lamprid. in Al. Sev.; cap.* 51.) C'est le *neminem lædere* des jurisconsultes romains; mais elle persuade bien autrement.

La nécessité *coupable* peut être une cause d'excuse auprès des tribunaux humains, mais n'ôte point à la défense *homicide* son caractère de criminalité.

Delà, en second lieu, l'obligation de ne point induire en erreur ceux avec lesquels nous contractons; de ne leur rien dissimuler de ce qu'ils ont intérêt de connaître, et de remplir fidèlement les engagemens que nous avons pris envers eux.

Delà pareillement l'obligation de réparer le dommage que nous avons volontairement ou involontairement occasionné aux autres, et même celui qui leur a été causé par un tiers, lorsque nous en avons profité.

Delà encore l'obligation de les garantir du préjudice dont ils seraient menacés dans leur personne ou dans leurs biens, lorsque nous pouvons le faire sans éprouver le même préjudice dans notre propre personne ou dans nos propres biens.

Le droit des gens se compose des règles généralement adoptées par les peuples policés, comme des conséquences plus ou moins directes des principes du droit naturel primitif, appliqués aux conventions qui se forment entre les hommes dans l'état de société.

Enfin, les lois positives sont celles qui portent sur des points non réglés par le droit naturel, ou le droit des gens, et qui ne devant qu'à l'homme leur existence et leur autorité, ne peuvent être connues par le seul raisonnement.

De même que le *jus civitatis* des Romains, nos divers Codes, et surtout le Code civil n'ont fait le plus souvent que donner une sanction nouvelle aux principes du droit de la nature et des gens. (Voir notamment art. 322, 326, 328, 329, etc. du Code pénal; art. 1109, 1131, 1134, 1382, 1383, 548, 1376, 682, 614, 1768, 203, 212, 371, etc. du Code civil; art. 154, 249, 410 et suiv. du Code de commerce, etc.) Ils ne renferment qu'un petit nombre de lois qui soient de *pur droit civil*.

§. 2. *Division des lois d'après leur objet direct.*

En égard à leur objet, les lois se divisent en droit *public*, en droit *de nation à nation*, et en droit *privé*.

Les lois qui règlent les rapports individuels établis entre les particuliers par leur propre volonté, ou par des circonstances fortuites, ou par la nature même, constituent le droit *privé*.

Le droit public se compose des lois portées pour régler les rapports individuels d'un côté, et collectifs de l'autre, qui existent entre le corps moral de la société et chacun de ses membres.

Enfin les lois, par lesquelles sont régis les rapports collectifs des deux parts, qui unissent les divers peuples, forment le droit de nation à nation, ou *jus inter gentes*.

Plusieurs dispositions du Code civil appartiennent au droit public; quelques-unes se rattachent au droit de nation à nation; le plus grand nombre sont de pur *droit privé*.

§. 3. *Division des lois d'après leur principe de durée.*

Sous le rapport de leur durée, les lois se divisent en droit *immuable* et en droit *arbitraire* ou *variable*.

Le droit *immuable* se compose des lois qui sont si essentiellement justes, qu'on ne saurait les changer ou les abolir sans ruiner les fondemens de l'ordre social.

Tels sont les premiers préceptes du droit naturel.

Quoniam lex naturæ rationem sufficientem in ipsâ hominis rerumque naturâ habet, hæc est necessaria et immutabilis. (*Wolff, inst. juris nat.*, nº 40.)

Le droit *arbitraire* ou *variable* comprend au contraire les lois que l'autorité peut changer et abroger suivant les circonstances.

Telles sont nécessairement celles qui appartiennent au pur droit positif.

§. 4. *Division des lois d'après leurs rapports avec les lois préexistantes.*

Considérées dans leurs rapports avec le droit déjà établi, les lois se divisent en lois *innovatives* et en lois *interprétatives*, *déclaratives* ou *proclamatives*.

Les premières sont celles qui introduisent un *droit nouveau*; les secondes, celles qui ne font que fixer d'une manière plus claire et plus précise le sens d'une loi positive antérieure, ou proclamer des règles immuables de droit ou d'équité.

L'on entend par règles de droit certaines maximes qui résument ce qu'il y a de commun dans plusieurs lois spéciales, et qui par leur généralité peuvent s'appliquer à un grand nombre de cas non encore prévus.

§. 5. *Division des lois d'après la forme de leur prescrit.*

Considérées intrinsèquement ou dans leur dispositif même, les lois se divisent en lois *préceptives* ou *impératives*, en lois *prohibitives*, et en lois *permissives* ou *facultatives*.

La loi est *préceptive*, quand elle commande une action; *prohibitive*, quand elle la défend; *permissive*, quand, sans ordonner ni défendre, elle se borne à établir un droit, une faculté, en laissant à chacun la liberté d'en user ou de n'en pas user.

Legis virtus hæc est, imperare, vetare, permittere. (*L.* 7, *ff. de Legib.*)

§. 6. *Division des lois d'après la nature des choses sur lesquelles elles statuent.*

Sous le rapport des choses qu'elles régissent, les lois se divisent en *statuts personnels*, en *statuts réels*, et en *statuts mixtes* ou plutôt *neutres*.

L'on appelle :

Statuts personnels les lois qui concernent l'état et la capacité des personnes;

Statuts réels, celles qui s'appliquent directement et principalement aux biens;

Statuts neutres, (statuts n'ayant ni le caractère de la *personnalité*, ni le caractère de la *réalité*), celles qui, abstraction faite de la condition des personnes et de la disposition qu'elles peuvent faire de leurs biens, déterminent, dans le silence du contrat, les effets d'une convention, ou bien règlent les formes extérieures et probantes des actes obligatoires ou de simple exécution.

Omnis lex imponitur vel personæ, vel rebus, vel actui; personæ, dùm alioquin habilis, fit inhabilis, aut vice versâ; rebus, dùm directè lex effectum suum in rem imprimit; actui, dùm actui dat formam. (*Hug. Grotius, inter consult. Jurisconsultorum Holl.*, *part.* 3, *vol.* 2, consil. 241.)

Nobilissima statutorum divisio, quâ alia personalia, alia realia, alia mixta....... Personalia quibus principaliter de universali aut quasi universali personæ qualitate, statu, nobilitate disponitur, sive nulla prorsùs mentio fiat rerum, sive de rebus etiam sermo sit, si modò principalis intentio disponentis non sit de re, sed de personâ aliquid disponere....... Realia, quæ rem principaliter afficiunt, *sive de personâ mentio fiat, sive non, si primaria* intentio disponentis sit *non de personâ, sed de rebus* disponere...... Mixta non *absurdè* dixeris ea, quæ *neque de personis, neque de rebus principaliter* disponunt, sed actuum à personis circà res gerendorum, sive *judicialium, sive extrajudicialium formam, modum, ordinem, solemnia* definiunt. (*Voëtius ad pandectas, lib.* I, *tit.* IV, *part.* II *de statutis*, *n°* 2, 3, 4.)

I. Les qualités qui constituent l'état de la personne, et d'où dérive sa capacité ou son incapacité, résident principalement dans l'âge et le sexe.

Celui qui entre dans cette période de la vie, où la raison éclairée par l'expérience acquiert ordinairement chez l'homme son dernier complément, devient *majeur*, et se trouve par là même généralement capable des actes de la vie sociale.

Jusque-là il a été *mineur* et incapable.

Le majeur, privé de l'usage *habituel* de sa raison, par l'imperfection de ses organes, ou par la violence de ses passions qu'il n'a su réprimer, est frappé d'interdiction ; et notre législation l'assimile au mineur, même dans ses intervalles lucides.

Du reste, l'incapacité des mineurs et des interdits est *naturelle* ou *purement civile*, suivant qu'elle a son fondement dans la nature, ou seulement dans la disposition du droit positif.

Le sexe ne produit qu'une incapacité *civile*, et ne la produit que par rapport aux femmes qui sont actuellement dans les liens du mariage.

II. Les biens sont en général, quant à la disposition qu'en peut faire celui qui les possède, et quant au mode de leur transmission, soumis à des règles différentes, suivant qu'ils sont *meubles* ou *immeubles*, *corporels* ou *incorporels*.

L'on comprend communément sous la dénomination d'*immeubles* toutes les parties de la surface de la terre ; et sous celles de *meubles*, toutes les choses qui en sont actuellement détachées et peuvent se mouvoir ou être transportées d'un lieu à un autre.

Une chose est *corporelle* ou *incorporelle*, suivant qu'elle existe dans la nature ou seulement dans le droit.

III. Quant aux actes par lesquels une personne dispose d'elle-même ou de ses biens, il en est qui doivent, à peine de nullité, être revêtus de certaines formes plus ou moins arbitraires, dont les autres demeurent entièrement affranchis. — Parmi ceux-là, sont les testamens ou ordonnances de dernière volonté, par lesquelles nous réglons le sort des propriétés dont la mort nous dépouillera.

Le Code civil assimile, sous ce rapport, au testament la donation entre-vifs, c'est-à-dire la convention par laquelle une personne se dessaisit actuellement à titre gratuit en faveur d'une autre personne, de tout ou partie de ses biens.

§. 7. *Division des lois d'après leur étendue.*

Sous le rapport de leur étendue, les lois peuvent se diviser en lois *communes* et en lois *individuelles*.

Les lois communes sont celles qui émanent de l'autorité législative souveraine, et obligent tous les membres du corps social. (L. 1 et 2, ff. *de legib.*)

Elles sont *générales* ou *spéciales*; *spéciales*, quand elles ne s'appliquent qu'à un ordre de choses déterminé; *générales*, quand elles en embrassent plusieurs.

Les lois *individuelles* dérivent des conventions ou quasi-conventions et des jugemens, et n'obligent que ceux qui y sont parties. (C. civ., 1134-1351.)

Le mot *loi*, employé seul, ne s'entend que d'une loi *commune*, générale ou spéciale. Lorsqu'il s'agit d'une loi *individuelle*, l'on dit la loi du *contrat*, la loi du *testament*, *l'autorité de la chose jugée.*

DE LA JUSTICE ET DE SES DIVERS DEGRÉS, OU DU FOR INTÉRIEUR ET DU FOR EXTÉRIEUR.

La justice, dans le sens propre et primitif de ce mot, est la disposition *morale* qui nous porte à conformer *notre volonté* et *nos actions* à la loi.

L'on peut y distinguer deux degrés : le strict droit qui est l'application rigoureuse de la loi civile; la probité ou la charité consistant dans l'observation des préceptes du droit naturel qui n'ont pas reçu la sanction de la loi civile.

Le premier degré constitue la justice *explitrice* ou justice du for *extérieur*, c'est-à-dire des tribunaux humains; le second appartient à la justice *attributrice*, autrement dite du for *intérieur* ou for de la conscience.

Ainsi la justice *explitrice* est la conformité de nos actions à la loi civile; la justice attributrice, la conformité de notre *volonté* et de nos *actions* aux préceptes du droit naturel dont la loi civile laisse à Dieu le soin de punir la violation.

DE LA JURISPRUDENCE.

La jurisprudence est, à proprement parler, la science du droit, consistant dans la connaissance réfléchie, soit des lois mêmes, soit des principes d'où elles découlent, et à l'aide desquels l'on peut en faire une saine interprétation et une juste application.

Habitus practicus leges rectè interpretandi, applicandique ritè ad quasvis species obvenientes. — Qui scit leges, LEGULEIUS dicitur; qui scit et interpretatur, JURISPERITUS; qui scit, interpretatur et adplicat, JURISCONSULTUS; qui adplicat, scientiâ et interpretandi subsidiis destitutus, RABULA. (*Heineccius, in institut., lib.* 1, *tit.* 1, *n*° 27.)

Scire leges non est verba earum tenere, sed vim ac potestatem. (*L.* 17, *ff. de legibus.*)

Dans une autre acception, le mot *jurisprudence* s'entend du système général des maximes de droit consacrées par les lois écrites ou par l'usage et les décisions des tribunaux.

L'on dit en ce sens la jurisprudence des cours du Royaume.

DES PRINCIPALES PARTIES DU DROIT CIVIL FRANÇAIS ET DE L'ORDRE DANS LEQUEL ELLES SERONT EXPOSÉES.

Toute loi, soit qu'elle émane de l'autorité législative souveraine, soit qu'elle se forme par le concours de volontés individuelles, a pour effet immédiat de créer une *obligation*.

L'on traitera, dans la première partie de ce cours élémentaire, des lois et des obligations, c'est-à-dire de la cause et de l'effet, en les considérant sous un point de vue général.

La loi, en imposant une *obligation*, confère par-là même un *droit* ou sur la personne même de l'obligé ou seulement sur les biens qu'il possède, et elle a ultérieurement pour fin de régler l'exercice de ce droit.

Les lois qui obligent la personne même, et règlent l'exercice des droits dont elle est l'objet direct, seront, avec les obligations qui en dérivent accessoirement par rapport à ses biens, la matière spéciale du second traité.

Le troisième sera entièrement consacré aux lois qui règlent principalement, sinon exclusivement, la disposition des biens.

Et comme on peut avoir sur les biens différentes sortes de droits dont chacun est susceptible d'être acquis par des moyens spéciaux appropriés à sa nature, et que d'un autre côté les moyens d'acquérir, communs à tous, peuvent, si l'on s'attache à ce qui en forme le caractère principal et substantiel, être rapportés, les uns au droit positif, les autres au droit de la nature et des gens; la troisième partie comprendra elle-même trois sous-divisions dont la première traitera de la nature des divers droits qu'on peut avoir sur les biens et des moyens d'acquérir qui sont particuliers à chacun d'eux; la deuxième, des moyens généraux d'acquérir que dans nos institutions sociales nous devons considérer comme appartenant au droit civil positif ou arbitraire; la troisième, des moyens généraux d'acquérir qui sont encore *substantiellement* régis par les principes de la législation naturelle ou jurisprudence universelle.

1re Année du cours. Exposition doctrinale des matières du premier traité *des lois et des obligations*. — Développement théorique et pratique du second, jusqu'au titre de *l'interdiction* inclusivement.

2e Année. Développement et application des principes classés dans les derniers titres du second traité, et dans les deux premières parties du troisième.

3e Année. Explication tout-à-la-fois rapide et approfondie des divers contrats dont se compose la troisième partie du troisième traité. — Nouveaux développemens sur le premier, pour l'application des principes généraux qui y sont exposés. — Discussion des questions les plus complexes qui se rattachent aux autres matières expliquées pendant les deux *premières années scholaires*.

N. B. Il importe qu'avant de se rendre au cours, les élèves se familiarisent avec le texte des dispositions qui y seront expliquées et commentées; qu'ils connaissent bien l'ordre établi entre elles par le législateur; qu'enfin ils cherchent à les comprendre et à résoudre eux-mêmes les difficultés qu'ils entreverront. — La dictée leur servira de guide pour cette préparation. — Après le cours elle leur tiendra lieu de résumé. En la relisant avec attention, ils y retrouveront en substance toute la leçon, et plus que la leçon. — Mais leur travail ne se bornera pas à cette double lecture. A l'aide de quelques notes brèves qu'ils auront rapidement recueillies, ils reproduiront plus ou moins fidèlement sur le papier la leçon même; ils y ajouteront de nouveaux développemens, que le professeur n'aura fait qu'indiquer à leur intelligence; feront de nouvelles applications des principes qu'il aura établis, et discuteront les questions qu'il aura cru devoir, pour le moment, laisser sans solution. — C'est ainsi qu'en quelques heures ils convertiront en leur propre substance des doctrines qui sont le fruit de plusieurs années de méditations.

Des professeurs, que leur science profonde, leur parole imposante, leur caractère honorable placent à la tête de l'enseignement du droit, croient devoir s'astreindre à suivre pas à pas le texte de la loi, commentant ses dispositions l'une après l'autre sans jamais en interrompre la série numérique.

Tout en reconnaissant que cette méthode peut avoir l'avantage de graver plus profondément nos Codes dans la mémoire des élèves, je me suis, après de mûres réflexions, déterminé à en adopter une autre.

Je dois sans doute faire connaître le Code civil aux jeunes gens qui suivent mon cours, et c'est pour remplir ce devoir que j'appelle si souvent leur attention sur la lettre même et sur l'ordre apparent des nombreux articles dont il se compose; mais je pense qu'il importe surtout de leur inculquer dans l'esprit ces principes qu'aucun législateur ne peut impunément méconnaître; de leur rendre familier un corps de doctrine à peu près indépendant du droit variable. En un mot, je voudrais qu'ils fussent jurisconsultes en dépit des changemens qui pourraient survenir dans la législation et de la législation elle-même. Si, par hasard, les compilations de l'Empire et de la Restauration étaient un jour entièrement abrogées (ce que je regarderais comme un grand malheur dans les circonstances où nous nous trouvons), faudrait-il qu'ils recommençassent leurs études?

Gardons-nous de faire consister la science du droit dans la connaissance de règles arbitraires, incomplètes, incohérentes, ou de textes incorrects, équivoques, imprudemment mutilés ou subtilement amendés et réamendés dans des vues opposées, et n'ayant souvent entr'eux d'autre liaison que celle résultant d'une même série de *numéros!*

Je crois, au surplus, avoir disposé la loi, qui est l'objet spécial de mon enseignement, dans l'ordre le plus propre à en faire saisir l'ensemble et à en manifester le véritable esprit.

Aurais-je, comme on me l'a reproché, vu dans le Code des principes d'ordre qui n'y sont pas? prêté à ses rédacteurs des vues morales qu'ils n'ont pas eues?

Encore une fois, je crois sincèrement m'être renfermé dans les limites de l'interprétation doctrinale. Mais si c'est un tort pour un professeur que de chercher à remplir les lacunes, à concilier les dispositions contradictoires de la loi qu'il explique par les principes immuables du droit qui a Dieu pour auteur, les pères de famille m'en absoudront volontiers.

PREMIER TRAITÉ.

DES LOIS

ET DES OBLIGATIONS EN GÉNÉRAL.

Celui qui veut faire une étude solide de la Jurisprudence s'attachera d'abord à la matière des Obligations, fondée sur les premières notions de la justice naturelle.

D'AGUESSEAU, *Instructions sur les études propres à former un Magistrat.*

TABLE DES TITRES ET CHAPITRES.

L'on a, dans les divisions et subdivisions des matières réunies sous le même titre, adopté cet ordre-ci, comme étant le plus rationnel et le plus conforme à l'usage :

Chapitre, section, article, paragraphe.

Quelques titres, dans les autres traités élémentaires, seront en outre divisés en deux ou trois parties.

Dans les citations, nos Codes seront ainsi désignés :

Civ. (Code civil) ; *Proc.* (Code de procédure civile) ; *Com.* (Code de commerce); *Pén.* (Code pénal) ; *Instr.* (Code d'instruction criminelle) ; *Forest.* (Code forestier). — Le nombre seul indiquera un article du Code civil.

PREMIER TRAITÉ.

DES LOIS ET DES OBLIGATIONS EN GÉNÉRAL.

TITRE PREMIER.

DES LOIS.

CHAPITRE Ier.

COMMENT LES LOIS S'ÉTABLISSENT ET DEVIENNENT OBLIGATOIRES.

La loi naturelle a été établie par Dieu même au moment où il a créé l'homme.

Elle devient obligatoire pour chacun par le seul développement de sa raison.

Jus ab ipso Deo, generi humano per rectam rationem promulgatum. (*Heineccii recitation.* §. XL.)

Les lois positives sont des actes de l'autorité souveraine préposée au gouvernement du corps social.

Cette autorité est en France exercée *collectivement* par le Roi et par deux Chambres, l'une dont les membres sont élus pour cinq ans par les citoyens; l'autre, dont les membres sont à la nomination du Roi et institués à vie; de telle sorte que le concours unanime de ces trois pouvoirs est indispensable pour la formation de la loi. (*Charte de* 1830, *art.* 14, 16, 17, 18.)

Toutefois il appartient au Roi et à ses délégués dans l'ordre administratif de faire, sans le concours des Chambres, les réglemens nécessaires pour l'exécution des lois; mais ces réglemens, connus sous la dénomination *d'ordonnances et d'arrêtés*, ne peuvent changer la loi, ni en suspendre l'exécution. (*Ch.*, *art.* 13; *lois du* 22 *juillet* 1791, *tit.* 1er, *art.* 46; *du* 24 *août* 1790, *tit.* 11, *art.* 1, 2, 3, 4.)

Les lois *positives* ne pouvant être connues que par les sens extérieurs, n'obligent les membres du corps social, que lorsqu'elles ont été *promulguées* et *publiées*.

La promulgation est, d'après notre droit public, un acte de l'autorité royale, qui, après avoir donné sa *sanction*, c'est-à-dire son *approbation* à la loi adoptée par l'une et l'autre Chambre, annonce solennellement à tous les membres du corps social qu'elle existe comme loi de l'Etat, et la déclare *exécutoire*, c'est-à-dire munie d'une authenticité suffisante pour être exécutée.

Leges sacratissimæ quæ constringunt hominum vitas, intelligi ab omnibus debent, ut universi præscripto earum manifestiùs cognito vel inhibita declinent, vel permissa sectentur. (L. 9, c. *de legib.*)

La publication est l'acte matériel qui fait connaître tant la disposition de la loi que sa promulgation, et doit la rendre actuellement obligatoire.

La promulgation des lois et des ordonnances résulte, en France, de leur insertion au Bulletin officiel; leur publication, de la publicité qu'elles acquièrent par l'émission et la distribution du Bulletin.

En thèse générale, la loi et sa promulgation seront réputées connues dans le département de la résidence du Roi, un jour après que le Bulletin aura été reçu de l'imprimerie royale par le ministre de la justice; dans les autres départemens, après le même délai, augmenté d'autant de jours qu'il y a de fois dix myriamètres de distance entre la ville où la promulgation a été faite et le chef-lieu de chaque département. C'est de ce moment que la loi doit être exécutée. (*Ord. du 27 novembre* 1816, *art.* 1er, 2 *et* 3. — *Code civil, art.* 1er.)

Si le Roi jugeait convenable de hâter cette exécution, il le pourrait en faisant parvenir extraordinairement le Bulletin au préfet, qui, dans ce cas, en ordonnerait l'impression et l'affiche partout où besoin serait; et l'ordonnance ou la loi devrait alors être observée à compter du jour de la publication faite en cette forme. (*Ordonn. précitée, art.* 4. — *Autre du* 18 *janvier* 1817.)

La loi positive peut encore être établie par le simple usage, c'est-à-dire par l'application même qu'elle reçoit, quoiqu'elle n'ait point été rendue dans les formes prescrites par le droit public.

Diuturni mores consensu utentium comprobati, legem imitantur. (*Inst. de jure nat.* §. 9.) — Quid enim interest, suffragio, populus voluntatem suam declaret, an rebus ipsis et factis? (L. 32, ff. *de legib.*)

Mais pour que l'usage, qui ne consacre pas seulement une maxime de droit naturel, ou ne règle pas seulement le mode l'application d'une loi existante, devienne loi de l'Etat, et soit comme telle désormais obligatoire, il faut qu'il ait été *uniforme, observé par la généralité des membres du corps social, et réitéré pendant un long espace de temps, sans opposition de la part du Souverain.* (Dict. l. 32, ff. *de legib.* l. 2, c. *quæ sit long. consuetud.*)

CHAPITRE II.

SUR QUELS TEMPS LES LOIS EXERCENT LEUR EMPIRE?

Du principe que les lois doivent être connues pour devenir obligatoires, il s'ensuit qu'elles ne sauraient rétroagir sur le passé. (L. 7, c. *de legib.*, *Civ.* 2.)

Il y aurait rétroactivité dans l'application de la loi nouvelle, si, sur le fondement d'une disposition *innovative*, l'on enlevait à quelqu'un un droit qui, avant que cette disposition ne l'obligeât, lui était acquis par un acte dès-lors consommé, soit quant à l'accomplissement des conditions essentielles à sa validité intrinsèque, soit sous le rapport de ses formes *extérieures* et *probantes*.

Mais ce principe est modifié par cet autre que personne ne peut avoir de droit irrévocablement acquis contre une loi d'ordre public.

Quant aux dispositions *interprétatives* ou simplement *déclaratives*, elles auront leur effet du jour des lois qu'elles expliquent, ou des principes qu'elles proclament, sauf l'exécution des jugemens rendus, et des transactions passées dans le temps intermédiaire. (L. 7, c. *de legib.* — L. 21, 23, c. *de sacr. sanct. ecclesi.* — L. un., c. *de Contr. judic.* — L. 7 et 8, c. *de incestis nupt.* — L. *ult.* c. *de pact. pign. et de leg. commiss.*)

Justum est, in casibus dolosæ eversionis, ut leges retrospiciant, et alteræ alteris in subsidio sint. (*Bac.*, *de justitia universali. Aphorism.* 48.)

Lex declaratoria omnis, licet non habeat verba de præterito, tamen ad præterita, vi ipsâ declarationis, omninò trahitur; non enim tunc incipit interpretatio cùm declaratur, sed efficitur *tanquàm contemporanea ipsi legi.* (Aphor. 51.)

CHAPITRE III.

JUSQU'OU S'ÉTEND L'EMPIRE DE LA LOI SOIT PAR RAPPORT AUX BIENS, SOIT PAR RAPPORT AUX PERSONNES.

La loi naturelle exerce son empire partout où il y a des hommes.

L'autorité des lois positives est, par la nature même des choses, circonscrite aux membres du corps social pour lequel elles ont été portées, et aux biens situés dans les limites territoriales de ce même état, telles qu'elles ont été fixées par la nature ou par les traités.

En conséquence, le statut *personnel* français n'obligera que les Français, mais les obligera alors même qu'ils résideront en pays étranger. (*Civ.* 3, 3e al.)

Et réciproquement les lois qui règlent l'état et la capacité d'un étranger le suivront en France.

Persona domicilii lege aut jure, perpetuò sic tenetur, ne ullâ loci mutatione sese possit eruere. (*D'Argentr. ad britann. consuet.* art. 218, gloss. 6, n° 12.) — Qualitas subdito imposita à statuto domicilii, eumdem comitatur ubique locorum peregrinantem. (*Voët. de statut.* n° 9.)

D'un autre côté, tous ceux qui posséderont des biens immeubles en France, même les étrangers qui n'y résident point, seront au contraire soumis au statut réel français, en ce qui concerne la disposition ou transmission de ces mêmes biens. (*Civ.* 3, 2e al.)

Quant aux meubles, ils sont censés n'avoir pas d'autre situation que celle du domicile de la personne à qui ils appartiennent, sans que cette fiction puisse cependant préjudicier aux droits d'un tiers possesseur ou d'un créancier saisissant.

In facultate testandi, contractibus aliisque, mobilia ubicumque sita regi debent domicilii jure. (*Voët. de statut.* n° 11.)

Dans le concours de deux statuts neutres, respectivement invoqués pour le réglement des effets d'une convention, c'est celui du lieu où elle a été formée, qui doit régulièrement prévaloir. (L. 34, ff. *de reg. juris*; L. 31, §. 20, ff. *de ædil. edict.*; L. 6, ff. *de evict.*; *Civ.* 1135, 1159, 1160, 1164.)

Que s'il s'agit d'une formalité d'exécution, c'est toujours le statut du lieu où l'acte est mis à exécution, qu'il faut observer. (L. 21, ff. *de oblig. et act.*)

De même en ce qui touche la forme extérieure et probante d'un acte obligatoire, c'est par le statut du lieu où l'acte a été passé, qu'il faut juger de sa régularité. (*Civ.* 47, 170.)

Locus regit actum.

Et toutefois, si la forme établie était essentiellement dépendante de la condition de la personne, et qu'elle pût être intégralement accomplie, sans qu'il fût besoin du ministère d'un officier public, c'est la loi du domicile qui devrait être appliquée. (*Civ.* 999.)

Enfin, c'est un principe du droit des gens que les étrangers qui habitent le territoire, ou même n'y sont que passagèrement, doivent, comme les membres du corps social eux-mêmes, se soumettre aux lois qui ont pour objet la tranquillité publique ou la sûreté de l'Etat. (*Civ.* 3, 1er al.)

CHAPITRE IV.

PAR QUI ET COMMENT LA LOI EST APPLIQUÉE.

L'application de la loi aux faits qu'elle doit régir est confiée par notre droit public à une autorité distincte et indépendante, soit de l'autorité législative, soit de l'autorité royale.

Néanmoins, c'est aussi une maxime de notre droit public, que *toute justice émane du Roi*; et en effet elle se rend en son nom par des juges qu'il nomme et qui sont ses délégués; mais ces juges étant institués à vie, et pour la plupart inamovibles, forment par là même un pouvoir réellement indépendant du sien. (*Charte de* 1830, *art.* 48, 49.)

C'est pour maintenir cette séparation des pouvoirs qu'il est défendu à l'autorité judiciaire de prononcer par voie de disposition générale et réglementaire sur les causes qui lui sont soumises; elle empiéterait par là sur les attributions de l'autorité législative. (*Civ.* 5.)

Du reste, les lois qui organisent l'ordre judiciaire ont, après avoir établi un ou deux degrés de juridiction suivant l'importance des affaires, créé un tribunal suprême et unique qui a la mission spéciale de rappeler tous les tribunaux à l'exacte observation de la loi, en cassant les décisions qui violeraient ses dispositions ou en auraient fait une fausse application. (*L. des* 1er *mai et* 24 *août* 1790.)

Ce tribunal, appelé *Cour de Cassation*, ne forme point un 2e ou 3e degré de juridiction, car il ne juge point au fond; s'il casse l'arrêt ou jugement déféré à sa censure, il renvoie la cause pour être jugée de nouveau, comme s'il elle était entière, devant un tribunal du même degré que celui dont la décision est cassée. (*Loi du* 27 *ventôse an* 8, *art.* 87.)

Il importe de distinguer, dans la hiérarchie des tribunaux, ceux qui ont une juridiction *ordinaire*, et ceux qui n'ont qu'une juridiction *d'exception* ou *d'attribution*.

Les premiers sont compétens pour juger toutes les affaires d'un certain ordre, par cela seul qu'il ne leur est pas défendu d'en connaître.

Tels sont les tribunaux civils au premier degré, et les cours royales au second. (*L. du* 24 *août* 1790, *tit.* 4.)

Les tribunaux d'exception ne peuvent au contraire juger que les affaires qui ont été placées dans le cercle de leurs attributions par une loi précise.

Tels sont les juges de paix au premier degré, et les tribunaux civils au second; les tribunaux de commerce, les conseils de prudhommes, etc. (*L. du* 24 *août* 1790, *tit.* 3; *Code procéd.* 3.)

Tels sont encore, au premier degré, les conseils de préfecture; et au second degré, le conseil d'Etat faisant à leur égard fonction de cour d'appel et de cour de cassation. (*L. du* 28 *pluv. an* 8, *art.* 4.)

Ces derniers tribunaux d'exception, tenant à l'ordre administratif, sont appelés *tribunaux administratifs*, ou *autorité administrative*, lorsqu'on les oppose aux tribunaux ordinaires, qui conservent la dénomination générique d'*autorité judiciaire*.

CHAPITRE V.

DE L'INTERPRÉTATION DES LOIS.

L'on distingue deux sortes d'interprétations, l'une de *doctrine*, l'autre *par voie d'autorité*.

ART. 1er. *Qu'est-ce que l'interprétation doctrinale? à qui appartient-elle? à quelles règles doit-elle être soumise?*

L'interprétation doctrinale est un art de logique qui consiste à résoudre par le raisonnement les doutes qui peuvent s'élever sur le sens de la loi, lorsqu'il s'agit d'en faire l'application à un cas particulier.

C'est un devoir pour le juge d'interpréter ainsi les lois qu'il est chargé d'appliquer, et même de suppléer à leur silence par les préceptes du droit naturel, complément nécessaire de toutes les législations humaines; en sorte qu'il se rendrait coupable de déni de justice s'il refusait de juger sous prétexte que la loi est muette, ou obscure, ou insuffisante. (L. 13, ff. *de testib.* —L. 7, ff. *de bon. damnat.* — *Civ.* 4.)

I. Pour fixer le sens d'une loi, l'on doit d'abord en réunir et en combiner toutes les dispositions. — Et dès-lors s'il existe plusieurs lois sur la même matière, elles s'interpréteront les unes par les autres, à moins que les plus récentes n'aient abrogé les anciennes. (L. 24, 26, 28, ff. *de legib.* — *Civ.* 1161.)

II. Il faut, en second lieu, s'attacher à découvrir dans quel esprit a été rendue la loi qu'il s'agit d'interpréter; et tous les doutes qui naîtront de l'obscurité ou de l'insuffisance du texte devront être résolus dans le sens qui paraîtra le plus conforme au vœu du législateur. (L. 67 et 96, ff. *de reg. juris.* — L. 19, ff. *de legib.* L. 13, §. 2, ff. *de excusat. tut.* L. 7, ff. *de supellect. legat.* — *Civ.* 1156, 1157, 1158.)

III. Que s'il n'apparaissait pas de l'intention du législateur, il faudrait alors préférer l'interprétation qui se rapproche le plus de l'équité, c'est-à-dire des préceptes du droit naturel. (L. 90, et 192, ff. *de reg. juris.* — L. 4, §. 1. ff. *de eo quod certo loco.* — L. 8, C. *de judiciis.*)

In his quæ palàm scripto comprehensa non sunt,

judex spectare debet æquitatem..... æquitas enim nihil aliud est quàm jus quod lex scripta prætermisit. (*Cujas.*)

IV. Mais quand la loi est claire, il n'est pas permis d'en éluder la lettre sous prétexte d'entrer dans son esprit, ou de suivre l'équité. — Et alors c'est dans le corps même de la loi qu'il faut en chercher les limites ou l'étendue, et non dans son préambule, ou dans les exposés de motifs, rapports qui en ont déterminé l'adoption. (*Inst. de officio judicis, procem.* l. 12, §. 1, ff. *qui et a quib. manum.*)

In his quæ scripto palàm comprehensa sunt, etiamsi prædura videantur, judex à scripto recedere non potest. (*Cuj.*) Non licet judicibus de legibus judicare, sed secundùm ipsas. (*S. Aug. de verâ relig.*, cap. 31.) — Dimensio et latitudo legis ex corpore legis petenda est; nam præambulum sæpè, aut ultrà aut citrà cadit. (*Bac., de just. univ. aph.* 70, 71.)

V. Ainsi, quelle que soit sa conviction, le juge ne peut admettre une présomption contraire à celle de la loi, si la loi elle-même ne l'y autorise. (*Civ.* 1351, 1352, 1, 3ᵉ al., etc.)

VI. Il ne pourra également distinguer, là où elle ne distingue pas; ni suppléer des exceptions qui n'y sont point écrites. (L. 3, ff. *de officio præsid.*)

VII. L'incertitude des motifs de la loi, l'obscurité d'une partie de sa disposition même, ne saurait d'ailleurs infirmer l'autorité de ce qui s'y trouve clairement exprimé; la partie obscure devant être expliquée par celle dont le sens est manifeste. (L. 20, 21, ff. *de legib.*)

Non sunt neganda clara, propter quædam obscura. (*Descartes.*) Justius de manifestis occulta præjudicare, quàm manifesta de occultis prædamnare. (*Tertullian.*)

VIII. Toutes les lois s'étendent nécessairement aux choses sans lesquelles elles ne pourraient atteindre leur but. (L. 2, ff. *de juridict.*)

Mais il en est qui, à part le complément essentiel à leur exécution, doivent être rigoureusement renfermées dans leurs termes, tandis que d'autres sont susceptibles d'une interprétation extensive.

IX. Ainsi, une disposition purement pénale ne saurait, sous prétexte d'analogie, être appliquée à des cas qu'elle n'a point prévus. (L. 42, ff. *de pœnis.*)

Durum est torquere leges ad hoc ut homines torqueant. (*Bac. aph.* 13.)

X. De même une loi contraire au droit généralement établi, ou dont la raison est obscure, incertaine, ne peut être tirée à conséquence hors des cas qu'elle a expressément marqués. (L. 14, ff. *de leg.* — *Bac.*, *aph.* 11, 14, 15.)

XI. Ainsi encore, il est dans la nature de toute loi arbitraire qu'elle soit restreinte à ses conséquences immédiates; et en outre qu'elle ne soit appliquée qu'à l'ordre de choses sur lequel elle statue. (L. 24, ff. *de pig.* — *Bac. Aph.* 19.)

XII. Au contraire, les dispositions qui ont leur fondement dans le droit naturel pourront être étendues du cas prévu à un cas imprévu, alors qu'il y aura même motif de décider. — Et il importerait peu que le cas imprévu n'eût pu naître que depuis leur publication; car c'est surtout alors qu'un cas a été omis, parce qu'il n'existait pas, qu'on doit le considérer comme exprimé, si la raison de décider est la même. (L. 12, 13, 27, ff. *de legib.* — *Gothof. in* l. 9, §. 2, *de pact.* — *Bac. aph.* 20.)

XIII. Elles recevront cette extension, alors

même qu'elles contiendront l'énumération de plusieurs cas auxquels elles doivent s'appliquer, si d'ailleurs cette énumération est par forme de démonstration : ce que dans le doute on devra présumer.

Expressio in dubio censetur facta demonstrationis causâ, nisi contrarium exprimatur et de mente appareat. (*Molin.*)

XIV. Il en serait autrement s'il résultait de la nature ou des termes mêmes de la loi, que l'énumération fût *limitative* ; car de même que l'exception confirme la règle dans les cas non exceptés, ainsi l'énumération l'infirme dans les cas non énumérés. (*Bac. aph.* 17.)

XV. Toutefois, l'on pourra généralement conclure du plus au moins, lorsque la loi permet; et du moins au plus lorsqu'elle défend. (L. 20, 21, 63, 110, ff. *de reg. jur.* — L. 7, §. *ult.* ff. *de interdict. et releg.*)

Telles sont les principales règles qui doivent guider dans l'interprétation doctrinale; mais elles seront plus dangereuses qu'utiles, si l'on n'en a sérieusement médité l'esprit, et étudié la portée, afin de les appliquer avec discernement, et de ne pas les étendre hors de leurs limites respectives. (L. 102, ff. *de reg. juris.*)

Du reste, lorsque l'application que l'on a généralement faite d'une loi, et une suite de jugemens uniformes en auront fixé le sens et l'étendue, il faudra s'en tenir à cette interprétation, surtout si l'usage est ancien, puisqu'alors il aurait l'autorité d'une loi interprétative. (L. 37 et 38, ff. *de legib.*)

Art. 2. *Qu'est-ce que l'interprétation par voie d'autorité ; à qui appartient-elle, et dans quels cas a-t-elle lieu ?*

L'interprétation par voie d'autorité, consiste à fixer le sens d'une loi obscure par une disposition générale, obligatoire pour tous les citoyens, c'est-à-dire par une autre loi.

D'après cela, elle ne peut émaner que de l'autorité législative elle-même.

Une loi interprétative peut comme toute autre loi être proposée par une des trois branches du pouvoir législatif ; mais il est une circonstance où l'initiative appartient de droit à l'autorité royale. (*Charte de* 1830, *art.* 15.)

Lorsque la Cour de cassation aura annullé deux arrêts ou jugemens en dernier ressort, rendus dans la même affaire entre les mêmes parties et attaqués par les mêmes moyens, le jugement de la contestation est dans tous les cas renvoyé à une cour royale qui prononce, toutes les chambres assemblées, et dont l'arrêt ne peut plus être attaqué sur le même point et par les mêmes moyens.

Il en est alors référé au Roi qui, dans la session législative suivante, doit proposer aux Chambres une loi interprétative. (*Loi du* 30 *juillet* 1828.)

CHAPITRE VI.

COMMENT LES LOIS PERDENT LEUR AUTORITÉ.

Les lois peuvent être abrogées pour le tout ou en partie par le même pouvoir qui les a établies. L'abrogation partielle est appelée *dérogation* ; celle qui est totale conserve la dénomination générique *d'abrogation*. (L. 102, ff. *de verb. signif.*)

L'abrogation, soit partielle, soit totale, peut être expresse ou tacite.

Elle est expresse quand elle est littéralement écrite dans la loi nouvelle.

Elle est tacite quand, sans la prononcer, la loi nouvelle est dans son dispositif plus ou moins contraire à la loi ancienne, de telle sorte que leur exécution simultanée serait impossible.

Il est dans la nature même des choses que l'abrogation *tacite* ne puisse s'appliquer qu'aux dispositions incompatibles.

Une loi est encore tacitement abrogée quand l'ordre de choses pour lequel elle a été faite n'existe plus.

C'est d'ailleurs un principe fondamental en cette matière que l'abrogation des lois ne doit point se présumer, et ne peut s'établir par induction ou conjecture. (L. 11, C. *qui testam. facere poss.*)

TITRE SECOND.

DES OBLIGATIONS.

CHAPITRE PREMIER.

DE LA NATURE DES OBLIGATIONS ET DES SOURCES D'OU ELLES DÉRIVENT.

L'obligation, considérée sous un point de vue général, peut être définie : un lien de droit ou d'équité qui nous soumet à la contrainte morale de donner, de faire ou de ne pas faire quelque chose. (L. 3, ff. *de oblig. et act. Wolff, inst. jur. nat.* n° 35.)

L'on peut, sous le rapport de l'efficacité du lien, distinguer *trois* sortes d'obligations : l'obligation naturelle qui n'est qu'un lien d'*équité*; l'obligation civile qui n'est qu'un lien de *droit*; l'obligation mixte qui est tout à la fois un lien *de droit et d'équité*.

L'obligation naturelle naît des actes et faits obligatoires de l'homme qui n'ont point la sanction de la loi positive, soit à raison d'un défaut de capacité *civile* dans la personne de l'obligé, soit à raison d'un vice dans la forme extérieure et probante de la convention, soit enfin à raison de la nature de l'engagement considéré en lui-même.

L'obligation civile résulte des actes extérieurement revêtus des formes légales obligatoires, mais contre lesquels la loi autorise l'action en nullité ou en rescision, parce qu'ils sont affectés d'un vice intrinsèque et radical.

Enfin l'obligation mixte est produite par les actes et faits obligatoires de l'homme auxquels la loi civile prête tout l'appui de son autorité.

L'obligation naturelle est exclusivement du ressort de la justice attributive, et n'a de sanction que dans la conscience de celui qui l'a contractée; elle ne produira donc point d'action en justice.

Mais elle peut servir de fondement à une obligation mixte, en sorte que l'on ne peut pas dire qu'elle doive, dans le for extérieur, rester absolument sans effet. (1235, 1967, 2012.)

Eu égard à la cause qui les produit, les obligations peuvent être divisées en obligations purement légales, et en obligations conventionnelles ou quasi-conventionnelles.

L'on entend par obligations purement légales celles qui dérivent immédiatement de l'autorité de la loi.

Les obligations conventionnelles sont celles qui naissent des conventions ou contrats; et les quasi-conventionnelles, celles qui sont produites par un fait personnel à l'une des parties obligées sans le concours de la volonté de l'autre, fait qui constitue un quasi-contrat ou un délit ou quasi-délit. (1370.)

SECTION PREMIÈRE.

DE LA LOI CONSIDÉRÉE COMME LA CAUSE MÉDIATE OU IMMÉDIATE DE TOUTES LES OBLIGATIONS.

Toutes les obligations pourraient être appelées légales en ce que c'est la loi qui en commande et en règle l'exécution.

Mais dans un sens propre et spécial, l'on entend par obligations légales celles que la loi établit par sa seule autorité indépendamment de la volonté et du fait de l'homme. (1370, 2e *al.*)

Les unes sont fondées sur les rapports sociaux qui existent entre certaines personnes, comme par exemple entre les divers membres d'une même famille; les autres sur des circonstances absolument fortuites (1370, 3e *al.*)

SECTION II.

DES CONVENTIONS OU CONTRATS.

ART. 1er. *Qu'est-ce qu'une convention? Qu'est-ce qu'un contrat?*

La convention consiste dans le consentement respectif ou concours des volontés de deux ou plusieurs personnes sur une même chose, à l'effet de former entre elles un engagement ou d'en résoudre un précédemment contracté. (L. 1, §. 2 et 3, ff. *de pact.*)

Le contrat est la convention revêtue des formes qui doivent la rendre obligatoire aux yeux de la loi, et lui faire produire une action civile. (1101.)

Chez les Romains une convention avait la force obligatoire, *causam civilem obligandi*, c'est-à-dire se trouvait transformée en un contrat, 1° par cela seul qu'elle avait reçu une dénomination *spéciale* de la loi civile; 2° si elle n'avait pas le *nomen civile*, lorsqu'elle avait été revêtue des formes solennelles de la stipulation; 3° s'il n'était point intervenu de stipulations entre les contractans lorsqu'elle avait été accomplie de la part de l'un d'eux.

Chez nous, en thèse générale, une convention, qu'elle ait ou non reçu une dénomination particulière de la loi, acquiert la force obligatoire ou devient un contrat, du moment même où elle a été formée entre les parties. (1107.)

Mais il est certaines conventions pour lesquelles la loi exige des formes spéciales, et qui ne peuvent, en conséquence, devenir des contrats que par l'accomplissement rigoureux de ces formes, comparables à la stipulation des Romains; jusque-là elles ne sont qu'un lien d'équité produisant une obligation purement naturelle. (931.)

Art. 2. *Des caractères particuliers des conventions auxquelles l'usage et la loi écrite ont donné une dénomination spéciale.*

Ces conventions, qu'on peut considérer comme le type de toutes les autres, et dont la loi a plus spécialement réglé les effets sans entendre toutefois prescrire aucune limite à la faculté de contracter, sont :

La donation entre-vifs,
La vente et l'échange,
Le louage de choses,
Le louage d'ouvrage,
Le mandat,
Le dépôt et le séquestre,
Le commodat ou prêt à usage,
Le prêt de consommation ou prêt simple,
Les constitutions de rente perpétuelle ou viagère,
Les assurances et prêts à la grosse,
Le jeu et le pari,
La transaction et le compromis,
La société et la communauté,
Le cautionnement,
La contrainte par corps,
Le nantissement et l'hypothèque.

Par *la donation entre-vifs,* une personne se dessaisit gratuitement, actuellement et irrévocablement, d'une chose en faveur d'une autre personne qui l'accepte. (894.)

Le mot *donateur* désigne en général celui qui donne; le mot *donataire* celui qui reçoit.

Par *la vente,* une personne s'oblige envers une autre à lui faire posséder une chose librement et à titre de propriétaire, moyennant un certain prix. (1582.)

Celui qui s'oblige à livrer la chose est appelé *vendeur;* celui qui s'oblige à en payer le prix, *acheteur* ou *acquéreur.*

L'on entend communément par prix d'une chose ce qu'elle vaut en argent monnoyé, mesure commune de la valeur des biens chez presque tous les peuples policés.

Quand la chose vendue est une *créance*, le contrat prend le nom de *cession*, et les contractans ceux de *cédant* et de *cessionnaire*, expressions génériques qui s'appliquent d'ailleurs dans l'usage à tout transport de droits de propriété d'une personne à une autre. (1691, 1692.)

Par *l'échange*, deux personnes s'obligent à se donner réciproquement une chose pour une autre. (1702.)

Les deux contractans reçoivent la dénomination commune d'*échangistes* ou de *copermutans*. (1704.)

Par *le louage de choses*, une personne s'oblige envers une autre à la faire jouir librement, pendant un temps déterminé, d'une certaine chose, moyennant un prix consistant en argent ou en denrées. (1709.)

Celui qui cède l'usage ou la jouissance de sa chose est appelé *bailleur* ou *locateur;* l'autre contractant *preneur* ou *conducteur.*

Lorsque la chose louée est un fonds de terre ou une usine, le contrat reçoit la dénomination spéciale de *bail à ferme;* le prix stipulé pour la jouissance celle de *fermage* ou de *canon du bail;* le *preneur* celle de *fermier* ou de *colon.* (1711, 3e *al.*)

Et lorsque le contrat a pour objet une maison d'habitation ou des meubles garnissant un appartement, c'est, dans le langage de la loi, un *bail à loyer*, et le prix du louage est un *loyer*; le preneur un *locataire*. (1711, 2e *al.*, 1757.)

Dans le langage usuel, les termes *amodiation*, *location* remplacent quelquefois ceux de *bail à ferme* et de *bail à loyer*.

Le louage d'un simple objet mobilier, pour un usage plus ou moins restreint, n'est caractérisé par aucune qualification particulière, si ce n'est que le *bailleur* est communément appelé *loueur*.

Par *le louage d'ouvrage*, une personne engage ses services à une autre ou lui promet ses soins, son travail, son industrie, moyennant un certain prix. (1710.)

Celui qui loue ses services ou son travail est désigné par les dénominations de *domestique*, de *commis* ou *d'ouvrier*, *d'artisan*; l'autre contractant par celle de *maître*. (1781, 1794.)

Le prix des services ou du travail est généralement qualifié *loyer*, et spécialement le prix d'un travail journalier, *salaire*, et le prix d'un service prolongé, *gage*. (1711, 4e *al.*, 1781, 1790.)

Par *le mandat*, une personne confie une ou plusieurs affaires à une autre personne qui s'en charge gratuitement.

Celui qui donne le mandat est appelé *mandant*; celui qui l'accepte *mandataire*.

L'acte qui détermine l'étendue des pouvoirs de ce dernier est une *procuration*. Et delà ces expressions par lesquelles on désigne souvent le mandataire, *fondé de procuration* ou *procureur fondé*. (1984.)

Par *le dépôt*, nous remettons une chose corporelle et mobilière entre les mains d'une personne qui s'oblige à nous la conserver gratuitement et à nous la rendre aussitôt que nous la lui réclamerons. (1915, 1917, 1918.)

Celui qui donne la chose à garder est appelé *déposant*; celui qui la reçoit, *dépositaire*. Le terme *dépôt* s'entend tout à la fois du contrat et de la chose qui en est l'objet.

Par *le séquestre*, deux personnes qui se disputent la propriété ou la possession d'une chose, en confient la garde et l'administration à une tierce personne qui s'en charge gratuitement ou moyennant un certain salaire, et ne doit s'en dessaisir qu'après la contestation terminée et en faveur de celui auquel elle aura été jugée appartenir. (1956.)

Le mot *séquestre* désigne et le *contrat* et la personne à qui est confiée la chose séquestrée. (*Proc*. 688.)

Par *le commodat* ou *prêt à usage*, une personne donne gratuitement à une autre le simple usage d'une chose qui doit être restituée en nature après le temps convenu. (1875, 1876.)

Celui qui livre la chose est appelé *prêteur*; celui qui s'oblige à la rendre, *emprunteur* ou *commodataire*.

Par *le prêt de consommation* ou *simple prêt*, une personne remet à une autre, afin que celle-ci les applique à ses propres besoins, des choses que le premier usage qu'elle en fera doit anéantir, mais à la charge par elle d'en rendre, au terme convenu, une pareille quantité de même nature et qualité. (1892.)

Le premier contractant est encore appelé *pré-*

teur, et le deuxième simplement *emprunteur*. Le mot *prêt*, employé seul, désigne le contrat et en même temps les choses qui doivent être rendues. (1874).

Il y a d'ailleurs deux sortes de prêts simples : le prêt *gratuit* ou de pure bienfaisance, et le prêt *intéressé*. (1905.)

Le prêt est *intéressé* quand le prêteur exige de l'emprunteur quelque chose au-delà des sommes, denrées ou marchandises qu'il lui a réellement livrées.

L'on appelle *capital* ou *sort principal* ce que l'emprunteur a reçu, et *intérêts* ce qu'il doit payer en sus, soit comme le prix du service que lui a rendu le *prêteur*, soit comme l'équivalent du profit dont celui-ci s'est privé en faisant le prêt, ou la compensation du préjudice qui en est résulté pour lui.

Par *le contrat de constitution de rente perpétuelle*, une personne s'oblige, moyennant une somme d'argent ou autre chose qu'elle reçoit, à payer à une autre une rente périodique en argent ou en denrées jusqu'à ce qu'il lui plaise de rembourser la somme ou la valeur de la chose qui en était le prix. (1909.)

Si la rente est *constituée* pour une somme d'argent ou une autre chose mobilière, elle retient la dénomination de *rente constituée*. Créée comme étant le prix ou la charge de la cession d'un *immeuble*, on l'appelle *rente foncière*. (530.)

Par *le contrat de constitution de rente viagère*, une personne s'oblige gratuitement, ou moyennant un certain prix, à payer à une autre personne une rente périodique jusqu'au décès de celle-ci, ou pendant la vie d'un tiers désigné dans la convention. (1968, 1982.)

Les sommes ou denrées que le débiteur d'une rente *perpétuelle* ou *viagère* doit payer annuellement ou à des termes périodiques plus courts sont appelées *arrérages*; les choses qu'il a reçues, *sort principal* ou *capital*. L'on dit que le capital d'une rente *perpétuelle* est *aliéné*, en ce que le créancier n'en peut, à aucune époque, exiger le remboursement. Quant à la *rente viagère*, elle n'a point, à proprement parler, de capital, la mort de la personne sur la tête de laquelle elle est constituée devant libérer entièrement le débiteur.

Par *le contrat d'assurance*, une personne se charge, moyennant un certain prix, du risque des cas fortuits auxquels est exposée une chose appartenant à une autre personne. (*Com.* 332.)

Le contractant qui se charge du risque est appelé *assureur*, l'autre, *assuré*; le prix du risque, *prime d'assurance*.

Par *le prêt à la grosse*, une personne remet à une autre une somme d'argent en l'affectant sur des objets exposés à des risques de mer, et sous la condition qu'en cas de perte de ces objets la somme sera perdue pour elle; mais qu'en cas d'heureux événemens elle lui sera restituée avec un profit plus ou moins considérable. (*Com.* 311.)

Par *le jeu* ou *le pari*, deux personnes s'obligent réciproquement à se payer une certaine somme ou autre chose, suivant que la fortune se déclarera pour l'une ou pour l'autre, ou qu'un événement futur ou inconnu arrivera ou n'arrivera pas, sera ou ne sera pas arrivé. (1965.)

Par *la transaction*, deux personnes engagées ou près de s'engager dans une lutte judiciaire, terminent ou préviennent la contestation en se faisant un sacrifice mutuel d'une partie de leurs prétentions respectives. (2044.)

Par *le compromis*, deux personnes qui sont en procès ou sont près d'y entrer, conviennent que leur différent sera jugé en premier ou en dernier ressort, suivant le strict droit, ou d'après l'équité, par un ou plusieurs arbitres qu'elles désignent. (*Proc.* 1033.)

Par *le contrat de société*, deux ou plusieurs personnes s'obligent l'une envers l'autre à mettre en commun tout ou partie de leurs biens ou des produits de leur industrie, à l'effet de partager ensuite leur bénéfice ou la masse elle-même dans une proportion convenue. (1832.)

Les contractans reçoivent la dénomination commune de *sociétaires* ou *d'associés*.

La communauté est une société de biens établie entre mari et femme au moment de la célébration du mariage. (1391.)

L'on dit de deux époux mariés sous ce régime, qu'ils sont *communs en biens*.

Par *le cautionnement*, une ou plusieurs personnes s'engagent envers le créancier d'un tiers à acquitter la dette, dans le cas où le débiteur ne paierait pas lui-même. (2011.)

Celui qui contracte cet engagement pour le principal obligé, est appelé *caution*. — Celui qui s'oblige ainsi pour la caution elle-même, est qualifié *certificateur* ou *caution en sous-ordre*.

Si plusieurs personnes cautionnent ensemble

ou séparément pour la *même dette, le même débiteur*, ce sont des *cofidéjusseurs*.

Par *la convention de contrainte par corps*, le débiteur affecte sa liberté même à l'exécution de l'engagement qu'il a contracté, de telle sorte qu'à défaut de paiement, le créancier pourra le faire détenir dans une prison publique.

Par *le nantissement*, le créancier reçoit du débiteur ou d'un tiers une chose mobilière ou immobilière, afin que la valeur même de la chose ou ses produits lui garantissent le paiement de sa créance. (2071.)

Gage est une expression générique qui désigne tantôt le contrat de nantissement, tantôt la chose même qui en est l'objet.

Dans un sens propre et spécial, le *gage* est le nantissement d'une chose *purement mobilière*.— Le nantissement d'un immeuble reçoit la dénomination d'*antichrèse*.—Le créancier, muni d'un gage, est appelé créancier *engagiste*. (2072.)

Enfin par l'*hypothèque*, le débiteur ou un tiers pour lui affecte formellement, sans se dessaisir de la possession, un ou plusieurs immeubles à l'acquittement intégral de l'obligation. (2114.)

Le créancier, dont les droits sont garantis par une hypothèque, est appelé créancier *hypothécaire*; celui qui n'a que l'obligation personnelle du débiteur, est un simple créancier *chirographaire*.

ART. 3. *Des caractères accidentels des conventions considérées sous un point de vue général.*

L'on peut reconnaître dans les contrats cinq

caractères accidentels parfaitement distincts, et par suite en faire cinq divisions principales.

1° Les contrats sont *synallagmatiques* ou *unilatéraux*.

Les premiers sont ceux qui, au moment même de leur formation, imposent des obligations respectives à chacun des contractans, de telle sorte qu'il est de leur essence de produire deux actions également principales.

Les seconds sont ceux qui, lorsqu'ils sont formés, n'imposent des obligations qu'à l'un des contractans; de telle sorte qu'ils ne doivent pas nécessairement produire une double action. (1102, 1103.)

2° Les contrats sont à titre *onéreux* ou à titre *gratuit*.

A titre *onéreux*, lorsqu'ils sont formés pour l'utilité réciproque des deux contractans.

A titre *gratuit*, lorsqu'ils ont pour objet principal l'avantage de l'un d'eux seulement. (1105, 1106.)

Les contrats à titre onéreux peuvent se subdiviser en *commutatifs* et en *aléatoires*.

Un contrat à titre onéreux est commutatif, quand chacune des parties reçoit ou est censée recevoir l'équivalent effectif de ce qu'elle donne.

Il est aléatoire quand cet équivalent consiste en une chance incertaine de gain ou de perte, soit pour toutes les parties, soit pour l'une d'elles. (1104, 1964.)

3° Les contrats sont ou *principaux*, ou simplement *accessoires*.

Les premiers sont ceux qui existent par eux-mêmes sans le secours d'aucune autre convention.

Les seconds, ceux qui n'interviennent que pour assurer l'exécution d'un autre engagement dont ils dépendent, et sans lequel ils ne sauraient subsister.

4° Les contrats sont *réels* ou *consensuels*.

On entend par contrats *consensuels* ceux qui sont parfaits par le seul consentement des parties.

On est convenu d'appeler *réels* ceux qui, outre le consentement des parties, exigent pour leur perfection la tradition même de la chose qui en est l'objet.

Le contrat réel ne pouvant être formé avant que la chose ait été livrée à celui qui par ce même contrat s'oblige à la rendre, il s'ensuit que ce n'est aussi que du moment de la tradition que les conventions accessoires qui s'y rattachent peuvent avoir leur effet. (L. 11, ff. *qui pot. in pign.*)

5° Enfin, il y a des contrats assujettis par le droit positif à certaines formes plus ou moins arbitraires, et sans lesquelles ils ne peuvent être civilement obligatoires, tandis que d'autres sont dans leur formation comme dans leurs effets substantiellement régis par les principes du droit naturel.

L'on a donné aux premiers la dénomination de contrats *solennels* ou de *pur droit civil*; et par opposition l'on a qualifié les seconds de contrats *non solennels* ou *du droit des gens*.

Considérant les contrats sous un autre rapport, l'on peut encore les diviser en contrats du *droit commun* et en contrats *commerciaux*.

Un contrat, quels que soient d'ailleurs ses caractères *particuliers* et *accidentels*, est *commer-*

cial lorsqu'il suppose nécessairement, dans la partie qui s'oblige, l'intention de se rendre *intermédiaire* entre le *producteur* et le consommateur. (*Com.* 632, 638.)

Les contrats ou actes commerciaux sont soumis à une loi spéciale qui est le Code de commerce.

Art. 4. *Des caractères substantiels des conventions, et des vices qui en entraînent la nullité, ou, en d'autres termes, s'opposent à ce qu'elles existent.*

Il résulte de la définition que nous avons donnée des conventions, qu'en thèse générale, trois choses constituent leur essence, à savoir :

1° Le concours de la volonté des parties contractantes (1108);

2° Un lien obligatoire (1101, 1174);

3° Une cause que la loi puisse avouer.

L'on entend ici par *cause* ce que chacune des parties se propose d'obtenir par la convention, soit la propriété ou la jouissance d'une chose, soit l'accomplissement d'un fait, soit la libération d'une dette même purement naturelle, soit enfin l'acquittement d'un devoir qu'imposerait l'amitié, la reconnaissance, l'honneur, des relations de famille ou de bon voisinage. (L. 9, ff. *pro soc.* L. 1, § 5, ff. *de don.* — Civ. 1108, 1131.)

De plus quand le contrat est *solennel*, il n'existe point aux yeux de la loi positive, avant l'accomplissement des formalités qu'elle prescrit comme intégrantes ou substantielles.

Enfin, il est certains contrats purement commutatifs où l'égalité est plus ou moins rigoureusement requise, comme une condition sans laquelle ils ne peuvent être obligatoires, même civilement.

Ainsi, l'absence d'une juste cause, l'insuffisance du lien, le défaut de consentement, la lésion, la violation des formes constitutives du contrat, sont autant de vices radicaux des conventions.

§ 1er. *Du défaut de cause.*

Un engagement est sans cause, ou a une cause illicite, quand ce qui en forme l'objet apparent est une chose qui a cessé d'exister, ou ne doit jamais exister; ou un fait impossible soit physiquement, soit moralement. (1131.)

Un fait est moralement impossible quand il est prohibé par la loi ou contraire aux bonnes mœurs ou à l'ordre public. (1133.)

Quæ facta *pietatem, existimationem, verecundiam nostram laedunt*, et ut generaliter dixerim, quæ *contrà bonos mores sunt*, NEC NOS FACERE POSSE CREDENDUM EST. (*Papin.*, *L.* 15, ff. *de condit. instit.*)

Il est physiquement impossible quand les lois de la nature paraissent être un obstacle absolu à ce qu'il s'accomplisse.

Toute obligation doit d'ailleurs, jusqu'à la preuve contraire, être présumée avoir une juste cause, lors même que les parties ne l'auraient point exprimée dans l'acte qui établit l'existence de la convention. (1132.)

§ 2. *Du défaut de lien.*

Il y a défaut de lien obligatoire, quand chacun des contractans ne s'est point constitué à l'égard de l'autre dans la nécessité morale d'accomplir l'obligation, comme lorsqu'il a subordonné l'efficacité de son engagement à une condition *purement* potestative de sa part. (1174.)

Mais rien n'empêche que l'une des parties ne s'oblige sous une condition purement potestative de la part de l'autre; quand bien même celle-ci aurait contracté, sous la même condition, un engagement corrélatif, à l'existence duquel la promesse qui lui a été faite est essentiellement subordonnée; cette promesse n'en sera pas moins obligatoire comme engagement conditionnel.

C'est ainsi qu'on peut vendre ou louer une chose, en faisant dépendre la formation du contrat d'un pur acte de volonté de *l'acheteur* ou du *preneur*. (1587, 1589.)

§ 3. *Du défaut de consentement.*

Il y a défaut de consentement, non-seulement lorsqu'une des parties n'a manifesté sa volonté d'accéder à la proposition de l'autre par aucun signe apparent, mais encore lorsque son adhésion n'a été que le résultat de l'erreur, ou lui a été extorquée par violence, ou surprise par dol; pourvu toutefois que l'erreur, la violence ou le dol allégués aient des caractères tels qu'ils excluent toute idée d'un véritable consentement. (1109.)

Ainsi, l'erreur n'est un vice radical des conventions qu'autant qu'elle est substantielle, c'est-à-dire qu'elle porte sur la cause même de l'obligation; d'où il suit que l'erreur sur les qualités *accessoires* ou *accidentelles* de la chose qui est l'objet de la convention, ou sur la personne avec qui on contracte (si la considération de la personne n'est elle-même la véritable cause de l'obligation), n'empêcherait point que le contrat ne fût valablement formé. (1110.)

De même, pour que la violence entraîne la nullité de la convention, il faut qu'elle soit de nature à produire une contrainte morale absolue sur la volonté d'un homme raisonnable. (1112.)

Est réputée telle celle qui, eu égard à la condition de la partie qui réclame, à son âge, à son sexe, à son état de santé ou de maladie, a pu lui inspirer la crainte d'exposer sa fortune à une perte imminente et presque totale; ou à un mal considérable et également imminent soit sa propre personne, soit la personne de ceux qu'elle défendrait au péril de ses jours.

Et la loi, en cela sage interprète de la nature, présume chacun disposé à sacrifier sa propre vie pour sauver celle de son époux, de son épouse, de ses descendans ou de ses ascendans. (1112, 1113.)

Quant au dol, pour qu'il puisse être considéré comme une cause de restitution, il faut qu'il soit positif, c'est-à-dire qu'il consiste en des manœuvres actives pratiquées par l'une des parties à l'égard de l'autre; et qu'en outre, il apparaisse que l'erreur dans laquelle celle-ci a été entraînée a seule déterminé son consentement, sans qu'il soit besoin cependant que cette erreur ait été *substantielle*. (1116.)

La loi établit au surplus entre le dol et la violence cette différence remarquable, que la violence est une cause de restitution, encore qu'elle ait été exercée par un tiers à l'insçu de celui au profit duquel l'engagement a été souscrit, tandis que le dol pratiqué par une tierce personne à l'égard de l'une des parties, sans qu'il y ait eu complicité de la part de l'autre, n'entraînerait point la nullité de la convention, sauf l'action en réparation du préjudice souffert contre l'auteur de la fraude. (1111, 1116.)

Toutefois le dol d'un tiers entraînerait, dans tous les cas, la nullité d'un contrat à titre *gratuit*;

un tel contrat étant nécessairement *sans cause* pour la partie qui a cru remplir un devoir d'amitié ou de reconnaissance, tandis qu'elle n'obéissait qu'à une impulsion étrangère; et la complicité de l'autre partie devant d'ailleurs ici être présumée de droit. (L. 6, §. 8 et 11, ff. *quæ in fraud. cred.*)

§ 4. *De la lésion.*

Dans les contrats commutatifs, la lésion qu'éprouve une des parties doit naturellement faire présumer qu'il y a eu de sa part erreur sur les qualités substantielles de la chose qu'elle s'oblige à donner; si ce n'est surprise ou violence *morale* exercée contre elle par l'autre partie. Mais la loi n'a pas généralement admis cette cause de rescision. (1118.)

Etsi nullus dolus intervenit stipulantis, res ipsa in se dolum habet. (L. 36, ff. *de verb. oblig.*)

§ 5. *De la violation des formes constitutives du contrat solennel.*

Un contrat est radicalement nul quand les formalités qui y sont substantiellement requises par le droit civil, n'ont point été remplies.

Ce vice ne peut se rencontrer que dans les contrats *solennels*.

Du reste, quelles sont les formes intégrantes ou substantielles de ces sortes de contrats? C'est ce qui sera expliqué ailleurs.

Art. 5. *Comment et dans quelle étendue agissent sur les conventions les diverses causes de nullité qui peuvent s'y rencontrer.*

La convention qui manque de l'un de ses caractères essentiels n'est point, à proprement parler, une convention : elle est *nulle intrinsèquement.*

Mais les vices radicaux qui entraînent la nullité d'une convention ne l'opèrent pas tous de la même manière, ni indistinctement en faveur de l'une et de l'autre des parties contractantes.

Delà, la distinction des nullités *absolues* et des nullités *relatives*.

La nullité est dite *absolue* quand les deux contractans peuvent respectivement l'invoquer ; elle est dite *relative* quand l'un d'eux seulement est habile à s'en prévaloir.

Ainsi, sont relatives les nullités fondées sur une violence exercée ou un dol pratiqué par l'une des parties envers l'autre.

Sont au contraire absolues, les nullités fondées sur l'absence d'une cause licite ou sur un défaut absolu de consentement de la part de l'une des parties, sans qu'il y ait aucun fait de violence ou de dol imputable à l'autre.

Dans les contrats solennels, les nullités de forme sont également absolues.

Art. 6. *Quelles personnes peuvent contracter.*

Le consentement des parties contractantes étant de l'essence des conventions, il s'ensuit que pour être capable de contracter, il faut être capable de *consentir*, et en conséquence avoir l'usage de sa raison.

Ainsi, sont incapables de contracter, par le droit de la nature, le mineur dans les premières années de l'enfance ; celui qui est dans un état d'imbécillité, de démence, ou d'ivresse, tant que dure cet état.

La loi civile, par des considérations d'ordre public, déclare en outre incapables de s'obliger, plusieurs personnes qui sont naturellement capables de donner un consentement éclairé et réfléchi.

Telles sont les femmes mariées, les mineurs chez lesquels la raison a devancé l'âge, les interdits pour cause de démence, alors qu'ils se trouvent dans un intervalle lucide. (1124.)

L'incapacité purement civile ne produit, en thèse générale, qu'une nullité relative, c'est-à-dire une nullité dont l'incapable est seul recevable à se prévaloir; d'où il résulte que celui-ci pourra toujours, soit par lui-même, s'il est devenu capable, soit par la personne qui exerce ses actions, poursuivre contre l'autre partie l'exécution de la convention, en offrant de remplir de son côté l'engagement qu'elle lui impose. (1125.)

Si quis à pupillo sine tutoris auctoritate emerit, ex uno latere constat contractus; nam qui emit obligatur pupillo; pupillum sibi non obligat. (L. 13, § 29, ff. *de act. empt.*)

Indépendamment des incapacités, la loi a établi contre certaines personnes d'ailleurs capables de contracter des prohibitions spéciales, dont l'effet est d'annuller le contrat, non dans leur intérêt, mais seulement dans l'intérêt de ceux qui peuvent en souffrir quelque préjudice. (1124, 2e al., 1596, 1597, etc.)

Art. 7. *Quelles choses ou quels faits peuvent être la matière des contrats?*

Toute convention devant produire un lien de droit et avoir une cause licite, il faut en conclure d'une part :

Que la chose ou le fait d'un tiers ne peut être l'objet d'une convention, à moins que l'on ne se porte fort pour ce tiers ou qu'on ne promette sa ratification (1119, 1120, 1599);

Qu'il en serait de même d'une chose ou d'un fait, à la prestation desquels celui qui stipule n'aurait aucun intérêt appréciable en argent (1119, 1121);

Qu'il en serait de même encore d'une chose dont l'espèce ou dont la quotité ne pourrait en aucune manière être déterminée (1129).

D'autre part, qu'une convention doit avoir nécessairement pour objet une chose qui soit dans le commerce des hommes, ou un fait d'une possibilité physique et morale (1126, 1128).

Que du reste, le simple usage ou la simple possession d'une chose peut, comme la chose même, servir de matière au contrat (1127).

Que bien plus, il n'est pas indispensable que la chose existe actuellement, pourvu qu'elle doive exister, sauf les exceptions établies par les réglemens ou des lois spéciales. (1130, 791, 1600.)

SECTION III.

DES QUASI-CONTRATS.

Le quasi-contrat consiste dans un fait *licite* et *volontaire*, par lequel une personne s'oblige envers une autre, et l'oblige envers elle-même sur le fondement de cette double présomption, à laquelle la loi prête toute la force de la vérité : *Que chacun doit consentir à ce qui est fait dans son intérêt, et que personne ne peut vouloir s'enrichir du bien d'autrui.* (1371.)

Il résulte de cette définition :

Que dans le quasi-contrat, il suffit que la partie dont le fait produit l'engagement soit capable de contracter; la loi elle-même y suppléant le consentement de l'autre, abstraction faite de sa capacité civile et naturelle;

Que du reste les principes qui régissent les conventions doivent, en thèse générale, s'appliquer aux quasi-contrats.

Les quasi-contrats sont presque aussi multipliés que les contrats eux-mêmes. Ceux dont la loi a plus spécialement réglé les effets, parce qu'ils sont les plus communs, sont :

La gestion d'affaires ou quasi-contrat de mandat;

Le paiement du non dû ou quasi-contrat de prêt;

La communion de biens ou quasi-contrat de société.

Le premier s'établit quand une personne s'entremet officieusement dans l'administration des affaires d'un absent; et il produit des obligations de la même nature que celles qui naissent du mandat. (1372.)

Le second se forme quand une personne paie par erreur une chose qu'elle ne devait point; et il place le créancier supposé dans les liens d'un engagement semblable à celui que contracte un emprunteur, sauf la restitution des fruits ou la prestation des intérêts, si le paiement n'a pas été reçu de bonne foi. (1376, 1378.)

Enfin, le troisième a lieu quand plusieurs personnes se trouvent sans convention antérieure posséder indivisément une ou plusieurs choses; et il est à peu d'exceptions près régi par les mêmes principes que le contrat de société. (573, 575, 653, etc.)

SECTION IV.

DES DÉLITS ET QUASI-DÉLITS.

Le délit ou quasi-délit, considéré comme la cause productrice d'une obligation, peut être défini un fait *illicite* et *dommageable* qui, indépendamment de toute convention, oblige son auteur à réparer le préjudice qui en est résulté pour autrui.

Il y a délit ou quasi-délit suivant que le fait, nuisible à autrui et condamné par la loi, a été commis avec ou sans intention de nuire.

L'obligation produite par le délit ou quasi-délit a son fondement, moins dans la volonté de l'homme, que dans ce principe d'équité naturelle consacré par la loi positive : *Que chacun doit être responsable du dommage qu'il a causé par un fait ou une omission qui lui est imputable à faute.* (1382, 1383.)

Il suit de là :

D'une part, que pour être obligé civilement par un délit ou quasi délit, il suffit d'avoir l'usage de la raison;

D'autre part, que là où il n'y a pas de faute, il ne saurait y avoir obligation de réparer un dommage dont on est la cause innocente.

Et c'est d'ailleurs une maxime puisée dans la raison même que l'on ne peut être réputé en faute, lorsque l'on n'a fait qu'user d'un droit consacré par la loi sans en excéder les justes limites. (L. 151, ff. *de reg. jur.* L. 1, §. 12, ff. *de aq.*)

Au surplus, la moindre imprudence ou négligence suffirait pour constituer un quasi-délit, et même l'on sera de droit présumé en faute par rapport au dommage causé par les personnes que l'on a sous sa direction ou sa surveillance. (1383, 1384, 1er al.)

Ainsi, en premier lieu, le propriétaire d'un animal ou celui qui s'en sert, sera tenu de réparer le dommage occasionné par cet animal qui s'est violemment échappé de ses mains ou soustrait à sa garde. (1385.)

De même lorsqu'un bâtiment se sera écroulé par le défaut d'entretien ou par un vice de construction, ceux qui auront souffert de la chute soit dans leur personne, soit dans leurs biens, seront fondés à réclamer des dommages et intérêts contre le propriétaire, sans que celui-ci puisse alléguer sa bonne foi. (1386.)

Ainsi, en second lieu, les père et mère investis de la puissance paternelle, les tuteurs seront civilement responsables du dommage causé par leurs enfans mineurs ou pupilles habitant avec eux; les instituteurs et les artisans le seront de celui causé par leurs élèves et apprentis pendant le temps qu'ils les ont sous leur surveillance; à moins que soit les uns, soit les autres ne prouvent qu'ils ont été dans l'impossibilité absolue d'empêcher le fait dommageable à autrui. (1384, 2°, 4e et 5e al.)

Les maîtres et les commettans seront pareillement responsables du dommage causé par leurs domestiques et leurs préposés dans l'exercice des fonctions auxquelles ils les emploient, et sans qu'ils puissent en aucun cas décliner cette responsabilité. (1384, 3e al.)

C'est encore un principe spécial en cette matière, que celui qui habite la maison d'autrui doit, jusqu'à la preuve contraire, être présumé en faute par rapport aux cas d'incendie et aux dégradations qui surviendraient pendant sa jouissance. (1732, 1733, 1734.)

Celui qui a été lésé par un crime ou délit, aura le choix de porter l'action en réparation du dommage qu'il éprouve, ou devant les tribunaux civils, ou devant les juges saisis de la poursuite du ministère public, pour l'application de la peine. (*Instr.* 3, 1er *al.*)

Cependant, si l'action publique et l'action privée se trouvaient simultanément exercées devant des juges différens, le jugement de la première devrait, sauf les cas d'exception établis par la loi même, précéder le jugement de la seconde. (*Instr.* 3, 2ᵉ *al.* — *Civ.* 327.)

En conséquence, le tribunal civil, appelé à prononcer sur la demande en dommages-intérêts, suspendrait l'instruction du procès, jusqu'à ce qu'il eût été définitivement prononcé sur l'action publique intentée avant ou pendant la poursuite de l'action privée.

CHAPITRE II.

DES EFFETS QUE PRODUISENT LES OBLIGATIONS EN GÉNÉRAL ET PARTICULIÈREMENT LES OBLIGATIONS CONVENTIONNELLES.

SECTION PREMIÈRE.

QUELS SONT LES EFFETS DE L'OBLIGATION ENTRE LE CRÉANCIER ET LE DÉBITEUR?

ART. 1er. *Du droit de contrainte commun à toutes les obligations.*

En soumettant l'un à la nécessité morale de donner, de faire ou de ne pas faire quelque chose, l'obligation confère par là même à l'autre le droit ou la faculté légale d'exiger que cette chose soit livrée, faite ou omise.

Celui auquel l'obligation a été imposée est appelé *débiteur*; celui auquel le droit a été conféré, *créancier*.

Ainsi le droit de contrainte est le premier et principal effet des obligations soit légales, soit conventionnelles ou quasi-conventionnelles.

Il s'exerce de deux manières, ou directement par voie *d'exécution parée*, ou par voie *de simple demande.*

Il y a lieu à procéder directement par voie d'exécution parée, c'est-à-dire par voie de commandement et de saisie, lorsque la loi privée du contrat a été déclarée exécutoire par l'officier public délégué de l'autorité royale, à savoir par un notaire, et que l'obligation a d'ailleurs pour objet des choses liquides et actuellement exigibles. (*Proc.* 551.)

Dans le cas contraire l'on ne pourra en poursuivre l'exécution que par voie de simple demande, c'est-à-dire qu'il faudra préalablement recourir à l'autorité judiciaire et obtenir un jugement de condamnation qui, étant déclaré exécutoire par le président du tribunal, autre délégué de l'autorité royale, donnera le droit d'exécution parée, de même qu'un acte notarié. (*Proc.* 545, 547.)

Art. 2. *De la peine attachée à l'inexécution de l'obligation.*

Un autre effet général des obligations, mais qui n'est que la conséquence du premier et comme la sanction de la loi privée du contrat, c'est de soumettre le débiteur aux dommages-intérêts du créancier, en cas d'inexécution totale ou partielle de l'engagement contracté.

L'on entend par dommages et intérêts la compensation en argent ou valeur estimative de la perte qu'a éprouvée le créancier, et du gain dont il a été privé par le défaut d'accomplissement intégral de l'obligation.

§ 1er. *Quelle inexécution de l'obligation peut autoriser le créancier à réclamer des dommages et intérêts?*

Quiconque n'exécute point ou ne livre point ce qu'il a promis, est par là même réputé en faute; et il est passible de dommages et intérêts envers le créancier, quand même il n'y aurait aucune mauvaise foi de sa part. (1147.)

Toutefois, comme personne ne peut être garant d'un cas fortuit, il n'y a lieu à aucuns dommages et intérêts, lorsque le débiteur a été empêché de donner ou de faire ce à quoi il était obligé, ou a fait ce qui lui était interdit, par suite d'une force majeure dont il justifie. (1148.)

Du reste il peut être dû des dommages et intérêts non-seulement lorsqu'il y a eu défaut absolu d'exécution, mais encore lorsque l'exécution n'a point eu lieu de la manière ou à l'époque convenue entre les parties ou qu'on doit présumer avoir été dans leur commune intention. (1147.)

§ 2. *Quand les dommages et intérêts sont-ils dus?*

Il ne suffit pas, pour que les dommages et intérêts soient *actuellement* dus, qu'il y ait défaut d'exécution ou retard dans l'exécution; il faut que le débiteur ait été constitué en demeure, c'est-à-dire que son impuissance ou son refus de remplir l'obligation ait été légalement constaté. (1146.)

La règle générale est, que le débiteur est constitué en demeure par *une simple sommation extrajudiciaire* ou tout autre acte équivalent. (1139.)

Mais cette règle admet plusieurs exceptions.

D'une part, lorsque l'obligation a pour objet une somme d'argent, les dommages et intérêts ne sont dus que du jour de la *demande en justice,* ou de la citation en conciliation, suivie d'une demande en justice, dans les délais de droit ; à moins que par une disposition spéciale, la loi n'en ait autrement ordonné. (1153, 3e al., 1652; *Proc.* 57.)

D'autre part, le débiteur est constitué en demeure, et doit les dommages et intérêts avant toute sommation ou demande en justice,

1° Par la seule échéance du terme, lorsque la convention en contient une stipulation formelle (1139);

2° Si l'obligation consiste à ne pas faire, par le seul fait de la contravention (1145);

3° Lorsque la chose que le débiteur s'était obligé à donner ou à faire ne pouvait être donnée ou faite que pendant un certain temps, du moment où ce temps est expiré (1146);

4° Enfin, dans certains cas spécialement déterminés, de plein droit par la seule autorité de la loi. (1302, al. dernier, 1378, 1846, etc.)

§ 3. *En quoi consistent les dommages-intérêts.*

Les dommages et intérêts doivent, en thèse générale, être de la perte que le créancier a éprouvée, et du gain dont il a été privé. (1149.)

Mais cette règle est susceptible d'une application plus ou moins rigoureuse, suivant que l'inexécution provient du dol du débiteur, ou de son impéritie, ou d'une simple imprévoyance.

Dans le premier cas, les dommages et intérêts doivent comprendre, à l'égard de la perte éprouvée par le créancier ou du gain dont il a été privé, *tout ce qui est une suite immédiate et directe de l'inexécution de la convention*; ils ne peuvent jamais aller au-delà. (1151.)

Dans les autres cas ils doivent être restreints aux dommages ou bénéfices qu'on a prévus ou dû naturellement prévoir lors du contrat. (1150.)

Quelquefois les parties, dans la prévoyance de l'inexécution de la convention, fixent elles-mêmes d'avance la quotité des dommages et intérêts par une clause dite *pénale* dont les effets seront expliqués plus tard.

Enfin, on a établi une règle particulière pour les obligations dont l'objet est une somme d'argent. Comme les dommages et intérêts qui peuvent résulter du retard dans l'accomplissement de cette sorte d'obligation ne sauraient être assis sur une base certaine, et qu'il serait aussi difficile de les prévoir que de les justifier; la loi positive les a fixés, par une espèce de forfait, aux intérêts que le créancier aurait pu, d'après ses dispositions, licitement stipuler du débiteur, sauf les règles particulières au cautionnement et à certains actes commerciaux. (1153, 1154, 1155.)

Ainsi, le créancier sera admis à réclamer ces dommages et intérêts, alors même qu'il n'éprouvera aucune perte apparente; mais aussi, quelque préjudice qu'il souffre, il ne pourra rien demander au-delà. (1153, 2e al.)

Art. 3. *Des effets particuliers à certaines obligations.*

Indépendamment de ces effets généraux qui leur sont communs, les obligations produisent des effets secondaires qui varient d'après leur objet ou suivant la nature du contrat et les clauses ou conditions que les parties y ont insérées.

§ 1er. *Effets des obligations, eu égard à leur objet.*

Toute obligation a pour objet une chose ou un fait, ou l'omission d'un fait, en d'autres termes toute obligation consiste à donner, à faire ou à ne pas faire. (1126.)

Les effets particuliers de l'obligation de faire ou de ne pas faire, sont :

Qu'une obligation de cette nature est essentiellement résoluble en dommages et intérêts. (1142.)

Que néanmoins, si le fait qui est l'objet de l'obligation était de nature à pouvoir être exécuté par un tiers, ou si ce qui a été fait en contravention à la loi du contrat était susceptible d'être détruit, le créancier pourrait être autorisé à le faire exécuter ou détruire aux dépens du débiteur. (1143, 1144.)

Les effets particuliers de l'obligation de donner, sont :

1° Qu'elle emporte avec elle l'obligation de livrer la chose, de la garder jusqu'à la livraison, et de veiller à sa conservation en y apportant les soins d'un bon père de famille, ou, si la considération de la personne a été la cause du contrat, les soins que le débiteur donnerait à la conservation de sa propre chose. (1136, 1137, 1880, 1882, 1927.)

2° Qu'elle rend le créancier propriétaire et met la chose à ses risques et périls du moment où *le contrat a été formé*; à supposer cependant qu'il soit par sa nature translatif de propriété; qu'il ait pour objet un corps certain et déterminé, et qu'il ne soit point subordonné dans ses effets à l'événement d'une condition. (1138, 1583, 1585, 1245, 1182.)

La délivrance est le transport de la chose qui est l'objet de l'obligation en la puissance ou possession du créancier. (1604.)

L'obligation de livrer des immeubles est remplie par la remise des clefs s'il s'agit de bâtimens, ou par celle des baux ou des titres de propriété. (1605.)

La délivrance des objets mobiliers s'opère :

Ou par tradition réelle, c'est-à-dire par le transport actuel et effectif qui en est fait dans la main du créancier ;

Ou par tradition symbolique, telle la remise des clefs du magasin qui les renferme, ou la mise en jouissance du fonds qui doit les produire ;

Ou par tradition feinte, c'est-à-dire par le seul consentement des parties, si le transport en est impossible au moment de la convention, ou si le cessionnaire les possède déjà à un autre titre. (1606, 1743.)

En ce qui touche les droits *incorporels*, elle s'effectue par la simple remise des titres ou par l'usage que le cessionnaire en fait du consentement du cédant. (1607, 1689.)

De l'obligation de livrer la chose promise, dérive l'obligation d'en garantir la libre et entière jouissance.

Cette obligation de garantie est, de droit, inhérente à tous les contrats *commutatifs* ; et elle a un triple objet, à savoir :

1° La possession même de la chose livrée.

2° Les qualités intrinsèques qui conviennent à sa nature, et sans lesquelles elle n'aurait qu'une bien moindre valeur, à supposer qu'elle pût encore servir à l'usage auquel elle est destinée.

3° Ses qualités extrinsèques d'étendue, de volume, de poids et autres semblables, telles que les énonce la convention.

En conséquence, les causes qui peuvent autoriser l'exercice de l'action en garantie, seront :

Le défaut de contenance, l'insuffisance du volume, du poids, eu égard à la déclaration qu'a faite le débiteur touchant ces qualités extérieures de la chose due. (1617 à 1623.)

Les défauts cachés, non expressément déclarés dans la convention, qui rendent la chose impropre à l'usage auquel elle est destinée, ou diminuent considérablement cet usage. (1638, 1641.)

Les troubles et évictions de la part d'un tiers, à supposer qu'ils aient leur principe dans un droit antérieur à la convention. (1626, 1693.)

Il y a trouble, quand le créancier est inquiété dans la possession de la chose livrée, par une action hypothécaire ou en revendication.

Il y a éviction quand il est dépossédé en vertu d'une sentence du juge ou par son propre acquiescement à la demande formée contre lui.

La garantie due à raison de ce qui manque dans la chose en étendue, en volume, en poids, ne donnera généralement lieu qu'à une diminution proportionnelle de l'engagement corrélatif du garanti.

La garantie des défauts cachés et des troubles ou évictions entraînera en outre, du moins de droit commun, des dommages et intérêts qui comprendront, suivant qu'on l'a précédemment expliqué, la perte qu'a éprouvée le garanti, ou le gain dont il a été privé. (1149 *et suiv.*, 1639, 1645, 1646.)

Lorsque l'objet de la convention est une créance sur un tiers, la garantie peut encore être due en vertu d'une stipulation expresse, ou d'une disposition spéciale de la loi, à raison de l'insolvabilité du tiers débiteur, mais seulement dans les limites de l'engagement corrélatif du garanti. (886, 1694.)

La garantie de la solvabilité du débiteur est appelée garantie de *fait*, tandis que celle qui a pour objet l'existence même de la créance, est appelée garantie de *droit*.

Enfin, de l'obligation de garantie naîtra l'exception de garantie que le garant peut opposer au possesseur évincé, contre lequel il aurait lui-même un recours en garantie, ou dont le possesseur troublé dans sa possession peut se prévaloir soit contre son garant qui, depuis la délivrance de la chose, en est devenu propriétaire, soit contre ceux des représentans de son garant, auxquels cette chose appartient.

L'exception de garantie a nécessairement pour effet, lorsqu'elle est fondée, d'exclure la demande en garantie ou en revendication : *Quem de evictione tenet actio eumdem agentem repellit exceptio.*

§ 2. *Effets des obligations, d'après la nature du contrat qui les produit et les stipulations des parties.*

La loi, venant au secours de l'ignorance et de l'imprévoyance, a, par des dispositions spéciales, assigné à chacun des divers contrats qui sont d'un usage habituel dans la vie civile, les effets que l'expérience des siècles a prouvé être le plus ordinairement dans le vœu des contractans, et qu'on a dû par là même supposer être le mieux appropriés à sa nature.

Et comme il est impossible de tout prévoir, elle a voulu en outre qu'il fût suppléé à son silence et à celui des parties, par ce que l'usage aurait consacré ou ce que suggérerait l'équité naturelle.

De là cette maxime, que les conventions obligent non-seulement à ce qui y est exprimé, mais encore à toutes les suites que la loi, l'usage et l'équité donnent à l'obligation d'après sa nature. (1135, 1160.)

Mais la nature de l'obligation, c'est-à-dire les effets que la loi lui attribue pourraient être plus ou moins modifiés par les stipulations des contractans; il leur est en effet toujours loisible de régler comme bon leur semble les suites et le mode d'exécution de leurs conventions; il n'y a pas d'autre limite à cette faculté, que celle résultant de ce principe, *que personne ne peut, par des conventions particulières, déroger aux lois qui intéressent l'ordre public et les bonnes mœurs*. (6, 1134.)

Convenances vainquent lois. (*Loisel.*)

Il résulte de ce qui précède, que dans tout contrat l'on peut distinguer trois sortes de clauses.

1° Celles qui constituent la nature même du contrat, c'est-à-dire forment son caractère propre et distinctif, et qu'on ne saurait dès-lors en exclure sans le faire dégénérer en une autre sorte de convention.

2° Celles que, d'après sa nature, l'on doit y sous-entendre ou suppléer suivant la loi, l'usage et l'équité, mais que les parties auraient pu en exclure par une déclaration expresse de leur volonté contraire.

3° Enfin celles par lesquelles les parties auraient étendu, restreint ou modifié d'une manière quelconque, les suites naturelles du contrat, et qu'on ne saurait y suppléer, si elles n'y sont formellement exprimées.

L'on appelle les premières, clauses *substantielles* du contrat; les secondes, clauses *implicites* ou *naturelles* au contrat; les troisièmes, clauses *accidentelles.*

ART. 4. *Des règles d'après lesquelles on doit interpréter les conventions, lorsqu'il s'agit d'en régler les effets.*

L'on peut avoir à interpréter un contrat, ou pour en déterminer la véritable nature, afin de savoir quelles sont les clauses implicites qu'on doit y suppléer d'après la loi et l'usage, ou pour résoudre les difficultés que pourrait faire naître sur le sens des clauses explicites, une rédaction inexacte, obscure ou incomplète.

Et d'abord, lorsqu'un contrat se présente avec des caractères équivoques, il faut juger de sa nature, non par la qualification qu'il a plu aux parties de lui donner, mais par la substance même des clauses qu'il renferme, ou ce que les parties ont voulu obtenir en exécution.

Et s'il y avait mélange de différentes clauses caractéristiques, celle-ci de telle convention, celle-là de telle autre, on devrait assigner à l'acte entier la nature de la convention qui y prédomine, à en juger par le but que les parties ont eu principalement en vue.

En ce qui concerne l'autre sorte d'interprétation, la force obligatoire des conventions résidant essentiellement dans le concours de la volonté des deux parties contractantes, tous les doutes doivent être résolus par leur commune et mutuelle intention.

Ainsi, la commune ou mutuelle intention des parties, soit qu'elle se montre dans le corps ou dans le préambule de l'acte, soit qu'on la découvre dans les circonstances qui l'ont précédé, accompagné ou suivi, doit prévaloir même sur le sens littéral des termes; et à plus forte raison est-ce par cette commune intention qu'il faut expliquer ce que telle ou telle clause présenterait dans sa rédaction d'obscur ou d'équivoque. (1156.)

Ainsi toutes les clauses d'une convention devront s'interpréter les unes par les autres, en donnant à chacune le sens qui résulte de l'acte entier, parce qu'en effet il y a lieu de présumer qu'ainsi l'ont voulu les contractans. (1161.)

Ainsi et toujours, parce que l'on doit croire que tel a été le vœu de l'une et de l'autre partie :

1° Une expression ou une clause ambiguë devra s'interpréter par ce qui est d'usage dans le pays où le contrat a été passé. (1159.)

2° Les termes susceptibles de deux interprétations grammaticales différentes, devront être pris plutôt dans le sens qui leur donnera un effet que dans celui avec lequel ils n'en produiraient aucun; et si, quelque interprétation qu'on adoptât, la clause devait avoir un effet raisonnablement admissible, il faudrait l'entendre dans le sens qui convient le plus à la nature du contrat. (1157, 1158.)

3° Une clause énonciative ou explicative ne restreindra point l'étendue que l'engagement doit avoir d'après la nature de la convention. (1164.)

Ainsi, enfin, quelque généraux que soient les termes dans lesquels une convention est conçue, elle ne saurait comprendre que les choses sur lesquelles il paraît que les parties se sont proposées de contracter. (1163.)

Que si l'on ne pouvait parvenir à découvrir quelle a été la commune intention des contractans, la clause obscure ou ambiguë devrait s'interpréter contre celui dont il y aurait lieu de présumer qu'elle est l'ouvrage; et si l'un et l'autre avaient été également à même de prescrire une rédaction plus claire, contre le créancier en faveur du débiteur. (1162, 1602.)

SECTION II.

DE L'EFFET DES OBLIGATIONS ET DES CONVENTIONS A L'ÉGARD DES TIERS, ET DE L'ACTION RÉELLE.

Du principe que *les conventions tiennent toute leur force obligatoire du consentement de ceux entre lesquels elles interviennent*, découle immédiatement la conséquence qu'elles ne peuvent par elles-mêmes, ni profiter aux tiers, ni leur préjudicier. (1165.)

De là cette maxime générale du droit, qu'*on ne peut s'engager ni stipuler en son propre nom que pour soi-même.* (1119.)

Ainsi, la promesse par laquelle on engage purement et simplement un tiers est nulle, soit à l'égard de ce tiers contre lequel elle ne peut donner aucun droit, soit à l'égard du promettant lui-même, à raison d'un défaut de lien. (L. 83, ff. *de verb. oblig.*)

Ainsi, la stipulation faite au profit d'une personne qui y demeurerait étrangère, serait pareillement nulle, soit dans l'intérêt de ce tiers, auquel elle ne pourrait conférer aucun droit, soit dans l'intérêt du stipulant lui-même, qui n'aurait à son accomplissement aucun intérêt appréciable en argent. (L. 38, §. 17, ff. *de verb. oblig.*)

Toutefois, si la stipulation faite au profit d'un tiers était la condition d'une donation que l'on ferait au promettant, ou généralement le mode d'une convention valable en elle-même, elle serait obligatoire vis-à-vis du stipulant, et le deviendrait vis-à-vis du tiers lui-même, du moment où il aurait manifesté l'intention d'en profiter; car il se trouverait par là même partie au contrat. (1121.)

Mais si les conventions ne peuvent directement et par elles-mêmes ni lier les tiers, ni produire d'action en leur faveur, il peut arriver qu'elles leur préjudicient ou leur profitent par la translation de droits qu'elles opèrent de l'une à l'autre des parties contractantes.

Dans les principes du Code, celui qui acquiert un *immeuble* par un contrat à titre onéreux en devient propriétaire même vis-à-vis des tiers par le seul effet de la convention, d'où il suit qu'il aurait le droit de le revendiquer contre un tiers acquéreur qui en aurait été mis en possession. (1138, 1140, 1583, 2166.)

Si l'aliénation avait eu lieu par un contrat *de donation*, la propriété ne serait transférée vis-à-vis du tiers que par l'accomplissement d'une certaine formalité appelée *transcription*. (939, 941.)

Les droits réels d'hypothèque ne sont également acquis contre les tiers, du moins en thèse générale, que par l'accomplissement d'une autre formalité appelée *inscription*. (2134, 2166.)

L'on fera connaître ailleurs quelles sont les énonciations constitutives de l'*inscription*. — Quant à la *transcription*, c'est la copie entière et littérale d'un titre translatif de propriété sur des registres publics à ce spécialement destinés, dont chacun peut se faire délivrer des extraits par l'officier public préposé à leur conservation. — La tenue de ces registres est confiée au conservateur des hypothèques; et la transcription est opérée, sur la réquisition du nouveau propriétaire, au bureau de l'arrondissement où les biens sont situés. — Le conservateur doit en donner une reconnaissance au requérant. (2181.)

En ce qui touche les choses mobilières, l'aliénation n'est consommée, par rapport au tiers, que par la *tradition*; d'où il suit que, de deux acquéreurs de la même chose mobilière, en les supposant l'un et l'autre de bonne foi, celui qui en a été mis en possession réelle est préféré et en demeure propriétaire, quoique son titre soit postérieur en date. (1141.)

La tradition des objets mobiliers corporels s'opère, au regard des tiers, de la même manière que se fait la délivrance entre les parties contractantes.

La translation d'un droit incorporel, *mobilier* ou *immobilier*, est, dans l'intérêt des tiers, soumise à un mode spécial de tradition feinte. — Le cessionnaire n'en devient possesseur ou n'en est saisi vis-à-vis d'eux que par la signification de son propre titre au débiteur, ou par l'acceptation de celui-ci dans un acte dont la date est certaine. (1690, 1322, 1328.)

Si donc avant que l'acte de transport ait été spontanément accepté ou régulièrement signifié, le cédant reçoit le paiement de la créance, le débiteur sera, comme tiers, valablement libéré. (1691.)

Quand le droit résultant de l'obligation se trouve acquis vis-à-vis des tiers, il devient *réel*.

On l'appelle ainsi du mot *res*, parce qu'il affecte la chose même et qu'il la suit en quelque main qu'elle passe, de telle sorte qu'il paraît indépendant du lien personnel formé par l'obligation.

Le droit réel est *mobilier* ou *immobilier*, suivant qu'il porte sur une chose mobilière ou sur une chose immobilière.

Du droit réel *mobilier* ou *immobilier*, naît l'action réelle qui s'exerce contre tout détenteur de la chose, quand même il n'aurait contracté aucun engagement envers le demandeur.

Par opposition, on qualifie d'action *personnelle* celle que l'on exerce, en vertu de l'obligation même, contre la peronne obligée.

L'action est appelée *mixte*, lorsqu'elle dérive tout à la fois du droit *réel* et de l'engagement *personnel*, comme lorsqu'elle a pour objet une chose dont la propriété a été transférée sur la tête du demandeur, par la convention même dont il réclame l'exécution, si d'ailleurs cette convention est avouée.

Du reste, les meubles n'ayant pas d'autre lieu de situation que celui du domicile de la personne qui les possède, l'action, dans le langage de la procédure, et en matière de compétence, est *personnelle* quand le droit est *réel mobilier*, comme lorsqu'il est purement *personnel*. — La matière n'est dite *réelle* que quand le droit *réel* est en même temps *immobilier*. (Proc., 59.)

SECTION III.

QUELS SONT LES EFFETS DES OBLIGATIONS OU DES CONVENTIONS A L'ÉGARD DES HÉRITIERS ET AYANT-CAUSE DES PARTIES CONTRACTANTES? ET QUEL RECOURS LA LOI ACCORDE AUX CRÉANCIERS CONTRE LES ACTES QUI AURAIENT ÉTÉ FAITS EN FRAUDE DE LEURS DROITS?

L'on entend par ayant cause celui qui exerce un droit comme le tenant médiatement ou immédiatement d'une autre personne qui en serait encore saisie sans la transmission qui l'en a investi lui-même. — La personne qui a transmis le droit est appelée auteur.

Les héritiers sont des ayant cause universels.

Les héritiers et ayant cause ne pouvant avoir ni plus ni moins de droit que leur auteur, les conventions doivent nécessairement produire en leur faveur ou contre eux les mêmes effets qu'à l'égard des parties contractantes (1122, 1322.)

Les créanciers sont tantôt de simples ayant cause, tantôt de véritables tiers. Ils sont des tiers, lorsqu'au moment où l'aliénation a été consentie et consommée par leurs débiteurs, ils avaient dès-lors sur la chose aliénée des droits réels qui leur étaient propres. Ils sont de simples ayant-cause, lorsqu'ils n'ont au contraire sur la chose qui est l'objet de la convention, d'autres droits que ceux que la convention même a conservés ou conférés à leur débiteur.

Cela posé, on appliquera aux créanciers *tiers* les principes exposés dans la section qui précède.

Ainsi une vente immobilière ne pourrait être révoquée par le consentement mutuel des parties, au préjudice d'un créancier ayant une hypothèque générale sur les biens de l'acquéreur.

Ainsi l'aliénation, consentie par un débiteur d'une chose mobilière qui est restée en sa possession, ne peut être opposée au créancier saisissant : ce créancier ayant par sa saisie acquis un droit réel de gage judiciaire qui lui est propre.

Quant aux créanciers *simples ayant-cause*, comme ils ne peuvent avoir d'autres droits que ceux qui appartiennent à leur débiteur, les actes par lesquels celui-ci aliène ou acquiert, doivent nécessairement leur nuire ou leur profiter, en ce sens que leur *gage* commun se trouve augmenté ou diminué d'autant.

Et comme ils ont un intérêt direct à la conservation et à l'augmentation de ce gage commun, il a été établi en principe, que si leur débiteur laissait s'éteindre ou négligeait de réclamer des droits utiles, non exclusivement attachés à sa personne, c'est-à-dire *cessibles*, ils pourraient se faire autoriser en justice à les exercer sous son nom, jusqu'à concurrence de ce qui leur est dû. (1166.)

En ce cas, les créanciers agissent comme constitués mandataires *dans leur propre cause* par l'autorité du juge.

Mais si par des actes simulés et frauduleux, et non pas seulement par simple négligence, le débiteur diminue son patrimoine ou renonce à des droits dont il est légalement investi, au préjudice de ses créanciers, la loi considérant alors ceux-ci comme des tiers, leur acorde une action qui leur est propre, à l'effet de faire révoquer dans leur intérêt les actes infectés de dol et de simulation.

— Cette action est appelée *révocatoire* ou *paulienne*, du nom du Préteur qui, le premier, l'a introduite dans la législation romaine. (1167.)

L'action paulienne est essentiellement *subsidiaire*, c'est-à-dire qu'un acte ne peut être révoqué comme frauduleux, sur la demande des créanciers, qu'autant qu'il constitue le débiteur dans un état d'insolvabilité ; ce qui ne saurait être vérifié que par la discussion des biens qui restent dans sa main. (L. 10, §. 1. L. 15, ff., *quæ in fraud. cred.*)

De plus, pour que cette action soit fondée, il faut que celui en faveur duquel le débiteur s'est frauduleusement dépouillé d'un droit utile ait connu son dessein, à moins que la cession ne soit à titre gratuit, cas auquel la loi établit contre le cessionnaire une présomption de complicité qui dispense les créanciers de toute preuve directe et positive. (L. 6, §. 8 et 11, ff., *eod. tit.*)

Mais, même en ce dernier cas, l'acte doit être avant tout prouvé frauduleux de la part du débiteur, sauf les règles particulières au commerce en matière de faillite. (*Com.*, 444, 445.)

CHAPITRE III.

DES MODALITÉS SOUS LESQUELLES UNE OBLIGATION PEUT ÊTRE CONTRACTÉE OU IMPOSÉE PAR LA LOI.

Parmi les clauses accidentelles que l'on peut ajouter à une convention pour modifier les obligations principales ou accessoires qui en découlent, il en est, et c'est le plus grand nombre, qui, par leur nature même ou par l'usage, sont particulières à tel ou tel genre d'engagement.

Mais quelques-unes n'ont point ce caractère de spécialité, c'est-à-dire qu'elles peuvent s'appliquer et s'appliquent en effet, dans l'usage, à toute espèce d'obligation, quelles qu'en soient la nature et la cause.

Ces clauses accidentelles, communes à toutes les obligations, constituent ce qu'on est convenu d'en appeler les *modalités*.

Sous ce nouveau rapport, l'on peut diviser les obligations :

1° En obligations *réelles* et en obligations *personnelles*.

2° En obligations *pures et simples*, en obligations *à termes*, et en obligations *conditionnelles*.

3° En obligations d'*un corps certain* ou d'*une chose non fongible*, et en obligations d'*une chose indéterminée* ou d'*une chose fongible*.

4° En obligations *simples* ou n'ayant qu'un seul et même objet, et en obligations *alternatives* et *facultatives*.

5° En obligations *primitives*, et en obligations *secondaires* ou *pénales*.

6° En obligations *divisibles*, et en obligations *solidaires* et *indivisibles*.

SECTION PREMIÈRE.

DE LA RÉALITÉ ET DE LA PERSONNALITÉ DANS LES OBLIGATIONS.

Une obligation est dite *réelle*, quand, d'après la loi ou la convention, elle est transmissible, soit activement, soit passivement, aux héritiers et ayant-cause des parties.

Elle est appelée *personnelle*, lorsqu'au contraire la loi ou la convention en limite les effets à la personne même du créancier ou du débiteur.

Du reste une obligation pourrait être personnelle à l'égard de l'une des parties, et réelle à l'égard de l'autre.

D'après ce qui a été observé dans tous les

siècles et chez tous les peuples, *que ce que nous voulions pour nous, nous le voulions ordinairement aussi pour nos héritiers*, il a été consacré en principe, que *toute obligation devait être présumée réelle tant activement que passivement*, à moins que le contraire ne fût établi par une disposition spéciale et formelle, soit de la loi, soit de la convention, ou ne résultât de la nature même de l'engagement. (1122.)

Plerumque tàm hæredibus nostris quàm nobismetipsis cavemus. (L. 9, ff. *de probat.*)

SECTION II.

DU TERME ET DE LA CONDITION.

L'obligation est *pure et simple*, lorsqu'au moment même où elle est établie par la loi ou par la convention, les effets en sont irrévocablement acquis au créancier, et qu'en outre celui-ci a le droit d'exiger qu'elle soit *actuellement* accomplie.

Une obligation est de droit présumée pure et simple.

Mais le plus souvent une époque plus ou moins éloignée est indiquée explicitement ou implicitement pour son exécution. Quelquefois son existence même se trouve subordonnée à un événement futur et incertain. Dans le premier cas elle est à *terme*; dans le second, *conditionnelle*.

Art. 1er. *Des obligations à terme.*

Le terme est un espace de temps accordé au débiteur pour se libérer.

On dit qu'il est *déterminé* lorsqu'il se trouve limité par la loi ou la convention à une époque fixe et invariable. Il est *indéterminé* lorsqu'il doit s'étendre jusqu'à un jour qu'on ne peut prévoir, mais qui arrivera certainement plus tôt ou plus tard.

Le terme ne peut être indéterminé que dans les obligations réelles. Dans les obligations personnelles il formerait une condition.

L'on distingue encore le terme de droit et le terme de grâce.

Le premier est celui qui se trouve fixé par la loi, ou a été convenu expressément ou tacitement par les parties. — On appelle terme de grâce celui que la loi permet au juge d'accorder dans certains cas à un débiteur malheureux.

Le principal effet du terme est de différer l'exigibilité de la dette jusqu'à ce qu'il soit entièrement révolu.

Ainsi, le terme suspend en faveur du débiteur l'exercice du droit de contrainte, mais n'empêche pas que le créancier ne soit dès-à-présent irrévocablement investi de ce droit, d'où il suit :

D'une part, que si le débiteur accomplit l'obligation avant l'époque déterminée, il ne sera pas admis à répéter ce qu'il a payé, comme ne le devant pas ;

D'autre part, que le créancier ne pourrait refuser le paiement qui lui serait offert avant cette même époque, à moins que le terme n'eût été implicitement ou explicitement convenu en sa faveur. (1185, 1186, 1187.)

Du reste, toute concession de terme est présumée avoir pour fondement la confiance du créancier dans la solvabilité du débiteur. Si donc ce fondement vient à manquer, l'effet du terme doit cesser.

En conséquence, le débiteur ne pourra réclamer le bénéfice du terme, lorsqu'il aura fait faillite ou sera tombé en déconfiture, à moins qu'il ne garantisse le paiement par un gage ou une caution ; et il en sera irrévocablement déchu, lorsque, par son fait, il aura diminué les sûretés qu'il avait données à son créancier par le contrat. (1188, 1913, 1613, *Com.* 448.)

Art. 2. *Des obligations conditionnelles.*

§ 1er. *Qu'est-ce qu'une condition?*

Dans une acception générale, le mot *condition* s'entend des *charges ou obligations accessoires* que la convention impose à l'une ou à l'autre des parties. (945, 1121, etc.)

Ces sortes de *conditions* sont un mode ou un accident de l'obligation, mais ne la rendent point *conditionnelle.*

Dans un sens propre et spécial, une *condition* est le cas d'un événement *futur, incertain* et *possible*; et une obligation *conditionnelle*, celle qui a été subordonnée à un tel événement, de manière que le droit de contrainte ne doive en naître qu'autant que l'événement prévu arrivera ou n'arrivera pas. (1168. L. 54, ff. *de verb. sign.*)

Trois choses sont donc cumulativement requises pour caractériser une condition.

Il faut, en premier lieu, que l'événement soit *futur.* — Un événement actuellement arrivé ne saurait, encore qu'il fût ignoré des parties, constituer une condition, si ce n'est dans l'acception générale de ce mot. — L'obligation aurait son effet du jour même de la convention, ou devrait être considérée comme n'ayant jamais existé, suivant que l'événement prévu serait ou ne serait pas arrivé. (1181, 1er et 3e al. L. 100, ff. *de verb. oblig.*)

Il faut, en second lieu, que l'événement soit incertain, c'est-à-dire qu'il puisse arriver ou ne pas arriver : autrement ce ne serait qu'un terme. — Toutefois, dans les obligations *personnelles*, un événement futur, bien qu'il doive certainement arriver, devient une véritable condition, lorsqu'il y a incertitude s'il arrivera ou non du vivant du créancier ou du débiteur. (L. 19, ff. *de nov.* — L. 75, 79, §. 1, ff. *de cond. et dem.*)

Il faut enfin que l'événement soit possible physiquement et moralement.

La condition d'une chose impossible est réputée non écrite dans la *donation.* — Mais en ce qui concerne les autres conventions, il faut d'abord distinguer entre la condition de *faire* et celle de *ne pas faire* une chose impossible.

Si la condition consiste à *faire*, elle rend nulle la convention qui en dépend, quelle que soit la cause de l'impossibilité.

Si elle consiste à *ne pas faire*, il faudra de nouveau distinguer entre l'impossibilité *physique* et l'impossibilité *morale.* La condition de ne pas faire une chose *moralement* impossible, empêchera également le lien obligatoire de se former; au contraire, la condition de ne pas faire une chose *physiquement* impossible, sera réputée actuellement accomplie. (900, 1172, 1173.)

§ 2. *Des différentes sortes de condition.*

Eu égard à la *cause* qui doit produire l'événement prévu, les conditions sont *casuelles*, *potestatives* ou *mixtes.*

La condition *casuelle* est celle qui dépend entièrement du hasard ou de la volonté d'un tiers. (1169.)

La condition *potestative* est celle qui consiste dans un événement ou fait extérieur qu'il est au pouvoir de l'une ou de l'autre des parties, de faire arriver ou d'empêcher. (1170.)

Il ne faut pas confondre avec la condition *potestative*, proprement dite, la condition *purement potestative*, qui consiste dans un simple *acte de volonté* et annulle l'obligation comme destructive du lien, lorsqu'elle est imposée au débiteur. (1174.)

La condition mixte est celle qui dépend tout-à-la-fois du hasard ou de la volonté d'un tiers, et de la volonté de l'une des parties contractantes. (1171.)

Les conditions sont, en second lieu, *explicites* ou *implicites* : explicites, lorsqu'elles ont été formellement apposées à l'obligation ; implicites, lorsqu'elles dérivent de la nature même de la chose due, ou qu'elles sont suppléées par la loi ou par le juge, d'après la volonté présumée des parties. (960, 1588, 1088.)

En considérant les conditions dans leur accomplissement, on les divise en *affirmatives* et en *négatives*.

La condition est affirmative lorsqu'il faut pour son accomplissement que l'événement prévu arrive.

Elle est négative lorsqu'il faut au contraire, pour son accomplissement, que l'événement prévu n'arrive pas. (1176, 1177.)

Enfin, envisagées dans leurs effets, les conditions sont *suspensives* ou *résolutoires*.

Toute condition est suspensive de sa nature ; mais une convention pouvant avoir pour objet ou de former entre les parties un engagement, ou d'en résoudre un précédemment contracté, la condition apposée à un *distrat* a été considérée comme *résolutoire*, tandis que celle apposée à un *contrat* a été considérée comme *spécialement suspensive*. (1181, 1183.)

§ 3. *Quand les conditions doivent-elles être réputées accomplies ou défaillies?*

Toutes les difficultés qui peuvent s'élever sur l'accomplissement des conditions doivent être résolues par ces deux principes :

Le premier, que toute condition doit être accomplie de la manière que les parties ont vraisemblablement voulu et entendu qu'elle le fût. (1156, 1175.)

Le second, qu'une condition doit être réputée accomplie lorsque c'est le débiteur obligé sous cette condition qui en a empêché l'accomplissement. (1178, 1382.)

L'on décidera par application du premier principe :

D'une part, qu'une condition *affirmative* est *défaillie*, lorsque le temps fixé par la convention est expiré, sans que l'événement prévu soit arrivé; et s'il n'y a pas de temps fixé, qu'elle peut toujours être accomplie, et ne sera censée *défaillie* qu'après qu'il sera devenu certain que l'événement n'arrivera pas. (1176.)

D'autre part, qu'une condition *négative* est au contraire *accomplie*, lorsque le temps fixé par la convention est expiré sans que l'événement prévu soit arrivé ; qu'elle l'est également dès l'instant où, même avant l'époque indiquée, cet événement est devenu impossible; et s'il n'y a pas de temps fixé, qu'elle ne saurait être réputée accomplie que quand il est certain que ce même événement n'arrivera pas. (1177.)

§ 4. *Quels sont les effets de la condition?*

La condition *non accomplie* a, quels que soient d'ailleurs ses caractères accidentels, un effet *suspensif*.

Et, à la différence du terme, elle suspend non pas seulement l'exercice du droit de contrainte, mais bien le droit de contrainte même; d'où il suit que si le débiteur acquittait l'obligation avant l'événement prévu, il pourrait exercer la condiction ou répétition du *non dû*, comme ayant payé ce qu'il ne devait point. (1185.)

Mais une fois accomplie, elle rétroagit au jour où l'engagement a été contracté, en ce sens :

1° Qu'elle a son effet à l'égard des *tiers* de ce moment-là même, et non pas seulement du jour de l'événement de la condition : d'où la conséquence que le créancier a pu dans l'intervalle exercer tous les actes purement conservatoires de son droit (1180);

2° Que si l'obligation est *réelle*, le créancier, mourant avant l'accomplissement de la condition, transmet ses droits à ses héritiers et ayant-cause, de même que si l'obligation était pure et simple ou à terme. (1179.)

Les effets particuliers de la condition *spécialement dite suspensive* consistent en ce que :

1° L'obligation ne peut être exécutée qu'après l'événement (1181-1185);

2° Jusque-là la chose, qui est l'objet de la convention, demeure aux risques et périls du débiteur. (1182.)

Au contraire, la condition, considérée comme *résolutoire*, ne diffère point l'exécution de l'engagement contracté en premier ordre; mais lorsqu'elle s'accomplit, elle en opère de plein droit la révocation et remet *pour l'avenir* les choses dans le même état que si l'obligation n'avait jamais existé. (1183.)

En conséquence, à supposer qu'il s'agisse d'une convention translative de propriété, les biens qui en étaient l'objet, rentreront dans la main du *cédant*, francs de toutes les charges réelles dont la propriété aurait pu être grevée par le *cessionnaire.*

Mais la possession de celui-ci ayant eu une cause *légitime*, quoique résoluble, les droits qu'elle lui a conférés lui demeurent irrévocablement acquis, et les charges par lui créées, qui n'affectent que la jouissance, doivent être maintenues. (1673, 2e *al.*, 952, 954, 963.)

Le défaut d'accomplissement, par l'une des parties, des obligations principales ou accessoires que lui impose la convention, peut aussi en entraîner la résolution dans l'intérêt de l'autre partie, mais non pas de la même manière que la condition résolutoire proprement dite, comme on l'exposera au chapitre de l'*extinction* des obligations. (1184.)

SECTION III.

DES OBLIGATIONS D'UN CORPS CERTAIN, OU D'UNE CHOSE NON FONGIBLE, ET DES OBLIGATIONS D'UNE CHOSE INDÉTERMINÉE, OU D'UNE CHOSE FONGIBLE.

L'on entend par *corps certain* une chose individuellement désignée dans la convention dont elle est l'objet; et on dit qu'une chose est *non fongible*, lorsqu'elle est *livrée* pour être *restituée* comme un corps certain, de telle sorte que, dans l'intention commune des parties, elle ne peut être exactement représentée par aucune autre du même genre.

L'obligation d'un corps certain ou d'une chose non fongible ne peut être accomplie que par la livraison de la chose même qui a été désignée.

On entend par chose indéterminée celle qui

est seulement déterminée quant au genre dans lequel elle doit être prise; et l'on dit qu'une chose est *fongible*, lorsqu'elle est *livrée* pour être *restituée*, non dans l'individu même, mais comme une chose *due indéterminément*, de manière que, dans l'intention commune des parties, elle peut être exactement représentée par une autre chose du même genre, en même quantité, nombre, qualité ou valeur. (L. 2, §. 1, ff. *de reb. cred.*)

Lorsqu'une chose a été promise indéterminément, ou qu'elle est due comme chose fongible, chacune de celles comprises sous le genre auquel elle appartient peut être donnée en paiement; mais aucune n'est, à proprement parler, dans l'obligation.

Il suit de là que, dans les obligations d'une chose indéterminée :

1° La translation de propriété ne peut s'opérer que par la tradition même ou le paiement (1585);

2° Jusque-là aucune des choses comprises sous le genre désigné, même de celles qui sont en la possession du débiteur, n'est aux risques du créancier; ce qu'ont exprimé les jurisconsultes romains, en disant : *Genera nec quantitates pereunt.*

SECTION IV.

DES OBLIGATIONS ALTERNATIVES OU FACULTATIVES.

L'obligation est simple lorsqu'il y a unité dans son objet.

Une obligation, soit qu'elle ne comprenne qu'une chose, soit qu'elle en comprenne plusieurs, doit être présumée simple.

Mais la volonté de la loi ou des parties peut lui ôter ce caractère d'*unité*, et elle devient alors une obligation *alternative* ou une obligation *facultative*.

Art. 1er. *Des obligations alternatives.*

Une obligation est alternative, lorsqu'elle comprend, soit déterminément, soit indéterminément, plusieurs choses à donner ou à faire, mais avec la clause exprimée ou sous-entendue, que le paiement de l'une de ces choses libérera entièrement le débiteur. (1189-1196.)

Le choix peut être accordé au créancier; mais, dans le silence de la loi ou de la convention, il appartiendra au débiteur. (1157-1190.)

Chacune des choses dues sous une alternative est *conditionnellement* dans l'obligation même, et non pas seulement susceptible d'être donnée en paiement, c'est-à-dire qu'elle est réellement due sous cette condition, *si une autre n'est pas choisie ou donnée*. (L. 3, ff., *qui et à quib. man.*)

De là il suit :

1° Que si, au moment où l'engagement a été contracté, l'une des choses promises était hors du commerce ou appartenait, soit à un tiers, soit au créancier lui-même, l'obligation se trouverait par là déterminée aux autres choses comprises sous l'alternative, et devrait être considérée comme n'ayant jamais eu que ces dernières pour objet. (1192.)

2° Que dans l'intervalle du jour où l'engagement a été formé, au jour où le choix, soit du créancier, soit du débiteur, détermine l'obligation à l'une des choses dues, toutes ces choses, lorsqu'elles consistent en des corps certains, sont *collectivement* aux risques et périls du créancier, et *distributivement*, aux risques et périls du débiteur. (1193, 1195, 1138.)

3° Que si un corps certain dû sous une alternative vient à périr, le débiteur, de quelque manière que la perte soit arrivée, ne peut être admis à offrir le prix de cette chose, pour se dispenser de livrer une des autres choses comprises dans l'obligation (1193, 1er alin.).

4° Que de son côté le créancier ne pourrait exiger le prix de la chose qui a péri, à moins que le choix ne lui eût été déféré, et qu'en outre la perte n'eût été occasionnée par la faute du débiteur. (1194, 1 *et* 2 *al.*)

Art. 2. *Des Obligations facultatives.*

Une obligation est dite *facultative* lorsque la loi ou la convention réserve au débiteur la faculté de payer à la place de la chose due une autre chose que le créancier ne pourrait dans aucun cas le contraindre à lui livrer.

L'obligation facultative a cela de commun avec l'alternative, que le débiteur se libère par la délivrance de l'une des deux choses à son choix ; mais elle en diffère en ce qu'une seule de ces choses est dans l'obligation même ; de-là il suit :

1° Que si cette chose n'était pas susceptible d'être l'objet d'un engagement, l'obligation facultative serait absolument nulle ;

2° Que la question de savoir sur qui doit tomber la perte ou la détérioration de la chose due, doit être décidée par les mêmes principes que si l'obligation n'avait point été contractée sous cette modalité.

SECTION V.

DES OBLIGATIONS PRIMITIVES ET DES OBLIGATIONS SECONDAIRES OU PÉNALES.

L'on entend par obligation primitive celle qui résulte *directement* et *principalement* de l'engagement contracté, et dont on doit par là même supposer que les parties se sont en premier ordre proposé l'accomplissement.

L'obligation secondaire est celle qui naît du défaut d'exécution de l'obligation primitive ; c'est l'obligation des *dommages et intérêts* : sanction commune des obligations conventionnelles.

En thèse générale, les dommages-intérêts sont évalués en argent, et leur quotité, en cas de contestation, est fixée par le juge. Mais il est loisible aux parties de régler d'avance en quoi ils consisteront, par une clause spéciale qui deviendra une modalité de l'obligation, et que l'on est convenu d'appeler *clause pénale*.

Ainsi l'obligation est *pénale*, ou avec clause pénale, quand les parties ont, par une stipulation accessoire à la convention principale, déterminé la nature et la quotité des dommages-intérêts dont le débiteur sera passible dans le cas où il ne satisfera point à son engagement, de la manière et à l'époque convenues. (1226).

La clause pénale considérée en elle-même est une convention qui, quant à son objet particulier, doit tenir lieu de loi aux parties. (1134).

Une première conséquence de ce principe est que hors les cas de dol et de surprise le juge ne peut rien ajouter à la peine stipulée, et qu'il lui est également interdit de la modérer, à moins que l'obligation primitive n'ait été exécutée en partie. (1152, 1231.)

Une conséquence ultérieure du même principe est que l'on stipulera utilement une peine, bien que l'on n'ait à l'exécution de l'obligation principale aucun intérêt appréciable en argent ; de telle sorte que l'on peut par une clause pénale suppléer au défaut de lien civil obligatoire. (1121, *inst.*, §. 19, *de inutilib. stipul.*)

Et c'est encore ainsi que celui qui n'a promis que sous une condition *purement potestative de sa part*, pourrait néanmoins s'obliger à des dommages-intérêts, pour le cas où il userait de la faculté qu'il s'est réservée, de révoquer sa promesse. (1590.)

La convention particulière formée par une clause pénale appartient à la classe des contrats accessoires. De ce second principe il suit :

1° Que, hors le cas dont on vient de s'expliquer, la nullité de l'obligation principale doit entraîner celle de la clause pénale (1227, 1er *al.*);

2° Que, si au contraire la clause pénale était nulle, comme consistant, par exemple, en un fait moralement impossible, l'obligation principale n'en serait pas moins valable, sauf le recours au juge pour l'évaluation des dommages et intérêts, en cas d'inexécution. (1227, 2e *al.*)

Enfin la peine stipulée n'est autre chose que la compensation ou l'appréciation faite par les parties elles-mêmes, des dommages et intérêts que le créancier souffre ou est censé souffrir de l'inexécution de l'obligation. (1229, 1er *al.*)

Les conséquences qui découlent de ce troisième principe sont :

1° Que la peine n'est encourue que lorsque le débiteur a été constitué en demeure, suivant les distinctions qui ont été précédemment faites. (1230, 1146.)

2° Qu'en outre, l'inexécution de l'obligation principale ne donnera pas ouverture à l'obligation pénale, lorsque cette inexécution proviendra d'une cause étrangère qui ne peut être imputée au débiteur. (1148.)

3° Que lorsque l'obligation principale consiste à donner, le créancier peut en poursuivre l'exécution tant qu'elle est possible, au lieu de demander la peine stipulée. (1142, 1228.)

4° Qu'il ne peut demander tout à la fois l'accomplissement de l'obligation principale et la chose due en vertu de la clause pénale, à moins que la peine n'ait été stipulée pour le simple retard. (1229, 2e *al.*)

En réglant d'avance les dommages et intérêts d'inexécution, les parties peuvent convenir qu'ils seront à l'instant même réalisés entre les mains du créancier, à la charge par lui de les restituer ou de les imputer sur sa créance, si le débiteur remplit fidèlement ses engagemens. La clause pénale devient par là un *pacte* ou *contrat réel d'arrhes*.

Ce contrat accessoire, par lequel on confirme ordinairement les conventions verbales, aura d'ailleurs les mêmes effets que la clause pénale *purement consensuelle*.

Ainsi, le créancier qui a reçu les arrhes pourra, en offrant de les restituer ou d'en tenir compte au débiteur, poursuivre l'exécution de l'obligation principale; à supposer que cette exécution soit encore possible. (1228.)

Cependant si la convention à laquelle a accédé le contrat d'arrhes est une convention bilatérale, dont la conclusion se trouve subordonnée à une nouvelle déclaration de volonté, de la part de l'un des contractans, comme à l'événement d'une condition, chacun d'eux sera libre de rompre son engagement conditionnel, en offrant de rendre les arrhes au double s'il les a reçues, ou en consentant à les perdre s'il les a données. (1590.)

SECTION VI.

DE LA SOLIDARITÉ ET DE L'INDIVISIBILITÉ DANS LES OBLIGATIONS.

C'est une conséquence immédiate des principes généraux sur la formation et l'interprétation des conventions que, lorsqu'une seule et même obligation a été contractée envers plusieurs personnes ou par plusieurs personnes, elle doit se diviser activement ou passivement, de plein droit et par portions égales, entre les divers cocréanciers ou codébiteurs, de manière que chacun d'eux n'est habile à réclamer ou ne peut être contraint de payer que sa portion virile dans la créance ou dans la dette commune. (1119, 1162, 1202, 1222.)

La loi civile est allée plus loin : en même temps qu'elle subroge soit activement soit passivement les héritiers dans les créances ou dans les dettes, susceptibles de transmission, qu'avait acquises ou contractées leur auteur, elle établit en principe que la division s'en opérera entre eux *par sa seule autorité et au moment même de l'ouverture de la succession*, suivant la proportion qui existe entre leurs droits respectifs; de telle sorte que chacun n'en pourra poursuivre le paiement, ou ne sera tenu de les acquitter que pour la quote-part dont il est héritier. (870, 873, 1220, 1223.)

Une conséquence ultérieure de cette division est que l'inexécution de l'obligation, de la part de l'un des codébiteurs, ou de l'un des héritiers du débiteur, ne donnera ouverture aux dommages-intérêts, ou à la peine stipulée, que contre ce codébiteur ou cet héritier, et pour la part seulement dont il est tenu dans l'obligation primitive. (1233, 1er *al.*)

Mais le principe de la division des obligations entre plusieurs cocréanciers ou codébiteurs, ou entre plusieurs héritiers d'un seul créancier ou d'un seul débiteur, ne se rattachant à l'ordre public que par des rapports éloignés, il est loisible aux parties de le modifier, ou même d'y déroger entièrement; et la loi a soustrait elle-même à son application plusieurs sortes d'engagemens.

Tel est l'objet de la double modalité que l'on est convenu d'appeler *solidarité* et *indivisibilité*.

Art. 1er. *Des obligations solidaires.*

§ 1er. *Qu'est-ce que la solidarité?*

La solidarité est une dérogation *explicite* et *formelle* aux principes de la division des droits de créance actifs ou passifs entre plusieurs cocréanciers ou codébiteurs, ou entre leurs héritiers, abstraction faite du rapport sous lequel la loi ou les parties ont considéré la chose due ou de la fin qu'elles se sont proposée en établissant l'obligation.

Pour qu'il y ait solidarité, il faut avant tout qu'il y ait *unité* dans l'obligation; mais il n'est point indispensable que cette obligation unique ait les mêmes qualités accidentelles à l'égard de chacun des cocréanciers ou codébiteurs. (1201.)

Il faut, en second lieu, que la faculté d'exiger, ou la charge de payer toute la chose stipulée ou promise en commun, dérive *directement* de la loi ou de la convention. (1202.)

D'après cela, une obligation est *solidaire*, quand, ayant été contractée envers plusieurs ou par plusieurs, chacun des cocréanciers ou des codébiteurs est constitué par une clause formelle de la convention, ou par une disposition spéciale de la loi, créancier ou débiteur de la totalité de la chose due; mais de manière que le paiement fait à un seul ou par un seul éteigne l'obligation à l'égard de tous. (1197, 1200.)

L'on dit que la solidarité est *active* lorsqu'elle a été stipulée en faveur des créanciers ou des héritiers du créancier; qu'elle est *passive* lorsqu'elle a été établie à la charge des débiteurs, ou des héritiers du débiteur.

Ainsi, la solidarité, considérée *activement*, est le droit conféré *directement* et *explicitement* par la loi ou la convention à chacun de plusieurs cocréanciers d'une même chose, de se la faire payer en totalité comme s'il était *créancier unique*.

Considérée *passivement*, c'est la charge également imposée *directement* et *explicitement* par la loi ou la convention à chacun de plusieurs codébiteurs d'une même chose, de la payer seul en totalité comme s'il était *débiteur unique*.

§ 2. *Comment s'établit la solidarité?*

La solidarité, de même que toutes les autres qualités *accidentelles* des obligations, ne peut se suppléer, et d'autant moins qu'elle tend à aggraver l'obligation. Il faut donc qu'elle soit formellement stipulée, si ce n'est à l'égard de certains engagemens, dont, en vertu d'une disposition spéciale de la loi, elle est devenue comme une suite naturelle. (1197, 1202.)

Toutefois il suffira que l'intention de l'établir soit clairement manifestée, le Code ne prescrivant aucune formule sacramentelle.

Par les mêmes motifs, la clause solidaire doit être rigoureusement interprétée.

Ainsi, la solidarité stipulée en faveur de plusieurs cocréanciers ou à la charge de plusieurs codébiteurs, n'empêcherait point que la créance ou la dette ne se divisât entre les héritiers de chacun d'eux, si ceux-ci n'avaient point été expressément compris dans la clause solidaire.(1219, 2249.)

§ 3. *Quels sont les effets de la solidarité?*

Le premier et principal effet de la clause solidaire est de faire considérer chacun de ceux qui ont stipulé ou promis, comme créancier ou débiteur de la totalité de la chose due, mais seulement vis-à-vis de l'autre partie contractante; de telle sorte qu'entre eux l'obligation n'en est pas moins divisible activement ou passivement. (1197, 1213, 1163.)

Il suit de ce principe, en l'appliquant à la solidarité *active* :

1° Que chacun des créanciers peut, par toutes les voies de droit, contraindre le débiteur à lui payer la totalité de la chose due;

2° Que de son côté le débiteur peut valablement se libérer entre les mains de l'un d'entre eux, à son choix, tant qu'il n'a point été prévenu par les poursuites d'un autre;

3° Que toutefois le bénéfice de l'obligation étant partageable entre les divers cocréanciers, la *remise gratuite* et *volontaire* faite par l'un d'eux au débiteur, ne libérerait ce dernier que pour la part du créancier qui l'a consentie. (1198.)

Il suit du même principe appliqué à la solidarité passive,

1° Que le créancier peut poursuivre le paiement de toute la créance contre l'un ou l'autre des débiteurs, à son choix, sans que celui auquel il s'adresse puisse réclamer la division de la dette, ou même appeler ses codébiteurs en cause. (1203.)

2° Que jusqu'au paiement effectif, les poursuites exercées contre l'un des débiteurs par le créancier, ne sont point un obstacle à ce qu'il en exerce de pareilles contre les autres. (1204.)

3° Qu'après le paiement, celui qui l'a opéré a de droit une action en recours contre ses codébiteurs; mais ne peut réclamer à chacun d'eux que la portion qu'il doit en définitive supporter dans la dette. (1213, 1214, 1er. *al.*)

4° Que toutefois, si l'un des codébiteurs se trouvait insolvable, la perte qu'occasionnerait son insolvabilité devrait être répartie par contribution entre tous les codébiteurs solvables, y compris celui qui a fait le paiement. (1214, 2e *al.*)

La solidarité étant indépendante de l'objet de l'obligation (ce qu'on exprime en disant qu'elle en est une qualité *personnelle*), doit s'appliquer à l'obligation *secondaire* des dommages et intérêts, aussi bien qu'à l'obligation *primitive.*

Mais ce principe est modifié dans ses conséquences par cette maxime d'équité : *Que la faute ou la demeure de l'un ne doit point aggraver la condition de l'autre.*

L'on doit conclure de là :

1° Que si la chose due périt ou est détériorée par une faute commune à deux ou plusieurs des codébiteurs solidaires, chacun d'eux sera encore tenu envers les créanciers *de la totalité des dommages-intérêts.* (1205, 2e *al.*)

2° Que cette obligation secondaire pèsera solidairement, même sur les autres codébiteurs auxquels on ne pourrait imputer la perte ou la détérioration de la chose, ou qui n'auraient point été personnellement constitués en demeure; mais qu'à l'égard de ceux-ci, les dommages et intérêts devront être limités à la valeur de la chose ou à la dépréciation qu'elle a subie, à moins qu'ils n'aient été fixés d'avance par la convention même. (1205, 1er *al.*, 1142, 1143, 1232.)

3° Que tous les codébiteurs seront également passibles des dommages et intérêts intrinsèques dus pour le simple retard dans l'exécution de l'obligation.

Que c'est ainsi que, lorsque l'objet de leur engagement est une somme d'argent, la demande formée contre l'un d'eux fera courir les intérêts à l'égard de tous. (1207.)

4° Que dans le cas où les dommages et intérêts excèderont *la valeur vénale de la chose* ou *le prix commun de sa jouissance*, le créancier ne pourra répéter cet excédant que contre ceux qui seront en faute, ou auront été personnellement constitués en demeure. (1205, 2e *al.*)

Du reste, comme l'obligation solidaire, *une par rapport à la chose due*, se compose néanmoins d'autant de liens qu'il y a de personnes qui l'ont contractée, le codébiteur poursuivi par le créancier aura bien le droit de lui opposer toutes les exceptions qui résultent de la nature de l'obligation, mais non celles qui seraient purement personnelles à quelques-uns de ses codébiteurs. (1208.)

§. 4. *Comment une obligation peut cesser d'être solidaire?*

La solidarité n'étant point une qualité essentielle des obligations, peut, par l'effet d'une convention, cesser d'exister activement ou passivement, sans que pour cela l'obligation elle-même soit éteinte.

La remise de la solidarité peut être expresse ou tacite.

Il y a renonciation implicite à la solidarité passive, de la part du créancier, qui, recevant de l'un des débiteurs la portion dont il est tenu dans la dette vis-à-vis de ses codébiteurs, lui donne quittance *pour sa part* sans réserver la solidarité. (1211, 1er et 2e *al.*)

Et toutefois la réserve que fera le créancier de ses droits *en général*, sera toujours censée comprendre *spécialement* celle de la solidarité. (1211, 2e *al.*; 1157, 1158, 1163.)

Il y aurait également renonciation implicite à la solidarité dans la demande formée par le créancier contre l'un des codébiteurs *pour sa part*, si celui-ci y avait acquiescé, ou que le juge, en le condamnant, y eût acquiescé pour lui. (1211, 3e *al.*)

Cette présomption de renonciation ne peut, par la force même des choses, s'appliquer qu'à ce qui est actuellement dû.

Ainsi, le créancier d'une rente ou d'un capital portant intérêt, qui en reçoit divisément et sans réserve les arrérages ou intérêts échus, ne perdra la solidarité ni pour ceux à échoir ni pour le capital. (1212.)

Au surplus, d'après cette maxime que les conventions n'*ont d'effets qu'entre les parties contractantes*, on devra décider :

D'une part, que le créancier qui consent *expressément* ou *tacitement* à la division de sa créance, à l'égard de l'un des débiteurs, n'en conserve pas moins son action contre les autres, quant aux portions dont ils sont tenus dans la dette (1210, 1211, 1er *al.*);

D'autre part, que dans ce même cas, si l'un ou plusieurs de ces derniers devenaient insolvables, le créancier ne pourrait réclamer aux codébiteurs solvables la part des insolvables que sous la déduction de la portion contributive que celui qui a été déchargé de la solidarité aurait portée de l'insolvabilité. (1215.)

Art. 2. *Des obligations indivisibles.*

§ 1er. *Qu'est-ce que l'indivisibilité? Comment reconnaîtra-t-on qu'une obligation a ou n'a pas cette qualité?*

L'indivisibilité est une dérogation implicite, résultant de la nature particulière de l'engagement, au principe de la division des créances actives ou passives entre plusieurs cocréanciers ou plusieurs codébiteurs, ou entre plusieurs héritiers d'un même créancier ou d'un même débiteur.

Il faut, pour qu'une obligation soit indivisible, qu'on ne puisse en scinder l'exécution sans violer essentiellement la loi que les parties se sont imposée.

Horum divisio corrumpit stipulationem. (*Ulp. fragm.*, *L.* 72, ff. *de verb. oblig.*)

La question de savoir si une obligation est divisible ou indivisible se réduit dès-lors à une question d'interprétation de volonté ou d'intention commune, qui est entièrement dans le domaine du juge.

En thèse générale, une obligation devra être considérée comme *indivisible*, lorsqu'à raison du rapport sous lequel les parties ont envisagé la chose ou le fait qui en est l'objet, ou de la fin qu'elles se sont proposée dans le contrat, une exécution qui ne serait pas intégrale équivaudrait pour le créancier à un défaut total d'exécution, ou du moins lui serait essentiellement dommageable, même par rapport à la partie de l'engagement qui aurait été exécutée. (1217, 1218, 1221, 5°.)

Une obligation sera au contraire divisible lorsque (son objet ne fût-il d'ailleurs susceptible que d'une division intellectuelle), une exécution partielle, bien qu'il puisse en résulter quelqu'incommodité pour le créancier, doit néanmoins lui procurer, par rapport à ce qui aura été fait ou livré, l'avantage que lui procurerait, par rapport au tout, une exécution intégrale et parfaite. (1217.)

Ainsi, d'une part, seront indivisibles les obligations qui ont pour objet l'établissement d'une servitude *réelle* ou *prédiale*. (709.)

Telles seront aussi le plus souvent les obligations qui consistent dans des ouvrages à faire. (1791.)

D'autre part, on réputera communément divisibles celles qui portent sur des choses indéterminées dont la délivrance doit avoir lieu au poids, au compte ou à la mesure.

Mais quelque susceptible de division que soit l'objet de l'obligation, la fin que le législateur ou les parties se sont proposée en l'établissant, peut la rendre indivisible.

Une clause pénale suffira même pour lui imprimer ce caractère, lorsqu'elle y aura été ajoutée dans l'intention que le paiement ne puisse se faire partiellement. (1233, 2e *al.*)

L'indivisibilité n'est pas nécessairement tout à la fois active et passive.

C'est ainsi que l'obligation d'un corps certain et déterminé peut être divisible *activement*, tandis que *passivement* elle devra être réputée indivisible dans l'intérêt du débiteur. (1668, 1669, 1670, 1672 - 1939.)

Il y a indivisibilité active quand chacun des créanciers ou des héritiers du créancier a le droit de demander la totalité de la chose due.

Il y a indivisibilité passive quand le débiteur a le droit de s'opposer à ce que l'action soit exercée divisément.

§ 2. *Quels sont les effets de l'indivisibilité ou de la divisibilité dans les obligations?*

L'indivisibilité, de même que la solidarité, investit chacun des cocréanciers ou chacun des héritiers du créancier, du droit d'exiger en totalité l'exécution de l'obligation ; comme elle rend chacun des codébiteurs ou chacun des héritiers du débiteur passible de cette exécution intégrale. (1224, 1er *al.*, 1222, 1223, 1221, *in fin.*)

Mais cette modalité étant en quelque sorte en *dehors de la convention*, ou, si l'on veut, résidant dans l'objet de l'obligation plutôt que dans l'obligation même (ce qu'on exprime en disant qu'elle en est une qualité *réelle*), les cocréanciers ou codébiteurs d'une obligation indivisible, ou leurs héritiers, ne seront point considérés, même dans leurs rapports avec l'autre partie, comme étant chacun l'unique créancier ou l'unique débiteur de la chose due.

Singulis debetur aut singuli debent *totum*, sed non *totaliter*. (Mol.)

Ainsi, en premier lieu, l'un des créanciers

ou l'un des héritiers du créancier ne pourra seul faire la remise de tout ou partie de la dette, ou recevoir le prix au lieu de la chose ; et toutefois s'il l'a fait, ses cocréanciers ou cohéritiers ne pourront réclamer la chose indivisible qu'en tenant compte de la valeur estimative de sa portion au débiteur libéré. (1224, 2e *al.*)

Stipulator *servitutis* duos reliquit hæredes..... unus ex his alteri nocere non potuit *nisi in refusione pretii*, etiam vendendo, à fortiori remittendo. (*Mol.*)

Ainsi, en second lieu, l'un des débiteurs ou l'un des héritiers du débiteur, assigné pour la totalité de l'obligation, pourra, à moins que lui seul ne soit en position de l'acquitter, demander un délai pour mettre ses codébiteurs ou cohéritiers en cause, à l'effet de rendre la condamnation commune, sans qu'elle puisse toutefois être divisée. (1225, 1221, *dern. al.*, 1222.)

Du même principe que l'indivisibilité est une qualité inhérente à l'objet de l'obligation, il faut encore tirer la double conséquence :

D'une part, que ses effets doivent s'étendre aux héritiers des contractans et aux héritiers des héritiers à l'infini, sans qu'il soit besoin d'en faire mention (1219, 2249) ;

D'autre part, que malgré l'indivisibilité de l'obligation *primitive*, l'obligation *secondaire* des dommages et intérêts n'en sera pas moins divisible, si elle est telle par son objet.

Et néanmoins, comme chacun doit être garant de son propre fait, celui par la faute duquel la chose aurait péri, ou qui aurait été constitué en demeure, serait tenu, soit vis-à-vis de ses codébiteurs, soit à l'égard du créancier, de tous les dommages et intérêts tels qu'ils auraient été fixés par la convention, ou qu'ils seraient liquidés par le juge. (1232, 1233, 2e *al.*)

Le créancier peut renoncer aux avantages de l'indivisibilité; toutefois, dans le doute, il sera toujours présumé n'avoir poursuivi ou accepté une exécution partielle que sous la condition que l'exécution intégrale suivrait immédiatement.

Quant à la divisibilité, elle n'a pas d'autre effet que de donner lieu à l'application des principes précédemment exposés sur la division active et passive des obligations. (1220.)

Mais sans parler de la clause solidaire, ces principes peuvent être plus ou moins limités dans leurs conséquences par la convention ou par une disposition spéciale de la loi.

Ainsi, lorsque l'un des codébiteurs ou des héritiers du débiteur aura été chargé seul par le titre de l'exécution de l'obligation, il pourra être poursuivi pour le tout, sauf son recours contre ses codébiteurs ou cohéritiers. C'est une sorte de solidarité imparfaite. (1221, 4° *et dern. al.*)

De même, si la dette divisible est d'un corps *certain et déterminé* qui soit dans la possession exclusive de l'un des codébiteurs ou des héritiers du débiteur, le créancier pourra encore demander à ce possesseur l'exécution intégrale de l'obligation, bien qu'elle soit divisible par le rapport sous lequel les parties ont considéré la chose due ou par la fin qu'elles se sont proposée. (1221, 2° *et dern. al.*)

Ainsi encore si la dette était hypothécaire, le codébiteur ou cohéritier qui détiendrait le fonds engagé serait, comme tout autre tiers possesseur, obligé de payer la totalité de la dette pour se soustraire à l'action hypothécaire. (1221, 1° *et dern. al.*)

CHAPITRE IV.

DE L'EXTINCTION DES OBLIGATIONS.

Il y a plusieurs causes d'extinction des obligations, soit *légales*, soit *conventionnelles* ou *quasi-conventionnelles*.

Les principales sont :

1° Le paiement.

2° La consignation précédée d'offres réelles.

3° La compensation.

4° La novation et la délégation.

5° La remise, et la révocation par un consentement contraire.

6° La confusion.

7° La perte de la chose.

L'on doit y ajouter *l'action en nullité ou en rescision*, qui détruit le lien résultant d'une obligation *purement civile*; et *l'action résolutoire*, qui, lorsque la convention est *synallagmatique*, délie l'une des parties de son engagement, l'autre *étant en demeure de remplir le sien*. (1234, 1184.)

SECTION PREMIÈRE.

DU PAIEMENT.

ART. 1er. *De la nature et des conditions du paiement.*

§ 1er. *Qu'est-ce que le paiement, et comment il s'opère ?*

Le paiement consiste dans l'accomplissement du fait ou dans la délivrance ou prestation de la chose qui est l'objet primitif ou secondaire de l'obligation.

Ainsi les divers modes de délivrance que l'on a précédemment définis sont autant de modes de paiement. (1604 *à* 1607.)

§ 2. *Par qui le paiement peut-il être fait?*

Il peut, en thèse générale, être fait par toute *personne intéressée* à l'acquittement de l'obligation; et même par un tiers, s'il n'y met point pour condition qu'il sera subrogé aux droits du créancier, subrogation à laquelle celui-ci ne peut être tenu de consentir. (1236.)

Du reste, lorsque l'obligation n'est point d'un corps *certain et déterminé*, l'on ne peut payer valablement qu'autant que l'on est capable d'aliéner la chose donnée en paiement. — A plus forte raison faudra-t-il que l'on en soit *propriétaire*.

Et néanmoins, une somme d'argent ou autre chose fongible, donnée en paiement par celui qui n'en est pas propriétaire, ou par un incapable, ne pourra être répétée au créancier qui l'aura consommée de bonne foi. (1238.)

§ 3. *A qui le paiement doit-il être fait?*

Le paiement doit être fait au créancier ayant la capacité civile de recevoir; et s'il est incapable, à son représentant légal. (1239, 1241).

Cependant la bonne foi du débiteur validera le paiement fait entre les mains de celui qui est en possession de la créance. (1240.)

§ 4. *Où le paiement doit-il être fait, et aux frais de qui?*

Dans le silence de la *convention*, le paiement, lorsque la dette est d'une chose *indéterminée*, doit être fait au domicile du débiteur; et s'il s'agit d'un *corps certain*, dans le lieu où il était au temps de l'obligation. (1247, 1162, 1609.)

Quant aux *frais du paiement*, ils forment un accessoire de la dette, et sont dès-lors à *la charge du débiteur* ; mais la délivrance une fois faite, les frais d'enlèvement regardent le créancier : le tout s'il n'y a stipulation contraire. (1136 , 1248 , 1608.)

§ 5. *Que doit comprendre le paiement ?*

L'on ne peut offrir en paiement que la chose même qui est due. (1243.)

Ainsi l'obligation de faire ne pourra être acquittée que par le débiteur lui-même, lorsque son industrie ou son habileté aura été la véritable cause du contrat. (1237.)

De même, le débiteur d'une obligation *alternative* ne pourra, quand même elle serait divisible dans son double objet, contraindre le créancier à recevoir une partie de chacune des choses promises. (1191 , 1221 , 3°.)

De plus, si la dette est d'un corps *certain et déterminé*, la délivrance devra s'étendre à tout ce qui en formait un accessoire nécessaire ou était destiné à son perpétuel usage, au temps de l'obligation contractée ; comme encore à tout ce qu'il a produit depuis. (1614, 1615, 520 *et suiv.*, 1136.)

Que s'il s'agit d'une chose qui est seulement déterminée quant à son espèce, l'un ne pourra l'offrir de la plus mauvaise qualité, comme l'autre ne pourra l'exiger de la meilleure. (1246.)

Enfin, si l'obligation a pour objet une somme d'argent, le paiement devra toujours être de la somme *numérique* énoncée au contrat, quand même, dans l'intervalle, il y aurait eu augmentation ou diminution de la valeur intrinsèque ou nominative des espèces. (1895.)

Le paiement entre un créancier et un débiteur

unique, doit d'ailleurs être de *toute la chose due*; en sorte qu'alors même que l'obligation serait *divisible*, le créancier aurait le droit de refuser un paiement *partiel*. (1220, 1244.)

Toutefois, lorsque l'on peut raisonnablement présumer, d'après les circonstances et la qualité respective des parties, que si la position *malheureuse* dans laquelle se trouve le débiteur eût été prévue au moment de l'obligation contractée, le créancier ne lui aurait pas refusé la faculté de se libérer par partie, le juge est autorisé par la loi *à diviser la dette en plusieurs paiemens successifs à des intervalles modérés*. —C'est ce que l'on a appelé *terme de grâce*. (1156, 1244, 2ᵉ *al.*)

Art. 2. *De l'effet du paiement entre le créancier et le débiteur, ou leurs ayant-cause; et de l'imputation.*

L'effet direct et nécessaire du paiement est d'éteindre la dette et toutes les obligations accessoires qui s'y rattachent.

Si le paiement n'était point *intégral*, ou si, y ayant *plusieurs dettes distinctes*, il n'était pas suffisant pour les éteindre toutes, alors il y aurait lieu à *imputation*.

L'imputation est l'application d'un paiement à l'une de plusieurs dettes contractées par une même personne envers celui qui reçoit ce paiement.

Elle peut, du consentement exprès ou tacite des *deux* parties, être faite sur quelque dette et même sur quelque partie de la dette que ce soit. (1254, 1255.)

Mais en cas de *dissentiment*, elle appartient *au débiteur* qui pourra dès-lors la diriger comme bon lui semble, sous cette seule limitation, que la *dette* des intérêts échus doit être acquittée avant la dette du capital qui les a produits. (1162, 1253, 1254.)

Si l'imputation n'est point réglée par les parties, *lors du paiement*, elle est *en cet instant même* suppléée par la loi d'après la volonté *présumable du débiteur*; c'est-à-dire que l'imputation s'opérera de droit sur la *dette actuellement échue*; entre plusieurs dettes pareillement échues, sur celle que le débiteur *avait le plus d'intérêt à acquitter*; entre plusieurs dettes également onéreuses, sur *la plus ancienne*; enfin, toutes choses égales, *proportionnellement*. (1256.)

Dans tous les cas, l'imputation, une fois acceptée ou opérée par l'autorité de la loi, ne pourrait être révoquée que du consentement *mutuel* du *créancier* et du *débiteur*. (1255, 1134.)

Art. 3. *De l'effet du paiement à l'égard des tiers, et de la subrogation.*

Les paiemens ne peuvent non plus que les *conventions* préjudicier à des *tiers*, ou porter atteinte à des *droits acquis*.

Ainsi, le débiteur qui paie au mépris d'une *saisie-arrêt* faite entre ses mains par les créanciers de son créancier, ne se libère pas à l'égard des saisissans. (1242.)

Mais, de même aussi que les *conventions*, les paiemens peuvent indirectement attribuer à *un tiers* des droits dont il ne serait pas possible aux parties de le dépouiller, une fois qu'il en a été saisi.

Ainsi, le paiement, en éteignant la dette, libère irrévocablement les codébiteurs solidaires et les cautions. (1262.)

De même, en affranchissant de l'hypothèque attachée à la créance, les biens qui en étaient grevés, le paiement fera monter au premier rang le *tiers créancier* qui avait sur les mêmes biens une hypothèque *postérieure en date*. (1263.)

Mais ces effets que produit le paiement en faveur des tiers peuvent être empêchés par la *subrogation*.

L'on entend par *subrogation*, en matière de paiement, la *translation* des droits *personnels* et *réels* qui appartenaient au créancier, soit contre le débiteur ou sur ses biens, soit contre ses coobligés et ses cautions, ou sur leurs biens, dans la main d'une tierce personne qui paie la créance ou dont les deniers ont servi au paiement. (1249, 1252.)

Elle est *conventionnelle* ou *légale*. (1249.)

La subrogation *conventionnelle* peut être consentie soit par le créancier recevant son paiement d'un *tiers*, soit par le débiteur lui-même, empruntant *d'un tiers* pour se libérer. (1250.)

Dans les deux cas, elle s'opère sans le concours de l'autre partie; doit être *formelle*, et stipulée *au moment même du paiement*.

Du reste, lorsqu'elle est accordée par le créancier, il suffira, d'une part, qu'elle soit mentionnée dans la *quittance* qui constate le *paiement*; et il ne sera point nécessaire, d'autre part, que cette quittance ait aucun caractère d'authenticité. (1250, 1°.)

Mais si elle est conférée par le débiteur, il faudra, pour qu'elle soit valable, 1° que l'acte d'emprunt contienne la déclaration formelle que la somme a été empruntée pour faire le paiement;

2° Que la quittance énonce aussi formellement

que le paiement a été fait des deniers fournis à cet effet par le *nouveau créancier*;

3° Que l'un et l'autre actes soient passés devant notaire. (1250, 2°.)

La subrogation s'opère par la seule autorité de la loi, indépendamment de toute convention, au profit de ceux qui sont obligés *personnellement* ou *hypothécairement* au paiement de la dette, ou qui ont un intérêt appréciable en argent, à ce qu'elle soit éteinte. (1251.)

Ainsi, le codébiteur qui paie la dette solidaire sera subrogé de plein droit aux actions du créancier contre ses codébiteurs, pour la portion dont est tenu chacun d'eux. (1251, 3°, 1213.)

Et même si, par le fait ou la négligence du créancier, cette subrogation ne pouvait s'opérer pour *le tout* ou *pour partie*, le codébiteur serait libéré ou déchargé *d'autant*. (1382, 1383, 2037.)

Ainsi la subrogation légale aura pareillement lieu en faveur de celui qui, étant lui-même créancier, paie un autre créancier qui lui est préférable à raison de ses hypothèques ou de ses privilèges. (1251, 1°.)

De quelque manière que la subrogation se soit opérée, elle ne peut être opposée au créancier qui n'a pas été *intégralement* payé; en conséquence il exercera ses droits pour ce qui lui reste dû, par préférence à celui dont il n'a reçu qu'un paiement *partiel*. (1252.)

SECTION II.

DES OFFRES RÉELLES ET DE LA CONSIGNATION.

Les offres réelles et la consignation sont un mode de libération établi par la loi, dans le cas où le créancier refuse, sans motif légitime, de recevoir le paiement qui lui est offert. (1257.)

Les *offres réelles* consistent dans la représentation matériellement faite au créancier de la chose qui lui est due. La *consignation* en est le dépôt entre les mains d'une tierce personne indiquée par la loi ou par le juge.

Les offres réelles doivent remplir toutes les conditions requises pour le paiement.

Ainsi, pour qu'elles soient valables, il faudra :

1° Qu'elles soient faites au créancier ayant la capacité de recevoir, ou à son mandataire ou représentant légal ;

2° Qu'elles soient faites par une personne capable de payer ;

3° Qu'elles soient de la totalité de la somme actuellement exigible, des intérêts ou arrérages dus, des frais liquidés, et d'une somme pour les frais non liquidés, sauf à parfaire ;

4° Que la condition sous laquelle l'engagement a été contracté soit arrivée, et que le terme soit échu, si toutefois il a été stipulé en faveur du créancier. (1258 1° *à* 5°.)

De plus, en quoi elles diffèrent du paiement, elles doivent être faites au domicile du créancier, ou à sa personne même, lorsque la convention ne contient pas de clause spéciale *sur le lieu du paiement*, et par le ministère de l'officier public dans les attributions duquel la loi a placé ces sortes d'actes. (1258 6° *et* 7°, 1247, *etc.*)

Le procès-verbal désignera les choses offertes, de manière qu'on ne puisse leur en substituer d'autres, et fera mention de la réponse du créancier. (*Proc.*, 812, 813.)

La consignation peut avoir lieu *immédiatement*

après les offres réelles, comme elle peut être différée jusqu'à ce que le juge les ait déclarées valables. — Dans l'un et l'autre cas, il faudra pour sa régularité,

1° Qu'il soit fait une sommation préalable au créancier, indiquant l'heure et le lieu où la chose offerte sera déposée;

2° Que cette chose soit remise entre les mains de l'officier public préposé pour recevoir les consignations, avec les intérêts jusqu'au jour du dépôt;

3° Que l'officier, par le ministère duquel les offres ont été faites, dresse procès-verbal du dépôt et de toutes les circonstances qui l'ont précédé ou accompagné;

4° Qu'en cas de non-comparution de la part du créancier, ce procès-verbal lui soit signifié avec sommation de retirer la chose. (1259. — *Proc.*, 814, 816.)

La loi, par une disposition spéciale, prescrit une autre marche pour le cas où la dette est d'un corps certain, dont le transport doit entraîner quelques frais. — Le débiteur, après avoir sommé le créancier, par acte notifié à sa personne ou à son domicile, d'enlever la chose du lieu où elle doit lui être livrée, peut se faire autoriser par un jugement à la mettre en dépôt dans celui qu'il plaira au juge d'indiquer. (1264.)

Il en serait de même si la dette consistait en choses fongibles, d'un grand poids ou d'un volume considérable.

La consignation acceptée par le créancier, ou déclarée valable par un jugement acquiescé ou passé en force de chose jugée, produira, soit entre les parties, soit à l'égard des tiers, et à partir du moment même où elle a eu lieu, tous les effets du paiement. (1257, 2e *al.* — *Proc.*, 816.)

Ainsi, quoique due indéterminément, la chose aura été dès cet instant aux risques et périls du créancier. (1257, 2.e *al.*)

De même, si c'est un capital productif d'intérêts, les intérêts cesseront de courir du jour du dépôt. (1259, 2°. — *Proc.*, 816.)

Ainsi encore, si, après que la validité de la consignation aura été prononcée par un jugement dont il n'est pas appelant, ou qu'il l'aura spontanément reconnue, le créancier consent à ce que le débiteur retire la somme ou la chose consignée, il ne pourra, pour obtenir son paiement, ni agir contre les codébiteurs ou les cautions, ni se prévaloir des hypothèques originairement attachées à sa créance. (1262, 1263.)

Mais tant que la consignation n'aura pas été acceptée ou déclarée valable par un jugement ayant l'autorité de la chose jugée, le débiteur sera toujours le maître de la retirer; et s'il le fait, ni ses codébiteurs ou cautions ne seront libérés, ni ses biens, affranchis des hypothèques qui garantissent le paiement de la dette. (1261, 1262.)

Les frais des offres réelles et de la consignation acceptées ou jugées valables sont à la charge du créancier. (1260.)

SECTION III.

DE LA COMPENSATION.

La compensation est un double paiement qui a lieu, par une double tradition feinte, entre deux personnes qui se trouvent respectivement créancière et débitrice l'une de l'autre. (1289.)

La compensation s'opère de deux manières;

ou de plein droit, par la seule force de la loi, à l'instant même où les deux dettes existent à la fois; ou par la volonté de l'une des parties, et alors seulement qu'elle déclare vouloir l'opposer. (1290.)

Dans le premier cas elle est appelée *légale*; dans le second, *facultative*.

Pour qu'il y ait lieu à la compensation légale, cinq conditions sont nécessaires.

La première est que les deux créances soient, quant à leur objet, d'une *nature identique*, de manière que l'une soit *exactement* représentée par l'autre. (1291, 1er *al.*, 1243.)

La seconde, qu'elles soient payables dans le *même lieu*. (1296, 1247.)

La troisième, qu'elles soient l'une et l'autre *actuellement exigibles*. (1291, 1er *al.*) — Toutefois le terme de grâce ne sera point un obstacle à la compensation. (1292.)

La quatrième condition est que les deux dettes respectives soient *liquides* ou puissent être *liquidées à l'instant même où la compensation est opposée*.

C'est ainsi que des prestations en grains ou denrées, dont le prix est réglé par les Mercuriales, pourront, si elles ne sont plus exigibles *en nature*, se compenser avec une somme d'argent. (1291, 2e *al.* — *Proc.*, 129.)

Enfin la cinquième condition est que les dettes soient personnelles à celui qui oppose la compensation et à celui auquel elle est opposée.

Ainsi le débiteur ne pourra opposer la compensation de ce que le créancier doit à la caution ou au codébiteur solidaire. (1294, 2e *et* 3e *al.*)

Du reste, lors même qu'il y aurait inégalité dans la quotité respective des deux dettes, la compensation ne s'en opérerait pas moins jusqu'à concurrence de la plus faible; en quoi ce mode de libération modifie le principe de l'indivision des paiemens. (1290.)

La compensation aura également lieu, quelle que soit la cause ou l'origine de l'une et l'autre créance.

Mais la loi déroge à ce principe en faveur de celui qui réclamerait la prestation d'alimens déclarés insaisissables, ou la restitution d'un dépôt, d'un prêt à usage, ou d'une chose dont il aurait été injustement dépouillé ; à supposer que l'obligation de restituer dût se convertir en l'obligation secondaire des *dommages-intérêts*, susceptible d'être éteinte par compensation. (1293, 1157.)

Quant à la compensation facultative, celui-là peut l'opposer qui est créancier en *son nom* d'une chose exigible, et remplissant toutes les conditions du paiement qu'il doit faire.

La loi veut même que si les deux dettes ne sont point payables au même lieu, chacun des débiteurs puisse opposer à l'autre sa créance en compensation, en offrant de faire raison des frais de remise. (1296.)

De même que le paiement, la compensation ne peut porter atteinte aux droits acquis à un tiers.

Si donc, avant que les deux créances eussent respectivement réuni les qualités nécessaires pour être compensables, l'une avait été saisie-arrêtée entre les mains du débiteur par un tiers créancier, ou qu'elle eût été cédée par le *créancier* à un *tiers*, et le transport régulièrement signifié au débiteur, la compensation ne s'opérerait point au préjudice du saisissant ou du cessionnaire. (1298, 1295, 2e *al.*, 1242.)

La compensation légale ou facultative produira d'ailleurs, au moment même où elle s'opère, soit à l'égard des tiers, soit entre les parties, les mêmes effets que le paiement réel. (1297, 1299.)

Toutefois celui qui avait une juste cause d'ignorer la créance qui devait compenser sa dette, serait restituable contre l'erreur qui lui aurait fait payer cette dette; et par suite réintégré dans tous ses droits vis-à-vis des créanciers hypothécaires qu'il précédait, et vis-à-vis des cautions ou des codébiteurs solidaires. (1299, 1109, 1110.)

Enfin, la compensation n'étant établie que dans l'intérêt privé des parties, et d'après leur volonté expresse ou présumée, elles sont libres d'y renoncer.

Cette renonciation peut être expresse ou tacite.

Il y a renonciation implicite à la compensation *acquise*, de la part du débiteur qui accepte purement et simplement la cession que le créancier a faite de ses droits à un tiers. (1295, 1er *al.*)

SECTION IV.

DE LA NOVATION ET DE LA DÉLÉGATION.

La novation est l'acquittement d'une obligation, par une autre *obligation*.

Il importerait peu d'ailleurs que la nouvelle obligation eût été contractée par le même débiteur envers le même créancier, ou par un nouveau débiteur envers le même créancier, ou par le même débiteur envers un nouveau créancier. (1271.)

La délégation est *une double novation* qui a

lieu lorsqu'un débiteur, étant lui-même créancier d'une tierce personne, celle-ci se libère envers lui, au moyen d'une nouvelle obligation qu'elle souscrit au profit de celui envers lequel il était obligé. (1275.)

La novation renfermant une aliénation des droits que confère au créancier l'ancienne obligation, l'on ne peut la supposer que là où la volonté de l'opérer est clairement exprimée. (1273.)

En conséquence, il n'y aurait *délégation* ou *novation simple* dans la substitution pure et simple d'un nouveau débiteur à l'ancien, qu'autant que celui-ci aurait été formellement déchargé par le créancier. (1271, 2°, 1275.) — Autrement ce ne serait qu'une indication de paiement. (1277.)

La novation est par sa nature même essentiellement subordonnée à l'existence de la *nouvelle* obligation. — Si donc cette nouvelle obligation avait été contractée sous une condition qui est défaillie, ou par une personne incapable de s'obliger même naturellement, il n'y aurait pas de novation. (1272.)

Du reste, une tierce personne peut libérer le débiteur en s'obligeant en son lieu et place, comme elle pourrait le libérer par un paiement réel, sans qu'il soit besoin de son concours. (1274.)

De quelque manière que la novation ait eu lieu, elle ne peut porter atteinte aux droits acquis à des tiers.

C'est ainsi que les hypothèques constituées pour assurer le paiement de l'ancienne créance, ne pourraient être transportées à leur date primitive sur les biens du nouveau débiteur, au préjudice de ses premiers créanciers hypothécaires. (1279.)

Quant aux effets de la novation, ils seront les mêmes que ceux du paiement, soit à l'égard des tiers, soit entre les parties contractantes.

La novation une fois acceptée éteindra donc irrévocablement, avec l'ancienne dette, toutes les obligations accessoires qui s'y rattachent, si elles n'ont point été spécialement réservées au moment même de l'acceptation. (1278, 1281, 1° *et* 2°.)

Et comme il est d'ailleurs de principe que les conventions ne peuvent lier un tiers, les hypothèques de l'ancienne créance seraient inutilement réservées sur les biens d'un autre que celui-là même qui contracte la nouvelle dette. (1165, 1280.)

A plus forte raison ne pourrait-on obliger personnellement au paiement de cette nouvelle dette, des codébiteurs solidaires ou des cautions.

Mais on peut faire de l'accession de ceux-ci à la *nouvelle* obligation ou de la conservation de tous les droits réels attachés à l'ancienne, une condition de la novation; et en ce cas, la première revivrait, ou plutôt serait considérée comme n'ayant jamais été éteinte, si les tiers intéressés refusaient de ratifier la seconde comme étant plus onéreuse. (1278, 1281, 3e *al.*)

Le principe que la novation équivaut à un paiement, est tellement absolu, que dans le cas de la substitution d'un nouveau débiteur à l'ancien, celui-ci demeurera irrévocablement affranchi de son engagement, nonobstant l'insolvabilité constatée du premier.

Cependant le créancier aurait une action *personnelle* en garantie contre le débiteur primitif qu'il a déchargé, si au moment même où il a consenti à la novation ou accepté la délégation, le débiteur substitué se trouvait en faillite ouverte ou en état de déconfiture. (1276.)

SECTION V.

DE LA REMISE, ET DE LA RÉVOCATION PAR UN CONSENTEMENT CONTRAIRE.

L'on entend par *remise*, la renonciation gratuite du créancier au droit que lui confère l'obligation.

La révocation par un consentement contraire est une *double remise* qui a lieu, lorsque la convention étant synallagmatique, les parties renoncent respectivement, en faveur l'une de l'autre, au droit d'en demander l'accomplissement.

La remise peut être *conventionnelle* ou *quasi-conventionnelle*.

Elle est conventionnelle, quand elle a été *formellement* ou *tacitement* acceptée par le débiteur. (1282, 1285.)

Elle est *quasi-conventionnelle*, lorsqu'elle résulte *d'un fait* qui est purement *personnel* au créancier et qui suppose nécessairement de sa part la volonté d'éteindre la dette, indépendamment de l'acceptation expresse ou tacite du débiteur. (1332.)

Considérée dans ses effets, la remise est *personnelle* ou *réelle*.

Elle est *personnelle*, lorsqu'elle n'est faite qu'à la personne même de celui en faveur duquel elle est consentie.

Elle est *réelle*, quand la dette a été dès-lors tenue pour acquittée, comme s'il y avait eu *paiement* ou *compensation*.

La remise accordée au débiteur ou à l'un de plusieurs *codébiteurs solidaires* est présumée *réelle* à l'égard des *cautions* et des *autres codébiteurs*. (1284, 1285, 1287, 1er *al.*)

Celle accordée à la caution ou à l'une de plusieurs cautions est au contraire présumée *personnelle*; de telle sorte qu'elle ne libérera ni le débiteur principal, ni les autres cautions. (1287, 2e *et* 3e *al.*)

La remise ou la révocation par un consentement contraire ne peut, en aucun cas, préjudicier aux tiers, et produira d'ailleurs en leur faveur, ou entre les parties contractantes, tous les effets du paiement.

SECTION VI.

DE LA CONFUSION.

L'on entend en général par confusion, le concours, dans un même sujet, de deux qualités qui s'entredétruisent.

C'est, en matière d'obligation, la *réunion* dans la même personne des qualités de *créancier* et de *débiteur*.

Lorsque cette réunion est irrévocable, la confusion éteint la dette, et produit à l'égard des tiers les mêmes effets que la remise. (1301, 1er *et* 2e *al.*)

Toutefois, si le créancier succédait à l'un de plusieurs codébiteurs solidaires, ou l'un de plusieurs codébiteurs solidaires au créancier, la confusion n'éteindrait la dette que pour la portion dont celui en la personne duquel elle s'est opérée, aurait été tenu, soit de son chef, soit en sa qualité d'héritier. (1301, 3e *al.*)

La réunion des qualités de *débiteur* et de *caution*; de *fidéjusseur* et de *cofidéjusseur*; de *débiteur* et de *codébiteur* solidaire, n'opérera aucune confusion. —Elle fera seulement peser deux obligations sur la même personne. (2035.)

Quant à la confusion qui aurait lieu par la réunion des qualités de *créancier* et de *caution*, elle n'éteindrait que l'obligation du *cautionnement* et l'engagement accessoire du *certificateur*, s'il y en avait un. (1301, 2e *al.*)

SECTION VII.

DE LA PERTE DE LA CHOSE.

Lorsque l'obligation est d'un *corps certain*, le débiteur, qui ne s'est point chargé des cas fortuits, n'ayant que la garde de la chose due, est nécessairement libéré, si elle vient à périr sans sa faute, et avant qu'il soit en demeure. (1136, 1137, 1302.)

Et même, il est libéré nonobstant la demeure, si le corps certain qu'il devait livrer eût également péri entre les mains du créancier. (1302, 2e *al.*)

Que si cette chose, depuis détruite par cas fortuit, avait été, contre la foi du premier contrat translatif de propriété, vendue à un tiers, le débiteur devrait rendre au créancier le prix qu'il a reçu, ou le mettre à même d'exercer l'action qu'il aurait pour s'en faire payer. — C'est un des cas nombreux auxquels on doit appliquer cet adage : *Pretium loco rei succedit.* (1303, 1583.)

Si cùm servum qui *tibi* legatus sit, quasi mihi legatum possiderim et *vendiderim*, mortuo eo, posse tè *mihi* pretium condicere Julianus ait, quasi ex *tuâ re* locupletior *factus sum.* (L. 23, ff. *de reb. cred.*)

A plus forte raison le créancier pourrait-il exercer l'action en indemnité dont serait passible le tiers par la faute duquel la perte aurait eu lieu. — C'est une conséquence de cette autre maxime : *Meum est quod ex re meâ superest.* (1303, 1583.)

Il y a perte de la chose, non-seulement lorsqu'elle a été matériellement détruite, mais encore lorsqu'*elle a été mise hors du commerce*, ou s'est *perdue, de manière que l'on en ignore absolument l'existence.* (1302, 1er *al.*)

Dans aucun cas ce mode de libération ne peut être invoqué par celui qui s'est frauduleusement emparé d'une chose mobilière; alors qu'elle périt entre ses mains, il est toujours présumé en faute. (1302, 4e *al.*)

Lorsque l'obligation est alternative, toutes les choses comprises sous l'alternative étant également dues, le débiteur n'est libéré qu'autant que toutes ont également péri, sans sa faute et avant sa demeure. (1195.)

Et s'il était en faute à l'égard de l'une d'elles, il devrait le prix de celle qui a péri la dernière, dans le cas où le choix lui appartiendrait; dans le cas contraire, le prix de l'une ou de l'autre, au choix du créancier. (1382, 1193, 2e *al.*, 1194, 3e *al.*)

Lorsque l'engagement est *conditionnel*, la perte de la chose avant l'événement de la condition empêche de *naître* plutôt qu'elle *n'éteint l'obligation*; d'où il suit que si l'engagement était synallagmatique, l'obligation *corrélative* ne pourrait également naître, puisqu'elle se trouverait *sans cause.* (1182, 1er et 2e *al.*)

La perte partielle produit, par rapport à la partie qui a péri, la même libération que la perte totale par rapport au tout. (1245, 1303.)

Cependant, dans le cas de l'obligation conditionnelle, le créancier aura, lors de l'événement de la condition, le choix, ou de résoudre l'obligation, ou d'exiger la chose dans l'état où elle est, mais sans réduction de l'*engagement corré-*

latif qu'il aurait contracté lui-même, si le débiteur n'est point en faute. (1182, 3ᵉ *al.*)

Et si la détérioration ou perte partielle était imputable au débiteur, le créancier aurait la même option, avec le droit de réclamer des dommages-intérêts. (1182, 4ᵉ *al.*)

En thèse générale, l'extinction de l'obligation par la perte de la chose due, a, soit entre les parties, soit à l'égard des tiers, les mêmes effets que le paiement.

SECTION VIII.

DE LA NULLITÉ OU RESCISION.

La *nullité* ou *rescision* n'est un mode d'extinction des obligations que par rapport au *lien civil* qui résulte d'un engagement extérieurement revêtu des formes *légales obligatoires*.

L'on peut la définir : une voie de *restitution en entier*, autorisée par la loi contre les engagemens qui manquent d'une ou de plusieurs des conditions nécessaires pour leur validité *intrinsèque*, soit d'après les principes du droit naturel, soit d'après ceux du droit civil.

Ainsi les causes de nullité ou de rescision sont :

Les *vices* qui peuvent se rencontrer dans le *consentement*, ou *l'erreur*, *la violence* et *le dol*. (1109.)

L'absence d'une cause *licite*. (1131.)

Le *défaut de capacité naturelle* ou *civile*. (1124.)

La *lésion*, qui participe du *défaut de cause* et du *défaut de consentement*. (1118.)

L'incapacité purement *civile* n'est une cause de *nullité* ou de *rescision* qu'autant que l'engagement renferme une lésion au préjudice de l'incapable. — Mais la moindre suffit, sans que toutefois l'on puisse en aucun cas considérer comme *lésion* la perte qui ne résulterait que d'un événement *casuel et imprévu*. (1118, 1305, 1306.)

A l'égard des personnes naturellement et civilement capables de s'obliger, la lésion n'est une cause de nullité ou de rescision que là où elle a été expressément déclarée telle par une disposition spéciale de la loi. (1118, 1313. — 887, 2e *al.*, 1674. — 1706, 2052.)

C'est encore une *cause de nullité* de la convention même, que la violation des formes substantielles dans un contrat solennel; mais elle est soumise à des règles toutes spéciales.

La nullité ou rescision, une fois admise par le juge qui a été saisi de la contestation, ne produit pas seulement une libération; elle détruit l'engagement dans son principe même. (1117.)

En conséquence, elle ressaisit *rétroactivement* la partie en faveur de qui elle a été prononcée, de tous ses droits de propriété et de possession sur la chose qui était l'objet de l'engagement, et opère même contre les tiers la résolution de toutes les charges dont cette chose aurait été grevée par l'autre partie.

De son côté, le demandeur en rescision doit rendre tout ce qu'il a reçu en conséquence de l'engagement annullé, à moins qu'il ne fût alors incapable naturellement ou civilement; cas auquel l'on ne pourrait exiger de lui que ce qui serait prouvé avoir tourné à son profit. (1241, 1312.)

Lorsque la cause de nullité ou de rescision n'intéresse point l'ordre public ou les bonnes mœurs, celui, en faveur duquel l'action est ouverte, est le maître de s'en départir, en ratifiant l'engagement expressément ou tacitement. (1115.)

Mais en premier lieu, *aucune ratification* n'est possible, tant que la cause de nullité ou de rescision existe encore. (1115, 1304, 2e *et* 3e *al.*, 1311, 1338, 2e *al.*)

Ainsi une obligation susceptible d'être rescindée pour cause de violence, de dol, d'erreur, de minorité, d'interdiction, de défaut d'autorisation maritale, ne pourra être valablement ratifiée, soit *expressément*, soit *tacitement*, qu'après que la volonté aura été affranchie de toute contrainte, la fraude découverte, l'erreur reconnue, la majorité acquise, l'interdiction levée, le mariage dissous.

En second lieu, la loi civile, afin de prévenir toute surprise, a établi en principe qu'il n'y aurait de ratification *expresse*, valable, que là où l'on aurait rappelé au moins substantiellement l'obligation primitive, fait une mention spéciale de la cause de nullité ou de rescision, et clairement manifesté l'intention de réparer ce vice. (1338, 1er *al.*)

Quant à la ratification *tacite*, elle résultera de toute exécution volontaire, dont le principe est en temps *habile*. (1338, 2e *al.* — L. 3, § *scio*, ff. *de minoribus*.)

La ratification, expresse ou tacite, se confond à l'égard des parties avec l'engagement primitif. — Mais elle ne saurait préjudicier aux droits acquis à des tiers dans l'intervalle. (1358, 3e *al.*, 1165.)

Distinctio in scholâ et in foro perpetua hæc est : ut nimirùm si agatur de præjudicio tertii, *retròtrahatur nunquàm ratihabitio*; secùs, si de solo ratificantis damno. (*Mornac.*, *in L.* 16, ff. *de pign. et hypoth.*)

SECTION IX.

DE LA RÉSOLUTION.

Nous entendons ici par *résolution* un moyen de se délier d'un engagement valable en lui-même, dans le cas où les deux parties *s'étant imposé des obligations respectives*, l'une d'elles refuse ou est en demeure d'accomplir les siennes.

C'est ce que l'on a appelé *condition résolutoire tacite*; ou, quand les parties en ont fait une clause expresse de leur convention, *pacte commissoire*. (1184, 953, 1638, 1654, 1656.)

La condition *résolutoire tacite*, ou *le pacte commissoire*, n'opère point *de plein droit* la résolution de l'engagement, comme le fait la condition résolutoire *proprement dite*.

La partie, envers laquelle l'engagement n'a point été exécuté, a le choix, ou de forcer l'autre à l'exécution, ou de conclure à la résolution avec *dommages et intérêts*; et de plus le juge est autorisé à accorder, suivant les circonstances, un court délai au défendeur pour l'exécution, à moins qu'il n'y ait dans la loi ou dans la convention une disposition spéciale et formelle qui déroge à ce principe. (1184, 956, 1656, 1657, 1244.)

Et comme on ne saurait être tenu de se dessaisir d'une chose que l'on aurait le droit de réclamer à l'instant même; lorsqu'une convention synallagmatique ayant été légalement formée, l'une des parties tombe en faillite ou en état de déconfiture, l'autre partie pourra refuser de remplir son engagement, si l'exécution intégrale du contrat dans son propre intérêt ne lui est garantie par un cautionnement ou de toute autre manière. — C'est un des cas d'application de cette maxime du droit romain : *Meliùs est intacta jura servare, quàm post vulneratam causam remedium quærere.* (1613, 1653, 1188. — *Com.*, 448.)

Le mode d'extinction des obligations par la condition résolutoire d'*inexécution* expresse ou sous-entendue, étant fondé sur une cause qui remonte et se rattache à la formation même de l'engagement, et n'étant qu'une sorte de restitution en entier, doit avoir entre les parties, et vis-à-vis les tiers, les mêmes effets que *la nullité* ou *rescision*.

Cependant si la chose aliénée, et livrée à l'acquéreur, qui ne peut ou ne veut en payer le prix, est purement mobilière, elle ne pourra en aucun cas être revendiquée contre un tiers possesseur de bonne foi.

Bien plus, quoique cette chose soit encore dans la main de l'acquéreur débiteur du prix, le vendeur ne pourra se la faire restituer au préjudice de la masse des créanciers, que sous trois conditions :

Il faudra premièrement que le revendiquant n'ait point accordé terme pour le paiement, ou généralement pour l'accomplissement de l'obligation corrélative à celle qu'il avait contractée ;

Secondement, que la chose revendiquée se retrouve dans l'état où elle a été livrée ;

Troisièmement, qu'au moment où elle est réclamée en nature, il ne se soit pas encore écoulé *huit* jours depuis la livraison.

A défaut d'une seule de ces conditions, il ne saurait y avoir lieu qu'à l'exercice du *privilège*, dont on fera connaître ailleurs la nature et les effets. (2102, 4°.)

Et dans tous les cas, la masse des créanciers aura la faculté de retenir la chose revendiquée en payant au réclamant le prix convenu entre lui et le débiteur insolvable. (*Com.*, 582.)

CHAPITRE V.

DE LA PREUVE DES OBLIGATIONS ET DES PAIEMENS OU AUTRES MODES DE LIBÉRATION.

C'est une maxime de la jurisprudence universelle, que celui qui réclame l'accomplissement d'une obligation, doit prouver qu'elle existe. (1315, 1er. *al.*)

Semper necessitas probandi incumbit illi qui agit. (L. 21, ff. *de prob*)

L'existence de l'obligation une fois prouvée, la raison nous dit encore que c'est au débiteur qui se prétend libéré, à justifier le paiement ou le fait qui aurait, suivant lui, opéré sa libération. (1315, 3e *al.*, 1147, 1302, 3e *al.*)

In exceptionibus dicendum est reum fungi partibus actoris. (L. 17, ff. *de prob.*)

Enfin, le fait qui, de droit commun, devait délier le débiteur, étant établi, si le créancier prétend que cet acte libératoire ne s'applique point à l'obligation, ou n'a pu l'éteindre, à raison de quelques circonstances particulières, ce sera de nouveau à lui à en administrer la preuve. (1302, 2e *al.*, 1137.)

Par application du même principe, le débiteur qui, pour se délier de son engagement, propose l'exception de dol, de violence ou d'erreur, doit prouver les faits qui servent de fondement à cette exception. (1116, 2e *al.*)

Un mode de preuve en jurisprudence est tout moyen autorisé par la raison ou par la loi de découvrir et d'établir, avec plus ou moins de certitude, la vérité d'un fait contesté.

On peut réduire à trois les divers modes de preuves, admis par la loi civile : la preuve *orale*, la preuve *littérale*, et les *présomptions*.

Les présomptions constituent un mode de preuve spécial, essentiellement distinct des deux autres, et seront la matière du chapitre suivant.

La preuve orale est celle qui gît dans la déclaration des personnes en présence desquelles l'obligation a été contractée ou la libération acquise.

La preuve littérale est celle qui repose sur le témoignage muet d'un écrit, dont la vérité est garantie par la signature de l'obligé ou par celle d'une tierce personne, revêtue d'un caractère public. — Cet écrit est appelé acte ou titre.

SECTION PREMIÈRE.

DE LA PREUVE ORALE OU TESTIMONIALE.

Bien que la preuve orale soit le type et le supplément nécessaire de la preuve littérale, de puissantes considérations d'ordre public n'ont point permis que dans l'état actuel de la société, elle fût indistinctement autorisée comme mode de preuve direct, pour établir l'existence de toutes les obligations, quelle qu'en fût la cause ou la nature.

Néanmoins elle est de *droit commun*, c'est-à-dire qu'elle doit être admise, non-seulement quand la loi la permet, mais encore toutes les fois qu'elle ne la prohibe pas.

D'abord les faits qui constituent un quasi-contrat, un délit ou un quasi délit, pourront toujours être prouvés par témoins. (1348, 1er *al.*)

Il en sera de même des événemens fortuits, dont la loi fait résulter la libération, ou dont elle fait le principe d'une obligation. (1302, 3e *al.*; 573, 1370, 1348, 3°.)

Mais les rapports sociaux qui servent de fondement au plus grand nombre des obligations légales, ne sauraient être justifiés que de la manière et dans la forme prescrites par les dispositions spéciales qui règlent l'état des personnes. (104, 105, 165, 191, 319, 359, *etc.*)

En ce qui touche les obligations conventionnelles proprement dites, la loi civile a établi en principe que *toute convention, dont l'objet principal excédait originairement la somme ou valeur de 150 fr., ne pourrait pas être établie par témoins.* (1341.)

Cette prohibition a un triple fondement : d'une part, le danger de la subornation des témoins; d'autre part, l'incertitude de la preuve testimoniale, appliquée à une convention qui se complique d'un grand nombre de clauses accessoires, ce qui arrive ordinairement lorsqu'elle règle des intérêts considérables; enfin la nécessité de prévenir, dans l'intérêt de l'ordre public, un grand nombre de procès auxquels donnerait lieu l'admission indéfinie d'une preuve incertaine et dangereuse, tandis que l'on aurait pu s'en procurer une moins fugitive et moins équivoque.

Le premier et le troisième motifs de la prohibition ont dû la faire appliquer,

1° Au cas où la demande comprend, outre le capital, des intérêts qui, réunis au capital, forment une somme de plus de 150 fr. (1342.)

2° Au cas où, dans la même instance, une

partie forme plusieurs demandes qui ne sont appuyées d'aucun titre, et qui, jointes ensemble, excèdent la somme de 150 fr. ; à moins que les divers droits réclamés ne procèdent de personnes différentes. (1345.)

Et afin que cette conséquence du principe ne puisse être éludée, la loi veut qu'après une demande qui n'est point justifiée par écrit, aucune autre ne soit reçue par le juge. (1346.)

Les second et troisième motifs de la prohibition ont dû la faire étendre,

1° Au cas où la demande primitive excédant 150 fr., on la restreindrait à une somme moindre. (1343.)

2° Au cas où la somme moindre de 150 fr., qui est l'objet de la demande, serait le restant ou ferait partie d'une créance plus forte. (1344, 1220.)

3° Enfin, au cas où la demande d'un intérêt moindre de 150 fr., aurait pour cause une stipulation additionnelle ou dérogatoire à une convention prouvée par écrit ; ce que l'on exprime en disant, qu'*aucune preuve par témoins n'est reçue contre et outre le contenu aux actes, ni sur ce qui serait allégué avoir été dit avant, lors, ou depuis ces actes, encore qu'il s'agisse d'une somme ou valeur moindre de* 150 fr. (1341.)

Mais du moment où l'on ne peut faire au demandeur le reproche de s'en être remis volontairement au hasard d'une preuve par témoins, la prohibition cesse. (1348, 3°.)

Ainsi la preuve orale pourra être reçue en matière de convention,

1° Lorsque le créancier aura perdu le titre qui lui servait de preuve littérale, par suite d'un cas fortuit, imprévu, et résultant d'une force majeure. (1348, 4°.)

2° Lorsqu'il aura été tout-à-la-fois dans la nécessité de contracter, et dans l'impossibilité de se procurer un titre. (1348, 1er *al. et* 2°.)

Le juge ne devra d'ailleurs, dans ces cas-là même, admettre la preuve par témoins que eu égard à la qualité ou moralité des personnes, et aux circonstances du fait. (1348, 2°. *Ordonn. de* 1667, *tit.* 20, *art.* 4.)

La prohibition cesse encore, toutes les fois qu'il existe à l'appui de la demande un commencement de preuve par écrit de nature à rassurer la conscience du juge contre les dangers de la preuve testimoniale.

L'on entend par commencement de preuve par écrit, *tout acte ou écrit émané de celui contre lequel la demande est formée, ou de son auteur, et qui rend vraisemblable le fait allégué.* (1347.)

En général, le témoin n'est admis à déposer que de ce qu'il a personnellement vu ou entendu; il se rendrait suspect par cela seul qu'il témoignerait sur des *ouï dire.*

Toutefois, la preuve testimoniale, sur de simples *ouï dire,* est autorisée en certains cas spécialement déterminés par la loi.—Il faut en général, pour la rendre recevable, d'une part, que celui contre lequel elle est invoquée soit en faute; d'autre part, qu'il n'y ait aucun autre moyen légal de prouver le fait ou l'obligation dont l'existence est révoquée en doute. (1442.)

Cette sorte de preuve testimoniale est appelée *preuve par commune renommée.*

SECTION II.

DE LA PREUVE LITTÉRALE.

En considérant les actes ou titres sous le triple rapport de la force probante ou exécutoire que la loi leur attribue, du degré de confiance qu'elle leur accorde, et de l'ordre des temps dans lesquels ils ont été souscrits, l'on peut les distinguer :

En actes sous seing-privé, et en actes authentiques;

En titres originaux, et en simples copies;

En actes primordiaux, et en actes récognitifs.

Les registres domestiques et autres écritures privées qui sont l'ouvrage d'une seule des parties, forment encore une classe de preuves littérales.

Enfin l'on ne saurait assigner un autre caractère à la preuve résultant des tailles corrélatives à leurs échantillons.

ART. 1er. *Des actes sous seing-privé et des actes authentiques.*

§. 1er. *De la nature et des formes constitutives de l'acte sous seing-privé.*

L'acte sous seing privé est celui qui a été fait sans le ministère d'un officier public, et dont la vérité est garantie par la signature des deux parties ou de celle qui s'oblige.

Il n'est soumis à aucune autre formalité.

Néanmoins lorsque l'acte sous seing privé renferme un engagement synallagmatique, non susceptible d'ailleurs d'être prouvé par témoins, la loi positive, afin d'empêcher, autant qu'il est en elle de le faire, que, par abus de confiance ou d'autorité, l'un des contractans ne se rende entièrement maître du sort de l'obligation, veut que cet acte ne soit considéré que comme un simple projet, s'il n'a point été fait en autant d'originaux qu'il y a de parties ayant un intérêt distinct et séparé; à moins toutefois qu'on ne justifie d'un fait d'exécution, auquel aurait participé la partie qui n'a point entre les mains un double de la convention écrite. (1325, 1er, 2e et 4e *al.*)

La mention insérée dans le corps de chaque original, qu'il a été fait double, triple, etc., suffira pour établir que chaque partie a eu le sien; mais cette preuve ne pourrait être faite par témoins. (1325, 3e *al.*, 1341.)

De même, afin de prévenir l'abus des blanc-seings, la loi positive a également établi en principe qu'un acte ou billet sous seing privé ne ferait preuve d'un engagement unilatéral, qui a pour objet une somme d'argent ou autre chose consistant dans le nombre, le poids ou la mesure, qu'autant qu'il aurait été écrit en entier de la main de l'obligé; ou que du moins il contiendrait, outre sa signature, un bon ou approuvé en toutes lettres de la somme ou de la quantité de la chose due. (1326, 1er *al.*)

Cette disposition n'est du reste pas applicable aux billets émanés de personnes qui n'ont point l'habitude d'écrire, tels que les artisans, laboureurs, vignerons et gens de journée, ni aux billets souscrits par les commerçans, même pour une cause étrangère au commerce. (1326, 2e *al.*)

Par une application spéciale du principe, que *le doute qui naît de deux clauses contradictoires doit se résoudre en faveur du débiteur*; si la somme exprimée au corps de l'acte était différente de celle qu'énonce le bon, l'obligation serait présumée, sauf la preuve contraire, n'être que de la somme moindre. (1327.)

§. 2. *De la nature et des formes constitutives de l'acte authentique.*

L'acte authentique est celui dont un officier, institué à cet effet par l'autorité publique, a attesté la vérité avec les solennités prescrites par la loi, et dans les limites de sa compétence territoriale. (1317.)

Tels sont les actes reçus par les notaires, spécialement chargés de conférer aux conventions privées, tout-à-la-fois la force exécutoire et le caractère d'authenticité attaché aux actes de l'autorité publique. (*Loi du* 25 *ventôse an* 11, *art.* 1er.)

La compétence territoriale d'un notaire est plus ou moins étendue, suivant que l'ordonnance qui l'institue lui donne pour résidence une ville où siège une cour royale, ou une ville n'ayant qu'un tribunal de première instance, ou toute autre commune.

Dans le premier cas, elle s'étendra à tout le ressort de la cour royale; dans le second, ses limites seront celles du ressort du tribunal; dans le troisième, elle sera circonscrite au ressort de la justice de paix du canton. (*Vent.*, 5, 6, 68.)

Quant aux solennités que le notaire doit observer dans l'exercice de ses fonctions, il faut d'abord qu'il s'adjoigne, pour attester la vérité de l'acte qu'il reçoit, un second notaire, ayant comme lui le droit d'instrumenter dans l'arrondissement communal où cet acte est passé, ou, à défaut d'un notaire, deux témoins sachant signer, qui aient leur domicile dans ce même arrondissement communal et soient aptes à y exercer des droits politiques. (*Vent.*, 9, 68.)

Et pour écarter tout soupçon de collusion, la loi veut que deux notaires, parens ou alliés en ligne directe, à quelque degré que ce soit, ou en ligne collatérale jusqu'au degré d'oncle ou de neveu *inclusivement*, ne puissent concourir au même acte ;

Que les parens et alliés au même degré, soit du notaire, soit des parties, et leurs clercs ou serviteurs, ne puissent être témoins instrumentaires ;

Qu'un notaire ne puisse recevoir, même comme notaire en second, des actes dans lesquels ses parens et alliés au même degré seraient parties, ou qui contiendraient quelque disposition en leur faveur. (*Vent.*, 8, 10, 68.)

A plus forte raison un notaire ne pourrait-il recevoir un acte où il serait lui-même partie, ou qui lui conférerait quelque droit.

Il faut en outre, pour qu'un acte notarié soit valable sous le rapport de la forme :

1° Qu'il énonce le lieu, l'année et le jour où il a été passé ;

2° Qu'il énonce aussi les noms et domiciles des témoins appelés à défaut d'un second notaire ;

3° Qu'il soit signé par les parties contractantes ou par celle qui s'oblige, à moins qu'elles ne déclarent *ne savoir ou ne pouvoir signer* ;

4° Qu'il soit signé par les témoins instrumentaires ;

5° Qu'il contienne une mention expresse de la signature des témoins et des parties, ou, par rapport à celles-ci, de leur déclaration qu'*elles ne savent ou ne peuvent signer* ;

6° Qu'il soit clos par la signature du notaire ou

des notaires. (*Vent.*, 12, 14, 68. — L. du 6 octobre 1791, tit. 4, art. 19.)

Les mots placés entre les lignes, ou ajoutés au corps de l'acte, seront toujours considérés comme non écrits. (*Vent.*, 16.)

Il en sera de même des *renvois* ou *apostilles* écrits en marge ou à la suite de l'acte, si dans le premier cas ils n'ont été au moins paraphés par tous les signataires de l'acte; et si dans le second cas ils n'ont été *expressément* approuvés (*Vent.*, 15.)

Enfin il faut encore, à peine de nullité, que l'acte, revêtu de ces formes, demeure entre les mains du notaire qui en a été le principal ministre, et qui sera tenu, en même temps qu'il aura seul le droit, d'en délivrer des copies aux parties intéressées, lorsqu'elles voudront le mettre à exécution. (*Vent.*, 20, 21. — *Proc.*, 839, 841.)

Cependant les actes *simples*, c'est-à-dire ceux qui n'imposent pas des obligations *respectives* aux comparans, pourront, à moins d'une disposition spéciale contraire, être remis en original à celui dans l'intérêt duquel ils auront été faits. (*Vent.*, 20, 2e *al.*)

L'original, qui reste déposé chez le notaire, est appelé *minute*; les copies que cet officier délivre aux parties, *expéditions*; et les expéditions, *grosses* ou expéditions *simples*, suivant qu'elles sont ou ne sont pas revêtues de la formule exécutoire. (*Vent.*, 21, 23, 25.)

L'on dit que l'acte est passé ou délivré *en brevet*, lorsque le notaire n'en garde pas minute.

Il n'importe d'ailleurs par qui ont été rédigées et écrites les dispositions que renferme l'acte.

Et de-là il suit qu'un acte sous seing privé deviendrait authentique, si, du consentement de la partie obligée, il était déposé pour minute chez un notaire, et que celui-ci en dressât un acte de dépôt dans les formes qui viennent d'être indiquées. (*Vent.*, 21.)

Indépendamment des conditions ou formalités dont l'absence entraînerait la nullité de l'acte, il en est d'autres qui ne sont pas substantielles, mais que le notaire doit observer sous des peines plus ou moins graves.

C'est ainsi que, lorsqu'il ne pourra certifier lui-même l'identité des parties, il la fera attester par deux citoyens connus de lui, et ayant les qualités requises pour être témoins instrumentaires. (*Vent.*, 11.)

C'est pareillement ainsi qu'il rédigera l'acte dans la langue nationale; qu'il le lira aux parties, ou le leur traduira *verbalement*, et, si elles le requièrent, *par écrit*; qu'il se conformera, dans l'expression de la date et des sommes ou mesures, au calendrier grégorien et au système décimal; qu'il énoncera les noms et domicile de tous les signataires, etc. (*Lois des 2 thermidor et 16 fructidor an 2. — Com.*, 132. — *Vent.*, 13, 17, 12, 1er *al.*, 16, *etc.*)

C'est encore ainsi qu'il relatera sur un registre appelé *répertoire*, la date et la nature de l'acte avec le nom des parties et l'enregistrement; qu'il mentionnera sur la minute, dont il lui est interdit de se dessaisir, la première grosse délivrée aux parties, afin de n'être point exposé à en délivrer une seconde sans une ordonnance du juge, etc. (*L. du 22 frimaire an* 7, *art.* 50. — *Vent.*, 29, 30, 22, 26, 27. — *Proc.*, 844, *etc.*)

Les actes notariés ne sont pas les seuls qui aient le caractère de l'authenticité.

Ce caractère appartient également aux actes de l'autorité judiciaire et de l'autorité administrative.

Sont aussi authentiques, bien que non exécutoires, les procès-verbaux de conciliation dressés par les juges de paix. (*Proc.* 57.)

Il reste à faire observer que l'acte authentique qui est nul à raison d'un défaut de forme ou de l'incompétence de l'officier public qui l'a reçu, n'en fera pas moins preuve de l'obligation, comme *acte sous seing privé*, lorsqu'il aura été signé par les parties ou même seulement par celle qui s'est obligée, si l'engagement est unilatéral. (1318.)

§ 3. *Quelle est entre les parties la force probante des actes sous seing privé et authentiques?*

L'acte authentique et l'acte sous seing privé font l'un et l'autre, *entre les parties* ou leurs ayant-cause, pleine foi de l'obligation dont ils rendent témoignage, mais avec cette différence essentielle, que l'on ne peut détruire la foi due à l'acte authentique, qu'en l'arguant de faux et en se chargeant du poids de la preuve; tandis qu'il suffira à celui auquel on oppose un acte sous seing privé, de désavouer formellement son écriture ou sa signature, et même, si c'est un ayant-cause, de déclarer qu'il ne connaît pas la signature ou l'écriture de son auteur, pour obliger le demandeur à prouver que l'écriture ou la signature *désavouée ou non reconnue* est bien réellement de la main du défendeur ou de celui qu'il représente. (1319, 1er *al.*, 1322, 1323.)

La vérification de l'écriture que le défendeur a désavouée ou a refusé de reconnaître se fait en justice, tant par titres que par experts et par témoins, dans les formes prescrites par les lois sur la procédure; et l'acte qui est l'objet de cette instruction n'est susceptible d'aucune exécution, jusqu'à ce qu'il soit intervenu un jugement qui le tienne pour reconnu. (1324. — *Proc.* 195, 427.)

L'inscription de faux, nécessaire pour détruire la foi due à un acte authentique, est principale ou incidente : *principale*, lorsque le demandeur en faux rend plainte au *criminel*; *incidente*, lorsqu'elle est tranchée incidemment à une contestation liée devant un *tribunal civil*. (*Proc.* 250.)

La plainte en faux principal s'instruit dans les formes établies par le Code d'instruction criminelle; la mise en accusation du prévenu suspendra *de droit* l'exécution de l'acte argué de faux. (1319. — *Vent.* 19. — *Instr.* 217 *et suiv.*)

L'inscription de faux *incidente* donne lieu à une procédure spéciale dont les formes sont réglées par le Code de procédure civile; et le tribunal devant lequel se fait cette instruction pourra, suivant les circonstances, suspendre *provisoirement* l'exécution de l'acte. (*Proc.* 247.)

L'acte sous seing privé reconnu ou tenu pour tel, l'acte authentique non argué de faux ou tenu pour vrai, feront pleine foi entre les parties ou leurs ayant-cause, non-seulement de l'obligation dont ils ont principalement pour objet de constater l'existence, mais encore de toutes les clauses même purement énonciatives qu'ils renferment, pourvu qu'elles aient un trait direct à la disposition.

Quant aux énonciations étrangères à la disposition, elles pourraient seulement, suivant les circonstances, être admises comme un commencement de preuve par écrit. (1320.)

La force probante des actes n'est d'ailleurs limitée à aucun temps ni à aucun lieu.

Toutefois lorsqu'un acte notarié devra être produit *hors du ressort où son auteur a le droit d'acter*, si c'est un notaire à la résidence d'une cour royale, ou si c'est un autre notaire, *hors du département*, il sera soumis à la formalité de la *légalisation*.

La légalisation est une attestation donnée par un fonctionnaire public que la signature apposée à un acte est vraie, ainsi que la qualité prise par le signataire ministre de cet acte.

Un acte notarié est légalisé par le président du tribunal civil de la résidence du notaire qui l'a reçu ou en a le dépôt. (*Vent.* 28.)

§ 4. *Quelle est la force probante des actes sous seing privé et authentiques, à l'égard des tiers?*

Les conventions pouvant nuire ou profiter aux tiers par la translation de droits qu'elles opèrent, les actes doivent par là même avoir en leur faveur ou contre eux, par rapport à ce fait de transmission, la même force probante qu'entre les parties ou leurs ayant-cause.

Mais il y a encore à cet égard une différence essentielle entre l'acte sous seing privé et l'acte authentique.

Celui-ci prouve contre les tiers, l'existence de la convention, du jour même dont il porte la date, le caractère de celui qui en a été le ministre, écartant tout soupçon d'antidate.

Mais le seul témoignage des parties ne pouvant mériter la même confiance, lorsqu'il s'agit des droits des *tiers*, l'acte sous seing privé ne fera foi de la convention contre ceux-ci que du jour où la date aura acquis un caractère de certitude exclusif de tout soupçon d'antidate.

Régulièrement, c'est par *l'enregistrement* que la date d'un acte sous seing privé *devient certaine*. (1328.)

L'enregistrement consiste dans la description ou transcription de l'acte sur des registres publics établis à cet effet.

C'est une formalité qu'il est toujours loisible aux parties de requérir, en se soumettant à payer les droits ou doubles droits auxquels la convention doit donner ouverture en faveur du trésor public.

A défaut d'enregistrement, l'acte sous seing privé ne peut acquérir *une date certaine* que par sa relation dans un acte authentique, tel qu'un procès-verbal d'inventaire ; ou que par le décès dûment constaté de l'un des signataires. (1328.)

Il est des actes que la nature même de la convention dont ils prouvent l'existence ne permet, dans aucun cas, d'invoquer contre les tiers, leur date fût-elle certaine ou même authentique : ce sont les contre-lettres. (1321.)

Une contre-lettre est un acte destiné à demeurer secret, contenant la déclaration explicite ou implicite que la convention renfermée dans tel autre acte ostensible, est fictive ou simulée, soit dans toutes ses parties, soit quant à telle ou telle clause.

Lorsqu'une personne se trouve dans le cas d'exciper d'un acte notarié où elle n'a été *partie ni par elle-même, ni par ses auteurs*, et qu'on lui en conteste l'existence, elle doit prendre la voie du *compulsoire*.

Le compulsoire est ordonné par le tribunal saisi de l'instance; ou s'il n'y a pas encore d'instance, par le président du Tribunal civil du lieu de la résidence du notaire.

Hors delà, il est interdit à un notaire de délivrer *expédition* ou de donner connaissance des actes à d'autres qu'aux personnes intéressées en nom direct, héritiers ou ayant droit. (*Vent.* 23, 24.—*Proc.* 846.)

Art. 2. *Des titres-copies, et de leur force probante.*

L'on entend par *titre-copie*, celui qui a été tiré, c'est-à-dire copié littéralement par *un officier public*, tel qu'un greffier ou un notaire, sur un titre original, tel que la minute d'un *jugement* ou d'un acte *notarié*.

C'est un principe général et qui n'admet aucune exception, que tout *titre-copie*, lorsque l'original subsiste, ne fait foi que de ce qui est contenu en celui-ci, dont la représentation peut en conséquence toujours être requise. (1334.)

Lorsque la minute ou le titre original aura péri ou disparu, sans qu'on puisse en accuser les parties intéressées, alors les copies feront foi par elles-mêmes de ce qu'elles contiennent, mais non pas toutes au même degré. (1335, 1er *al.*)

D'abord, les *grosses* ou *premières expéditions* auront, soit entre les parties, soit à l'égard des tiers, la même force probante qu'aurait eu le titre original. (1335, 1°.)

Il en sera de même des autres expéditions qui auront été délivrées sur la minute, *ou par forme d'ampliation* sur une grosse déposée soit en vertu d'un jugement ou d'une ordonnance du juge, avec les formalités requises, soit en présence des parties intéressées et de leur consentement respectif *authentiquement* constaté. (1335, 1°. — *Proc.* 844, 845. — *Vent.* 21.)

Quant aux copies que l'une des parties se serait fait délivrer sur la minute même, sans le concours de l'autre partie ou sans l'autorité du magistrat, et depuis la délivrance des premières expéditions, il faudra distinguer si elles ont été tirées par l'officier public qui a reçu l'acte original ou en était de droit dépositaire, ou par tout autre officier public qui en aurait été accidentellement saisi.

Dans le premier cas, elles feront encore foi de ce qu'elles contiennent, lorsqu'elles se trouveront corroborées par quelque acte d'exécution ou fait de possession, et qu'en outre elles seront *anciennes*, c'est-à-dire auront *plus de trente ans*. — Si elles ont moins de trente ans, elles ne vaudront que comme commencement de preuve par écrit. (1335, 2°.)

Dans le second cas, elles ne pourront, quelle que soit leur ancienneté, servir que de commencement de preuve par écrit. (1335, 3°.)

La loi ne considère point comme un titre la copie tirée par un officier public, sur une expédition qui lui aurait été présentée, ou aurait été déposée entre ses mains, sans le concours de la partie à laquelle on l'oppose, ou sans l'autorité du magistrat; il n'en saurait résulter qu'une présomption simple, dont l'appréciation est entièrement dans le domaine du juge. (1335, 4°.)

Toutefois, la transcription d'un acte *notarié*, sur les *registres publics*, pourra servir de commencement de preuve par écrit; mais il faudra pour cela : 1° qu'il soit constant que toutes les minutes du notaire, de l'année dans laquelle l'acte paraît avoir été passé, sont perdues; ou que l'on prouve que la perte de la minute de cet acte a été le résultat d'un accident particulier;

2° Qu'il existe un *répertoire* en règle du notaire qui constate que l'acte a été par lui reçu à la même époque.

Et lorsqu'au moyen du concours de ces deux circonstances, la preuve orale aura été admise, ceux qui ont été témoins de l'acte, s'ils existent encore, devront nécessairement être entendus. (1336.)

Art. 3. *Des actes récognitifs et de leur force probante.*

L'on appelle *titre récognitif* l'acte qui a été souscrit par le débiteur ou ses héritiers, non dans la vue de couvrir les vices intrinsèques de l'obligation ou d'en modifier la substance, mais simplement pour la reconnaître et la confirmer, telle qu'elle a été originairement contractée.

L'acte constitutif de l'obligation est, par opposition aux actes récognitifs qui s'y réfèrent, appelé *titre primordial.*

Le titre récognitif prouve l'existence de l'obligation au temps où il a été passé; en quoi il a plus de force que le titre-copie.

Mais de même que celui-ci ne fait foi que de ce qui est contenu au titre original, ainsi, ce que l'acte récognitif contiendra de plus que le titre primordial, ou ce qui s'y trouvera de différent, demeurera sans effet, comme étant le résultat d'une erreur. (1337, 2e *al.*)

De même aussi, lorsque le titre primordial n'existera plus en forme probante, le titre récognitif fera foi, par lui-même, de ce qu'il contient, contre la partie qui l'aura consenti.

Ainsi il suppléera, sans autre adminicule, le titre primordial, pourvu qu'il en reproduise au moins substantiellement les clauses principales. (1337, 1er *al.*)

S'il n'en réfère que la date, la nature et l'espèce, comme le ferait le répertoire d'un notaire, sans en rappeler spécialement la *substance* ou *teneur*, il ne pourra servir que d'un commencement de preuve par écrit.

Et néanmoins lorsqu'une semblable reconnaissance aura trente ans de date et qu'elle se trouvera appuyée sur une possession constante, non contredite par d'autres reconnaissances, elle pourra encore dispenser le créancier de la représentation du titre primordial. (1337, 3e *al.*)

Art. 4. *Des registres ou papiers domestiques et autres écritures non signées.*

L'on doit entendre par registres et papiers domestiques, *les livres et tablettes* où le père de famille inscrit jour par jour ses dettes ou créances, les paiemens qu'il fait ou qu'il reçoit, et toute la suite de ses affaires domestiques.

Quelque fidèles que paraissent ces registres, ils ne peuvent en aucun cas faire un titre pour celui qui les tient, ou pour ses héritiers et ayant cause. (1331, *initio.*)

Mais ils feront pleine foi contre lui dans deux cas :

1° Lorsqu'ils énonceront en termes formels le paiement de la créance dont le titre est encore entre ses mains ;

2° Lorsque énonçant une obligation à sa charge, on y trouvera en outre la déclaration expresse, que la note a été faite pour suppléer le défaut de titre en faveur du créancier. (1331.)

A défaut de cette déclaration, la note, alors même qu'elle serait signée, ne pourrait être invoquée que comme un commencement de preuve par écrit.

Quant aux notes *non signées*, qui se trouvent sur des feuilles *volantes*, elles ne forment point un titre contre celui qui les a écrites, *surtout si elles sont demeurées entre ses mains*, soit qu'elles tendent à l'obliger, soit qu'elles tendent seulement à libérer son débiteur.

Mais il n'en sera pas ainsi des notes *tendant à la libération*, écrites par le créancier *en marge*, *au dos* ou *à la suite*, soit de l'original en brevet ou de la grosse qui lui aura été délivrée par le notaire, soit du billet sous seing privé ou du double qui lui sert de titre. — Ces notes, quoique non signées, feront foi en faveur du débiteur. (1332, 1er *al.*)

Le reçu, non signé, mais écrit par le créancier sur une précédente quittance régulière, ou sur une expédition ou un double original *appartenant au débiteur*, sera également pour celui-ci un titre de libération, si toutefois la quittance, l'expédition, le double, ainsi *annotés*, ne sont pas *restés au pouvoir du premier*. (1332, 2e *al.*)

Si la note non signée, écrite sur un billet ou sur le double d'un acte sous seing privé, tend à obliger celui dont elle est l'ouvrage, le degré de preuve qui peut en résulter dépendra entièrement des circonstances.

Du reste, lorsque ces notes, non signées, n'auront aucun rapport avec l'acte sur lequel elles ont été écrites, elles devront être appréciées, quel qu'en soit d'ailleurs l'objet, comme si elles se trouvaient sur des feuilles volantes.

Art. 5. *Des tailles.*

Les tailles sont une sorte d'écriture, non signée, en usage pour constater les fournitures journalières de choses qui se vendent au *poids* ou à la *mesure*.

Une taille régulière se compose de deux petits morceaux de bois, plus ou moins longs, ajustés de manière que l'on puisse facilement les réunir et en former comme un seul corps. — L'un, qui conserve la dénomination de *taille*, demeure entre les mains du fournisseur; l'autre, appelé *échantillon*, est remis au consommateur.

Lors de chaque fourniture, on les rapproche et l'on trace simultanément sur tous deux autant de marques qu'il y a d'unités de poids ou de mesures dans la chose livrée.

La taille et l'échantillon étant de part et d'autre représentés, feront pleine foi des fournitures qui se trouvent tout à la fois marquées sur l'une et sur l'autre. (1333.)

CHAPITRE VI.

DES PRÉSOMPTIONS CONSIDÉRÉES COMME MODES DE PREUVE DES OBLIGATIONS ET DES PAIEMENS.

NOTIONS PRÉLIMINAIRES SUR LA NATURE DES PRÉSOMPTIONS ET SUR LA DIVERSITÉ DE LEURS CARACTÈRES.

L'on entend, en général, par présomption, une conséquence déduite à l'aide d'un raisonnement plus ou moins concluant, d'un fait connu et avoué ou dont l'existence est prouvée, pour établir la certitude d'un autre fait inconnu et contesté. (1349.)

Il est dans la nature des présomptions, que leur appréciation soit entièrement dans le domaine du juge.

Mais plusieurs ont reçu de la loi même un caractère de vérité morale qui dispense de tout examen ultérieur; et elles sont par là devenues, pour le magistrat, des preuves directes et irréfragables auxquelles il est obligé de soumettre sa raison.

Quant aux autres, le législateur, en déclarant qu'elles restent abandonnées aux lumières et à la prudence du juge, a néanmoins consacré en principe, afin de prévenir encore autant que possible l'arbitraire dans les jugemens, qu'un tribunal ne pourrait les admettre comme preuve des obligations conventionnelles et des paiemens, qu'autant qu'elles seraient *graves, précises, concordantes*, et dans les cas seulement où la preuve testimoniale serait admissible. (1353.)

Ainsi une seule ne pourrait, quelque grave qu'elle fût, motiver une décision judiciaire.

Les présomptions de cette dernière espèce sont appelées présomptions humaines, *præsumptiones hominis.*

Celles que consacre la loi, sont qualifiées présomptions légales.

Les présomptions légales dispensent de toute preuve ceux au profit desquels elles existent. (1352, 1er *al.*)

Mais les unes peuvent être écartées par la preuve contraire; les autres sont considérées comme un critère infaillible de vérité, et doivent prévaloir contre l'évidence même et la certitude matérielle des faits.

Les premières sont des présomptions légales simples, *præsumptiones juris*; les secondes, des présomptions légales, absolues, *præsumptiones juris et de jure.*

Une présomption légale est *absolue*, par cela seul que la loi qui l'établit n'a point formellement réservé la preuve contraire; soit que, sur le fondement de cette vérité présumée elle annulle certains actes, soit qu'elle dénie l'action en justice. (1352, 2ᵉ *al.*)

Parmi les présomptions légales simples ou absolues, quelques-unes appartiennent essentiellement à la matière des obligations en général, en ce qu'elles ont principalement pour objet de suppléer la preuve directe de leur existence ou de leur extinction.

Telle est l'autorité que la loi attribue à la chose jugée, à l'aveu judiciaire, au serment ou au refus de prêter serment. (1350, 3°, 4°.)

Telles sont surtout les présomptions de ratification, de transmission de propriété, de libération, qu'elle fait résulter de la prescription ou de la remise du titre constitutif de l'obligation entre les mains du débiteur. (1350, 2°.)

SECTION PREMIÈRE.

DE L'AUTORITÉ DE LA CHOSE JUGÉE.

§. 1ᵉʳ. *En quoi consiste l'autorité de la chose jugée; et de quels jugemens elle peut résulter?*

L'autorité de la chose jugée est une présomption d'infaillibilité que la loi attache à toute décision définitive rendue par des juges revêtus d'un caractère public, sur une contestation qui leur est soumise.

Un jugement est *définitif* quand il termine la

contestation principale ou incidente qui divise les parties. (L. 1, ff. *de re jud.*)

Un tel jugement, tant qu'il n'est point attaqué, doit donc être réputé l'expression de la vérité même, et conforme à l'équité naturelle ou civile. —*Res judicata pro veritate accipitur.* (L. 207, ff. *de reg. juris.*)

Facit jus de non jure; ens de non ente; *album* de *nigro*.

Bien plus, s'il est contradictoire et souverain, il conserve toute sa force d'exécution, alors même qu'il est l'objet d'un pourvoi en cassation ou en requête civile; et cela aussi longtemps qu'il subsiste. (*Proc.* 497.)

Que s'il est par défaut, ou en premier ressort, l'opposition ou l'appel aura, en thèse générale, un effet suspensif; mais non pas toujours, le juge pouvant, et même devant en certains cas ordonner l'exécution provisoire, nonobstant opposition ou appel. (*Proc.* 135, 136, 137, 155, 457, 458.)

Cette infaillibilité présumée des tribunaux est une prérogative de l'autorité souveraine, dont le pouvoir judiciaire est une émanation.

En conséquence, comme la puissance publique, dont le souverain est investi, ne s'étend pas au-delà de son territoire, et que l'autorité des magistrats qu'il institue est nécessairement renfermée dans les mêmes limites; les jugemens rendus dans une souveraineté étrangère, n'auront pas en France, suivant qu'on l'exposera plus tard, l'autorité de la chose jugée.

La présomption de vérité et d'équité qui forme l'un des attributs essentiels de la chose jugée, est irréfragable ou absolue si le jugement n'est susceptible d'être rétracté ou réformé par aucune voie légale, soit ordinaire, soit extraordinaire.

Dans le cas contraire, elle est nécessairement subordonnée, aussi bien que la sentence qui lui sert de fondement, à la nouvelle décision qui peut intervenir et qui constituera en définitive la chose jugée.

Dans le langage de la loi, un jugement *passe en force de chose jugée*, quand les voies ordinaires de l'opposition et de l'appel se trouvent fermées. (2157, 264, 265, 2056, 2215.)

L'autorité de la chose jugée, alors même qu'elle n'est point indestructible, produira, outre le droit de contraindre à l'exécution du jugement (suivant qu'on vient de l'exposer), une exception perpétuellement répulsive d'une nouvelle action introductive d'instance, sauf à la partie condamnée à se pourvoir, s'il y a lieu, par la voie de l'opposition ou de l'appel, ou par telle autre qui peut lui être ouverte.

§. 2. *Quand y a-t-il lieu à l'autorité de la chose jugée?*

Pour que celui qui intente une action judiciaire soit passible de l'exception de la chose jugée, trois conditions sont cumulativement requises.

La première est qu'il y ait identité entre l'objet de l'action déjà jugée, et l'objet de celle qu'il s'agit de repousser.

Ainsi, l'autorité de la chose jugée ne pourra être invoquée par rapport à une chose qui n'aura point été au moins virtuellement comprise dans la demande sur laquelle le jugement est intervenu. (1351.)

Il faut, en second lieu, que l'instance soit entre les mêmes parties, procédant en la même qualité ; car un jugement ne peut, non plus qu'une convention, nuire ou profiter à des tiers. (L. 2, *C. quib. res judic.*)

La présomption de vérité résultant d'un jugement sera donc sans force contre celui qui n'a pas été partie dans l'instance, ou n'y a pas été légalement représenté. — Celui qui n'y ayant figuré que comme représentant légal d'un incapable, renouvellerait la même demande en son nom propre, ne serait donc pas lui-même passible de l'exception de la chose jugée. (1351.)

Ceux à qui une chose est due ou qui la doivent, soit *solidairement*, soit *indivisiblement*, sont, par rapport à cette chose, légalement représentés l'un par l'autre. — Mais ils auront aussi par là même le droit d'appeler l'un pour l'autre du jugement qu'on leur oppose, si l'appel est recevable. (1197, 1221, 1224.)

De même, ainsi qu'on l'exposera ailleurs, le jugement rendu en faveur du débiteur principal ou contre lui, aura l'autorité de la chose jugée pour ou contre la caution, sauf également le droit d'appel.

Enfin, tout ayant cause est légalement représenté par son auteur, le droit qui résulte d'un jugement, devant, comme celui qui naît d'une convention, passer *activement* et *passivement* aux héritiers ou successeurs à titre particulier des parties. (1122.)

Exceptio rei judicatæ nocebit ei qui in dominium successit ejus qui judicio expertus est. (L. 28, ff. *de except. rei judic.*)

Cependant le jugement rendu contre l'auteur n'aura pas l'autorité de la chose jugée contre l'ayant cause, s'il est postérieur à la transmission du droit, objet du litige, (L. 11, §. 10. — L. 29, §. 1, ff. *de except. rei jud.*)

La troisième et dernière condition nécessaire pour constituer l'autorité de la chose jugée, est que la nouvelle demande ait le même fondement que celle sur laquelle le juge a déjà prononcé.

Ainsi, le jugement qui rejette une demande en délivrance spécialement fondée sur un acte de donation déclaré nul, n'exclura point une nouvelle action qui s'appuie sur un acte de vente. (L. 11, §. 4, *in fine*, ff. *de except. rei jud.*)

Du reste, si la cause génératrice du droit prétendu est la même, il importerait peu que l'on fît valoir des moyens différens.

Il importerait peu également que l'on prît une autre voie qui était comme la première autorisée par la loi. — De là ce brocard des docteurs : *Unâ viâ electâ non datur ad alteram recursus.*

C'est ainsi qu'à supposer que la personne lésée par un crime ou délit se soit rendue partie civile dans la poursuite du ministère public, il ne lui sera pas permis de remettre en question devant un tribunal civil ce qui aura été jugé par le tribunal criminel.

Et (ce qui est en dehors des principes du droit commun), dans le cas même où elle ne serait pas intervenue au procès criminel, le jugement n'en aura pas moins pour elle et contre elle l'autorité de la chose jugée devant les tribunaux civils, si toutefois il existe entre le fait qui a été l'objet de l'action publique et le fait qui donne lieu à une poursuite en réparation civile, une connexité tellement étroite, que la vérité ou la fausseté de l'un entraîne nécessairement la vérité ou la fausseté de l'autre. — L'ordre public est alors intéressé au moins indirectement à ce que *le criminel emporte le civil.* (*Instr.* 3 et 369.)

Pareillement, l'autorité de la chose jugée aura lieu du civil au criminel, lorsque la question pénale se trouvera subordonnée à une question essentiellement préjudicielle, de la compétence exclusive des tribunaux civils.

§. 3. *Quand et comment l'autorité de la chose jugée doit être opposée.*

L'exception de la chose jugée peut être proposée en tout état de cause; mais il n'appartient pas au juge de la suppléer d'office.

Lorsque celui à qui on oppose un jugement en décline l'autorité, par le motif qu'il n'y a pas identité dans l'objet de la demande, ou dans la cause productrice du droit; cette question préjudicielle incidente doit être instruite et jugée d'après les règles du droit commun en matière de procédure.

Mais si c'est une question d'identité de personnes qui divise les parties, alors celle qui prétend n'avoir point figuré en son nom propre dans le premier procès, ou n'y avoir point été légalement représentée, sera obligée de se pourvoir par tierce opposition au jugement dont l'autre persiste à se prévaloir contre elle.

SECTION II.

DE L'AVEU.

L'aveu, autrement dit, *confession,* est le témoignage que rend le débiteur lui-même de l'existence de l'obligation ou de la vérité d'un fait qui tend à l'établir.

La confession est *judiciaire* ou *extrajudiciaire*. (1354.)

Art. 1er *De la confession judiciaire.*

La confession judiciaire est celle qui est faite en justice, soit oralement à l'audience du juge, ou dans un interrogatoire sur faits et articles, soit dans un écrit signifié au procès. — Il n'importe d'ailleurs qu'elle émane de la partie elle-même ou de son fondé de pouvoir spécial (1356, 1er *al.*)

L'aveu étant la reconnaissance d'un fait consommé ou d'une obligation préexistante, il n'est pas besoin qu'il soit accepté. — En cela il diffère des offres que peut faire une partie pour prévenir ou terminer un procès, sans reconnaître pour vraies les allégations de sa partie adverse.

Lorsque la confession a été suivie d'un jugement de condamnation, elle revêt par là même l'autorité de la chose jugée. (1356, 2e *al.*)

Avant le jugement, ou sur l'opposition ou l'appel du jugement rendu par défaut ou en premier ressort, elle pourra être révoquée, mais à la charge par le confessant de prouver qu'elle a été la suite d'une erreur de fait, ou que l'obligation avouée est sans cause légitime; en sorte qu'il alléguerait vainement que, par erreur de droit, il s'est cru civilement obligé, tandis qu'il ne pouvait y avoir pour lui qu'un engagement d'honneur ou de conscience. (1356, 4e *al.*)

Enfin, la déclaration constitutive de l'aveu ne saurait être scindée; c'est-à-dire qu'on ne peut, en tenant pour constans quelques-uns des faits déclarés, rejeter sur le confessant la preuve des autres, lorsque d'ailleurs il n'existe aucune preuve ou indice grave de l'existence du droit litigieux.

— Tel est le sens de cette maxime, *que l'aveu judiciaire est indivisible.* (1356, 3e *al.*)

Art. 2. *De l'aveu extrajudiciaire.*

La confession ou reconnaissance extrajudiciaire est celle qui est faite hors justice, soit oralement, soit par écrit.

Sa force probante est comme celle de la confession judiciaire, indépendante d'une acceptation formelle. — Il suffit qu'elle ait eu lieu en présence des parties intéressées ou de leur mandataire, ou qu'elle soit consignée dans un acte qui, dans l'intention du confessant, doit leur être remis. — Celui-ci ne sera dès-lors admis à la révoquer qu'en prouvant qu'elle est sans cause, soit dans le for extérieur, soit dans le for intérieur.

Du reste, les principes que la loi civile consacre en matière de preuve orale ou littérale, recevront ici leur application.

Ainsi, la preuve par témoins d'un aveu purement verbal, ne sera point recevable, si l'obligation a pour objet une valeur de plus de 150 fr. (1355, 1341.)

Ainsi encore, la reconnaissance qui se refère à un acte préexistant ne vaudra que comme commencement de preuve par écrit, si la teneur de cet acte n'y est substantiellement reproduite. (1337.)

Enfin, un acte faisant pleine foi de toutes les dispositions qu'il renferme, l'aveu fait extrajudiciairement par écrit, devra, comme l'aveu judiciaire, être pris dans son intégrité, à moins que la partie qui s'en prévaut n'ait en main la preuve de la fausseté des circonstances alléguées pour le modifier ou le restreindre. (1319, 1322.)

Et pareillement, l'aveu verbal spontanément réitéré en justice sera indivisible, dans le même sens que l'aveu judiciaire dont il prend le caractère. — Mais si, à supposer que la loi le permette, il est prouvé par témoins, la dénégation mensongère du confessant deviendra un indice de fraude, qui fera nécessairement cesser l'application du principe.

SECTION III.

DU SERMENT; ET SPÉCIALEMENT DU SERMENT JUDICIAIRE.

Le serment considéré sous un point de vue général, peut être défini : un acte religieux par lequel Dieu est pris à témoin de la sincérité d'une promesse, ou de la vérité d'une déclaration relative à des engagemens antérieurement contractés.

Ainsi, par le serment, l'on garantit l'exécution d'une obligation, l'accomplissement d'un devoir qu'on s'impose actuellement; ou constitué juge dans sa propre cause, l'on certifie l'existence ou la non existence d'un droit préexistant, objet du litige.

Dans le premier cas, le serment est appelé *promissoire*; dans le second, *affirmatif*.

Le serment promissoire confirmatif d'un engagement privé n'a aucun effet dans le for extérieur; il n'ajoute rien à la force du lien obligatoire, et ne peut couvrir aucun des vices de la convention.

Du reste, c'est par le serment promissoire qu'un magistrat ou autre officier public devient apte à exercer les fonctions dont il est investi; un arbitre ou un expert, à remplir la mission qui lui est confiée; un tiers-témoin, à déposer en justice; etc.

Le serment affirmatif imprime en général un caractère irréfragable de vérité à la déclaration faite sous sa sanction.

Il est judiciaire ou extra-judiciaire : *judiciaire*, s'il est déféré en justice ; *extrajudiciaire*, s'il l'est par une convention faite hors de la présence du juge.

L'on fera connaître ailleurs la nature et les effets de la *convention extrajudiciaire* qui subordonnerait le sort d'une contestation née ou à naître au serment prêté par l'une des parties.

Quant au serment *judiciaire*, le seul dont on ait à parler ici, il se subdivise lui-même en serment *décisoire* et en serment *supplétoire*. (1357.)

Art. 1er. *Du serment judiciaire décisoire.*

Le serment décisoire est celui qu'une partie défère ou réfère à l'autre, pour en faire dépendre le jugement de la contestation qui les divise. (1357, 1°.)

Le serment est référé quand celui auquel on le défère déclare, au lieu de le prêter, qu'il s'en rapporte lui-même au serment du déférant.

Le serment offert est, de la part de celle des parties qui l'a déféré ou référé, *un acquiescement conditionnel* à la demande formée contre elle, ou à l'exception proposée contre sa demande; et forme, par rapport à l'autre partie, le lien d'une sorte de quasi-contrat judiciaire qui la constitue arbitre forcé dans sa propre cause, en soumettant à son témoignage la décision du juge.

De là il suit que le serment serait inutilement

déféré ou référé, si l'objet du litige n'était pas à la libre disposition des parties, soit à raison d'un défaut de capacité ou de pouvoir, soit par un motif d'ordre public.

C'est ainsi que le créancier solidaire ne pouvant faire une remise *gratuite* des droits de ses créanciers dans la créance commune, ne pourra par là même déférer le serment au débiteur, si ce n'est pour sa portion. (1198, 1365, 2e *al.*)

C'est encore ainsi, que le serment ne saurait, suivant qu'on le verra ailleurs, être déféré dans une cause de séparation de corps et de biens entre deux époux. (1443, *Proc.* 870, 1004.)

Il est en outre de principe que le serment ne peut être déféré ou référé que sur un fait *personnel* à la partie qui doit le prêter, ou que sur la connaissance qu'elle en aurait au moins indirectement, si c'est le fait d'autrui. (1359, 2275.)

Sous les limitations qui précèdent, le serment pourra être déféré sur toute espèce de contestation, et encore qu'il n'existe aucun commencement de preuve de la demande ou de l'exception sur laquelle il est provoqué. (1358, 1360.)

Il pourra d'ailleurs l'être en tout état de cause. (1360.)

Lorsque celui à qui le serment est offert, accepte cet acquiescement conditionnel, il se forme par là une convention qui ne pourrait plus être révoquée que du consentement mutuel des parties. — Mais jusqu'à l'acceptation, ou, à défaut d'acceptation formelle, jusqu'à l'accomplissement même de la condition, celui qui a déféré ou référé le serment est libre de se rétracter. (1134, 1364.)

Dans tous les cas, celui auquel le serment est déféré, devra nécessairement le prêter ou le référer, à peine de succomber dans sa demande ou dans son exception. — Et celui auquel le serment est référé, devra le prêter, sous la même peine. (1361.)

La partie à laquelle le serment est déféré, n'aura d'ailleurs pas le choix de le référer, si, suivant qu'on l'a vu précédemment, le fait en litige lui est exclusivement personnel, à moins qu'elle ne fasse dépendre la décision du procès de la connaissance que son adversaire pourrait indirectement avoir de ce même fait auquel il n'a point personnellement participé. (1362, 2275.)

La présomption de vérité attachée au serment décisoire, est absolue. — Dès l'instant même où ce serment aura été prêté, la partie qui l'a déféré ou référé, ne sera point admise à en prouver la fausseté, même par des pièces nouvellement découvertes. (1363, *L.* 15, ff. *de except.*)

Jurisjurandi contempta religio satis Deum babet ultorem. (L. 2, C. *de reb. creditis.* — *V. toutefois C. pén.* 366, 34.)

Quant à la présomption résultant du refus de prêter le serment, ou de le référer, elle tire toute sa force du jugement même qui la consacre.

Mais comme les contrats ou quasi-contrats n'ont d'effet qu'entre les parties contractantes, le serment prêté ou refusé ne formera preuve que pour ou contre celui qui l'a déféré ou ses héritiers et ayant-cause. (1165, 1365, 1er *al.*)

Toutefois le serment rendu par le débiteur principal prouvera aussi la libération en faveur des cautions. (1365, 3e *al.*)

De même celui qu'aura prêté l'un de plusieurs débiteurs solidaires, ou une caution, exclura une nouvelle action de la part du créancier contre les codébiteurs ou contre le débiteur principal ; à supposer qu'il ait été déféré, non sur le fait de la solidarité ou du cautionnement, mais sur le fait du paiement de la dette. (1365, 4e, 5e *et* 6e *al.*)

Art. 2. *Du serment supplétoire.*

Le serment supplétoire est celui que le juge défère d'office à l'une ou à l'autre des parties pour suppléer à l'insuffisance des preuves qui établissent la demande ou l'exception. (1357, 2°.)

Ce serment peut être déféré, soit sur la demande ou sur l'exception même, soit seulement sur la quotité de la dette ou du paiement. — Dans le dernier cas il prend la dénomination spéciale de *serment en plaids, juramentum in litem*. (1366.)

Il faut, pour qu'il y ait lieu à la délation du serment supplétoire sur le fond même du droit,

D'une part, que la demande ou l'exception ne soit pas pleinement justifiée ;

D'autre part, qu'elle ne soit pas totalement dénuée de preuves.

Si la preuve est pleine et entière, le juge doit adjuger la demande ou accueillir l'exception purement et simplement ; il doit la rejeter de même s'il y a défaut absolu de preuve. (1367.)

De plus, comme la déclaration que fait une partie dans son propre intérêt ne saurait avoir plus de force que le témoignage d'un tiers désintéressé, le serment supplétoire ne pourra être déféré au demandeur sur sa demande, ou au défendeur sur son exception, si la preuve testimoniale de l'obligation ou du paiement n'est pas admissible. (1341 à 1348 , 1353.)

Mais quelqu'imparfaites que fussent les preuves, ou quelque légères que fussent les présomptions qui militeraient pour l'une des parties, le juge pourrait toujours subordonner sa décision au serment de l'autre partie, puisque par là il ne ferait que provoquer un aveu en faveur de la première. — C'est ce que les docteurs appellent un serment *purgatoire*.

Quant au *serment en plaids*, le juge ne peut le déférer que quand l'obligation étant prouvée, il n'existe aucun autre moyen légal de constater la valeur de la chose due. (1369 , 1er *al.*)

Régulièrement ce serment doit être déféré au demandeur ; mais il n'est pas interdit au juge de le déférer au défendeur qui reconnaîtrait la dette avec bonne foi, et aurait d'ailleurs pu faire lui-même une juste appréciation de la chose due.

Dans tous les cas, le jugement fixera la somme jusqu'à concurrence de laquelle le serment du demandeur fera preuve de la dette, ou au-dessous de laquelle le défendeur n'en sera point cru sur son affirmation. (1369 ; 2e *al.*)

Les mêmes règles seront applicables au cas où un paiement étant prouvé, il s'agira de déterminer la quotité de la somme payée, que rend absolument incertaine la perte ou l'imperfection du titre établissant la libération.

Le serment déféré par l'office du juge, ne constitue ni un acquiescement conditionnel, ni un quasi-contrat imitant la nature du compromis ; c'est simplement un mode de preuve comparable à la preuve testimoniale.

De là il ne sera point nécessaire, pour que le

serment supplétoire puisse être déféré, que les parties aient la capacité ou le pouvoir de disposer du droit litigieux.

De là encore, le serment supplétoire ne pourrait être déféré à la partie qui n'a point une connaissance *personnelle* du fait contesté, si ce n'est dans les cas où la preuve *par commune renommée* serait admissible.

Une autre conséquence du même principe est qu'à la différence du serment décisoire, le supplétoire ne pourra en aucun cas être référé. (1368.)

Enfin la présomption attachée, soit au simple refus de prêter le serment supplétoire, soit au serment même, tire toute sa force du jugement qui l'adopte.

Ainsi la partie qui succombe dans sa demande ou dans son exception sera recevable sur l'opposition ou l'appel du jugement, non-seulement à prouver la fausseté du serment supplétoire prêté par son adversaire, mais encore à établir qu'il n'y avait pas lieu de recourir à ce mode de preuve; ou bien, que c'est à elle-même que le serment devait être déféré. (L. 31, ff. *de jurejur.*)

SECTION IV.

DE LA PRESCRIPTION.

Considérée en elle-même et sous un point de vue général, la prescription est une exception que la loi donne sous les conditions par elle déterminées, contre une action qu'elle présume éteinte ou sans fondement légitime, à raison du long temps qui s'est écoulé depuis que cette action a pu et dû être exercée.

Præscriptio et exceptio idem est. (*Cuj., in L.* 11, *C. de praescrip. long.*; *Gloss. in leg.* 46, ff. *de adm. et per. tut.*)

Le mot prescription s'entend au surplus, soit de l'exception même, soit du temps nécessaire pour que l'exception soit acquise; c'est-à-dire qu'il désigne tout à la fois l'effet et la cause.

Ainsi, la prescription est, à proprement parler, non *un moyen d'acquérir ou de se libérer par un certain laps de temps*, mais *un moyen de justifier par le temps, soit la transmission du droit de propriété*, *soit la libération*; ou plus exactement encore, *un moyen de suppléer la preuve directe d'une convention ou d'un paiement dont le temps a effacé les traces.* (2219, 1350, 2°, 2262.)

Tempus ex suapte naturâ vim nullam *effectricem* habet. (*Grot. de jur. pac.*, cap. 4, *init.*) Tempus non est modus constituendi vel dissolvendi juris.

L'on peut distinguer cinq sortes de prescriptions générales, indépendamment de celles qui sont spéciales à certains droits ou à certains engagemens, et se trouvent soumises à des règles qui leur sont propres. (2264.)

L'une est établie en faveur de celui qui possède un immeuble en vertu d'un titre translatif de propriété qui n'émane pas du propriétaire lui-même; et a pour fondement la présomption que l'aliénation a eu lieu du consentement de celui-ci, ou a été par lui postérieurement approuvée.

Vix est ut non videatur alienare qui patitur usucapi. (L. 28, ff. *de verb. signif.*)

Une autre est instituée en faveur de celui qui possède un immeuble à titre de maître, sans pouvoir justifier du titre qui lui en a transféré la propriété; et a pour fondement une présomption d'aliénation de la part de l'ancien propriétaire lui-même.

Une troisième, qui participe des deux premières, consacre le droit de propriété de celui qui possède comme maître, avec ou sans titre, une chose corporelle purement mobilière.

Une quatrième, fondée sur une présomption de paiement ou de remise, est établie en faveur de celui qui, ayant contracté une obligation dont le titre existe, n'a point de preuve directe de sa libération.

Solventi similis est qui præscribit. (*Gothof.*, *in leg.* 46, ff. *de adm. et per. tut.*) — Parùm justè præteritas usuras petis, *quas te omisisse longi temporis intervallum indicat*; quia eas à debitore tuo, ut gratior apud eum esses, petendas non putasti. (L. 17, § 1, ff. *de usur. et fruct.*)

La dernière, fondée sur une présomption de ratification de la part du débiteur, purge en faveur du créancier, le vice de nullité intrinsèque dont la convention était originairement affectée.

Du reste, la loi n'a point établi de prescription pour suppléer le titre constitutif d'une obligation; de sorte que l'on ne peut devenir créancier par le temps. (1337.)

Proniora jura ad liberandum quàm ad obligandum.

Pareillement, l'on ne peut jamais être déchu d'un droit de propriété ou d'un attribut du droit de propriété, par cela seul qu'on n'en aurait pas usé, si d'ailleurs personne n'a mis obstacle à ce qu'on en usât, par une possession contraire à titre de maître, ou par l'acquisition d'un droit de servitude. — C'est ce que l'on exprime en disant que *ce qui est de pure faculté n'est pas prescriptible*. (646, 647, etc.)

Enfin, il ne peut y avoir prescription, là où l'on ne peut supposer une convention obligatoire. (815.)

Art. 1er. *De la prescription instituée en faveur de celui qui acquiert un immeuble d'un tiers non propriétaire; ou de la prescription de dix et de vingt ans.*

Pour qu'il y ait lieu à cette prescription fondée sur une présomption que l'aliénation a été ratifiée par l'ancien propriétaire, six conditions doivent concourir. Il faut d'abord que la chose soit *aliénable*; puis, qu'elle ait été acquise de *bonne foi*, par un *juste titre*; en troisième ordre, que le titre ait été suivi d'une possession démonstrative du droit de propriété; quatrièmement, que cette possession ait duré le temps fixé par la loi; en cinquième lieu, que dans cet intervalle il ne soit survenu aucun fait ou acte destructif du droit de possession, soit de la part d'un tiers, soit de la part du véritable propriétaire; enfin, que celui-ci n'ait pas été légalement empêché d'agir, ou légalement incapable d'aliéner.

§ 1er. *De la condition d'aliénabilité.*

La prescription étant un titre d'acquisition ne saurait par là même s'appliquer qu'à des choses susceptibles de propriété privée, ou en d'autres termes, qui soient dans le commerce des hommes. (2226.)

L'on exposera ailleurs quelles choses sont hors du commerce, et par suite inaliénables et imprescriptibles. (538, 540.)

§ 2. *Du juste titre et de la bonne foi.*

L'on entend par juste titre tout acte en forme probante, qui constate une transmission de propriété à titre gratuit ou onéreux. (2265.)

Ainsi, l'acte qui manque de ses formes *intégrantes* ou *substantielles*, et est affecté d'une nullité radicale ou de *non existence*, ne saurait, par l'exécution qu'il reçoit, devenir un juste titre, ni dès-lors servir de base à la prescription dont il s'agit. (2267.)

La bonne foi consiste dans l'ignorance du droit d'autrui, ou dans l'opinion que l'on acquiert du véritable propriétaire. (2265.)

Qui à quolibet rem emit quam putat ipsius esse, *bonâ fide* emit. (L. 27, ff. *de contrah. empt.*)

Elle doit toujours être présumée jusqu'à la preuve contraire. (2268.)

Mais elle ne peut, en matière de prescription, reposer sur une erreur de droit. (L. 31, ff. *de usucap.*)

Il suffira d'ailleurs, d'après la loi civile, qu'elle ait existé au moment de la transmission *apparente* de propriété. (2269.)

C'est à l'ancien propriétaire, qui allègue la mauvaise foi, à la prouver, soit par titres, soit par témoins. (2268, 1341, 1348.)

§ 3. *De l'exercice du droit de propriété par la possession.*

Considérée sous un point de vue général, la possession peut être définie : la détention ou jouissance d'une chose ou d'un droit que nous tenons ou que nous exerçons par nous-mêmes ou par un autre qui la tient ou qui l'exerce en notre nom. (2228.)

Pour pouvoir prescrire, il faut une possession à *titre de maître, paisible, publique, non équivoque,* enfin telle que doit être la possession d'un propriétaire qui ne doute point de la légitimité de son droit. (2229.)

Ainsi des actes de familiarité autorisés par des relations de bon voisinage, ou par la tolérance du propriétaire; des actes de violence ou voies de fait multipliées, ne pourront fonder ni possession, ni prescription. (2232, 2233, 1er *al.*)

Ainsi des actes furtifs, clandestins, ou que le propriétaire a un juste sujet de croire purement précaires, ne sauraient également constituer une possession capable d'opérer la prescription.

La possession devra d'ailleurs être continue, c'est-à-dire avoir constamment les caractères requis par la loi, comme démonstratifs d'une propriété légitimement acquise. (2229.)

Mais le possesseur actuel, qui prouve avoir possédé anciennement, sera par là même présumé avoir possédé dans le temps intermédiaire, sauf la preuve contraire; et la possession sera, aussi sauf la preuve contraire, présumée avoir toujours conservé ses qualités originaires. (2234, 2230, 2231.)

Probatis extremis, media præsumuntur.

Enfin, pour que la prescription soit acquise, il faut, suivant qu'on l'exposera sous le § 5e, que la possession n'ait point été interrompue par l'ancien propriétaire ou par le fait d'un tiers. (2229.)

Il importe de faire remarquer que les vices de précaire, de clandestinité, de discontinuité, et autres qui affecteraient momentanément la possession, arrêteraient bien la prescription, mais ne seraient pas un obstacle absolu à ce qu'elle pût s'accomplir.

Ainsi, par exemple, la possession clandestine, ou qui gît en voies de fait, deviendra utile pour la prescription, en devenant publique ou paisible. (2233, 2e *al.*)

§ 4. *De la condition du temps.*

L'on prescrit un immeuble avec titre et bonne foi, par dix ans de possession contre le propriétaire présent, et par vingt contre le propriétaire absent. (2265.)

Le véritable propriétaire est réputé présent ou absent, suivant qu'il a ou n'a pas son domicile de droit dans le ressort de la cour royale où l'immeuble est situé.

Que s'il a été alternativement domicilié dans le ressort et hors du ressort, il faudra également doubler les années d'absence, de telle sorte que, par exemple, le temps de la prescription sera de quinze ans dans le cas où il y aurait eu cinq années d'absence et cinq années de présence; de dix-huit, dans le cas où il y aurait eu deux années de présence seulement et huit d'absence, etc. (2266.)

Du reste, l'on pourra, pour compléter le temps de la prescription, joindre à sa possession celle de son auteur, de quelque manière qu'on lui ait succédé, soit à titre universel ou particulier, soit à titre lucratif ou onéreux. (2235.)

Mais en cas que l'auteur ait acquis sciemment le bien d'autrui, il y aura cette différence essentielle entre le successeur à titre universel et le successeur à titre particulier, que le premier n'ayant pas d'autre titre de sa possession que celui de la personne qu'il représente civilement, ne pourra, malgré sa bonne foi personnelle, commencer une prescription de dix ou de vingt ans, tandis que le second ayant un titre qui lui est propre, prescrira de son chef, par ce laps de temps, du jour de son entrée en jouissance, à supposer qu'il ignore le vice de la possession à laquelle il succède.

§ 5. *Des faits ou actes interruptifs de la prescription.*

La possession, et par suite la prescription, peut être interrompue ou naturellement ou civilement. (2242.)

Il y a interruption naturelle, lorsque le possesseur ayant été de fait privé, pendant l'an et jour, de la jouissance du fonds qu'il prescrivait, soit par le propriétaire, soit par un tiers, il a succombé dans une instance au possessoire. (2243. — *Proc.*, 23.)

Quant à l'interruption *civile*, elle résultera d'abord d'une action en revendication portée en justice dans les formes prescrites par les lois de la procédure. (2244. — *Proc.*, 61 *et suiv.*)

De plus, une simple citation en conciliation devant le juge de paix interrompra la prescription du jour de sa date, si elle est suivie d'une assignation régulière dans les délais de droit, c'est-à-dire dans le mois, à partir du jour de la non comparution ou de la non conciliation. (2245. — *Proc.*, 57.)

Enfin la prescription sera encore civilement interrompue par la reconnaissance que le possesseur aura faite expressément ou tacitement des droits du propriétaire. (2248.)

L'interruption naturelle produit un effet actuel, irrévocable; et le véritable propriétaire pourra s'en prévaloir, alors même qu'elle n'aura pas été de son fait. (2243.)

Au contraire, l'interruption civile ne profitera qu'à celui qui a obtenu une reconnaissance de son droit, ou qui a porté son action en justice; et de plus, dans le dernier cas, l'effet en sera essentiellement subordonné au jugement qui doit intervenir; de telle sorte qu'en définitive elle sera considérée comme non avenue si la demande est rejetée, ou si le demandeur s'en désiste, soit expressément, soit tacitement, en laissant périmer l'instance. (2247. — *Proc.*, 397, 402.)

Un acte qui manque de ses formes substantielles, n'existant pas aux yeux de la loi ; l'assignation, déclarée nulle, n'aura point interrompu la prescription. (2247, 1er *al.*)

Que si l'assignation est régulière, il importera d'ailleurs peu qu'elle ait été donnée devant un juge incompétent ; elle n'en sera pas moins un acte d'interruption civile, la demande incompétemment formée, étant non pas rejetée, mais simplement renvoyée au juge qui doit en connaître. (2246.)

§ 6. *De l'impossibilité légale d'agir, et des autres causes suspensives du cours de la prescription.*

Celui auquel il est interdit d'agir, doit par là même être affranchi de la prescription ; un silence forcé ne pouvant passer pour un consentement tacite. (L. 1, C. *de annali except.*)

Mais, de droit commun, l'application du principe est limitée aux empêchemens d'agir, qui viennent de la loi même ; de sorte que ceux qui n'existent qu'en fait, ne seront point, sans une disposition spéciale et formelle, un obstacle à la prescription. C'est ce que l'on exprime en disant *que la prescription court contre toute personne qui n'est point dans un cas d'exception établi par la loi.* (2251.)

En thèse générale, celui-là est légalement empêché d'agir, qui n'a pas le libre exercice de ses droits, ou est sous la puissance d'une personne contre laquelle réfléchirait son action s'il la portait en justice.

C'est ainsi que la prescription ne court point

contre le mineur, même émancipé, ou contre un interdit. (2252.)

C'est également ainsi que la femme mariée en est affranchie pendant le mariage, dans le cas où son action donnerait lieu à un recours en garantie contre son mari. (2256, 2°.)

Il y aurait à plus forte raison empêchement légal d'agir pour celui qui devrait former sa demande contre lui-même, ou directement contre la personne sous la puissance de laquelle il se trouve. (2258, 1er *al.*, 2253, *etc.*)

L'impossibilité légale d'agir suspend, mais n'interrompt point la prescription.

Il y a cette différence essentielle entre la suspension et l'interruption, que la cause de la suspension venant à cesser, la prescription reprend son cours, *dormiit, non periit præscriptio*; tandis que l'interruption fait irrévocablement perdre à celui qui prescrit le bénéfice du temps antérieur.

Lorsque le possesseur aura spontanément cessé d'exercer son droit apparent de propriété, sans qu'un tiers ait acquis une possession contraire à la sienne, il y aura non interruption, mais simple suspension dans le cours de la prescription.

Le cours de la prescription demeurera également suspendu, tandis que la possession aura un caractère équivoque ou précaire, ou se trouvera viciée par la clandestinité ou la violence. (2233, 2e *al.*)

ART. 2. *De la prescription immobilière, établie en faveur du possesseur qui ne peut produire le titre d'où procède sa possession.*

La condition spéciale de cette seconde espèce de prescription est une possession à titre de maître, qui ait duré trente ans.

Il faudra d'ailleurs que cette longue possession soit publique et ait toutes les autres qualités requises pour la prescription de dix ou de vingt ans. — Seulement, celui qui l'invoque comme preuve d'une propriété légitimement acquise, sera dispensé de justifier de sa bonne foi par un juste titre émané d'un tiers; le laps de trente ans faisant présumer qu'il en a dans l'origine obtenu un de l'ancien propriétaire lui-même. (2262.)

Les mêmes causes qui suspendent, les mêmes actes ou faits qui interrompent la prescription de dix ou de vingt ans, suspendront ou interrompront également celle de trente.

Enfin l'on ne pourra prescrire par trente ans que les choses que l'on peut prescrire par dix ou vingt.

Du principe que pour prescrire, il faut, dans tous les cas, posséder propriétairement, *animo domini*, il s'ensuit que ceux qui possèdent pour autrui, tels un fermier, un dépositaire, un usufruitier, ne peuvent pas plus prescrire par trente ans, qu'ils ne le pourraient par dix ou vingt; du moins tant qu'ils détiennent la chose précairement. (2236.)

Du reste, l'on sera toujours présumé avoir possédé pour soi et à titre de propriétaire, s'il n'est prouvé que l'on a commencé à posséder pour un autre. — Dans le doute, la possession doit toujours être qualifiée eu égard à son origine. (2230.)

Origo possessionis nanciscendæ, semper exquirenda. (L. 6, ff. *de acq. vel amitt. poss.*)

Mais aussi, d'après ce même principe, lorsqu'on aura commencé à posséder pour autrui, l'on sera toujours présumé détenir la chose précairement, s'il n'y a preuve positive du contraire; d'où la conséquence ultérieure que les héritiers ou autres successeurs à titre universel d'un détenteur précaire, ne pourront, non plus que leur auteur, prescrire par quelque laps de temps que ce soit. (2231, 2237.)

La preuve que le possesseur précaire a interverti le titre de sa possession, c'est-à-dire cessé de posséder pour autrui, résulterait de la contradiction formelle qu'il aurait opposée au droit du propriétaire.

Elle résulterait aussi d'un acte en forme probante, constatant qu'il a acquis d'une tierce personne la chose dont il n'avait antérieurement que la détention précaire. (2238.)

En ce dernier cas, il pourrait même, à supposer qu'il eût été de bonne foi au moment de l'acquisition, prescrire par dix ou vingt ans, de la même manière que ceux auxquels il aurait lui-même transmis la chose par un juste titre. (2239.)

Mais l'on ne saurait par de simples actes de propriété, quelque bien caractérisés, quelque multipliés qu'ils soient, se changer à soi-même la cause et le principe de sa possession. — Tel est le sens de cette maxime, que *l'on ne peut prescrire contre son titre*. (2240.)

Art. 3. *De la prescription établie en faveur de celui qui possède, comme maître, une chose corporelle purement mobilière.*

La prescription d'un meuble corporel, avec ou sans juste titre, est régie par les mêmes principes que celle des immeubles, mais sous les limitations ou modifications qui suivent.

D'abord, elle sera indistinctement accomplie

par le laps de trois ans. — Celui qui a possédé à titre non précaire, pendant trois années révolues, une chose purement mobilière, est supposé par là même l'avoir légitimement acquise d'un tiers avec le consentement du propriétaire, ou directement du propriétaire lui-même. (2279, 2e *al.*, 2229 *à* 2240.)

Tel est le sens de cette maxime, qu'*en fait de meubles, la possession vaut titre.* (2279, 1er *al.*)

Du reste, de même que dans les prescriptions immobilières, il importera peu de quelle manière la chose est sortie des mains du propriétaire, à savoir si c'est par cas fortuit, ou par abus de confiance, ou par une soustraction frauduleuse. — Il suffit qu'elle ait été dans l'origine possédée de bonne foi par celui qui invoque la prescription; ce qui sera présumé jusqu'à la preuve contraire. (2279, 2e *al.*, 2262, 2269.)

En second lieu, la prescription en fait de meubles ne sera point suspendue dans son cours par la minorité ou l'interdiction du propriétaire, ou par son état de dépendance vis-à-vis une tierce personne contre laquelle réfléchirait son action. (2278.)

Troisièmement, une simple dépossession de fait, qui a duré plus d'une année, opérera l'interruption naturelle, l'action possessoire n'étant point admise par rapport aux choses purement mobilières. (2243. — *Proc.* 23.)

Enfin, des considérations d'intérêt général, et la faveur due au commerce, ont fait consacrer en principe, que le propriétaire, revendiquant sa chose avant la prescription accomplie, n'en devra néanmoins obtenir la restitution qu'en remboursant au possesseur évincé le prix qu'elle lui a coûté, si celui-ci l'a achetée, soit d'un marchand vendant des choses pareilles, soit dans une foire ou un marché, ou une vente publique. (2280.)

Art. 4. *De la prescription établie en faveur du débiteur, à l'effet de suppléer la preuve directe de l'extinction de son obligation.*

La présomption de paiement ou de remise qui sert de fondement à cette prescription, emprunte toute sa force du silence qu'a gardé le créancier pendant le temps réglé par la loi.

Toutes les actions personnelles, soit qu'elles dérivent ou non d'une convention, soit qu'elles aient pour objet un immeuble ou une chose purement mobilière, sont indistinctement prescriptibles par le laps de trente ans. (2262.)

A moins toutefois qu'une loi spéciale et formelle n'en ait limité l'exercice à un temps plus court.

C'est ainsi, 1° que les intérêts des sommes prêtées à terme; les arrérages des rentes perpétuelles ou viagères; ceux des pensions alimentaires; les loyers des maisons ou le prix des baux à fermes; enfin toutes les créances accessoires d'intérêts, d'arrérages, de revenus, qui, d'après la convention ou la loi, sont payables d'année en année, ou à des termes périodiques plus courts, se prescrivent par cinq ans. (2277.)

2° Que l'action en restitution des pièces remises à un juge, à un avoué, à un huissier, est prescrite par deux ans à l'égard de ce dernier, et par cinq ans à l'égard des deux premiers. (2276.)

3° Que l'action des avoués, pour le remboursement de leurs avances et le paiement de leurs honoraires, est prescrite par deux ans, si leurs pouvoirs ont été révoqués ou que l'affaire soit terminée; et par cinq ans si la cause, étant encore pendante au tribunal près lequel ils exercent leurs fonctions, ils sont restés investis du mandat qui leur a été confié. (2273.)

4° Que l'action des huissiers, pour le salaire des actes qu'ils signifient et des commissions qu'ils exécutent;

Celle des médecins, chirurgiens et apothicaires ou pharmaciens, pour leurs visites, opérations et médicamens;

Celle des marchands, pour les marchandises qu'ils vendent aux particuliers non marchands;

Celle des maîtres de pension, pour le prix de la pension de leurs élèves, et des autres maîtres, pour le prix de l'apprentissage;

Celle des domestiques qui se louent à l'année, pour le paiement de leur salaire,

Se prescrivent par un an. (2272.)

5° Que l'action des maîtres et instituteurs des sciences et arts, pour les leçons qu'ils donnent *au mois*;

Celle des hôteliers et traiteurs, à raison du logement et de la nourriture qu'ils fournissent;

Celle des ouvriers et gens de travail, pour le paiement de leurs journées, fournitures et salaires,

Se prescrivent par six mois. (2271.)

La prescription ordinaire de trente ans, et la première prescription exceptionnelle de cinq ans font présumer le paiement, et à défaut de paiement, la remise. — Les autres prescriptions abrégées ne font présumer que le paiement; en sorte que si le débiteur reconnaissait que son obligation n'a point été éteinte par la prestation réelle de la chose due, ou par compensation, l'exception ne lui serait point acquise. (2275.)

Quel que soit le temps de la prescription, le cours n'en commencera que du moment où l'action sera ouverte.

Ainsi, la prescription ne courra,

A l'égard d'une créance qui dépend d'une condition, que lorsque cette condition se trouvera accomplie;

A l'égard d'une action en garantie, que lorsque l'éviction aura eu lieu;

A l'égard d'une créance à terme, que lorsque le jour de l'échéance sera arrivé. (2257.)

Ainsi encore, la prescription de cinq ans, établie contre les avoués, relativement aux affaires non terminées, ne courra que du jour où l'avance sera faite et les honoraires dus.

Quant à celle de deux ans relative aux affaires terminées, elle ne courra que du jour du jugement ou de la conciliation des parties, ou de la révocation des pouvoirs. (2273.)

Ce sera également le point de départ de la prescription de cinq ans que peuvent invoquer les juges et les avoués pour être déchargés des pièces d'un procès. (2276, 1er. *al.*)

Enfin, celle de deux ans instituée en faveur des huissiers ne courra que du jour de l'exécution de la commission ou de la signification des actes dont ils étaient chargés. (2276, 2e *al.*)

Toutes ces prescriptions abrégées auront d'ailleurs lieu, quoiqu'il y ait continuation de fournitures, livraisons, services et travaux. (2274, 1er *al.*)

Les prescriptions libératoires ne sont point susceptibles d'être interrompues naturellement;

mais elles peuvent l'être civilement, soit par une demande en justice, ou une citation en conciliation, suivie de la demande dans les délais de droit; soit par un simple commandement à fin de saisie; soit même par une saisie-arrêt ou saisie-gagerie, du jour où elle aura été notifiée au débiteur; soit enfin par l'aveu que celui-ci aura fait de son obligation; par exemple, en arrêtant un compte avec son créancier, ou en lui souscrivant une promesse de paiement, ou en lui donnant un gage. (2245, 2246. — *Proc.* 583, 626, 636, 673, 780, 557, 563, 819. — *Civ.* 1166, 2248, 2274, 2e *al.*)

La demande en justice n'interrompt la prescription que conditionnellement; à savoir, s'il *intervient un jugement qui y fasse droit.* — Le commandement, la reconnaissance, quels qu'en soient le mode et la forme, ont au contraire un effet actuel, irrévocable, et prorogent la durée de l'action à trente ans, quand même la prescription interrompue serait une prescription exceptionnelle ou abrégée. (2247, 2244, 2248, 2274, 2e *al.*)

La prescription de cinq ans des arrérages de rentes sur l'État, sera spécialement interrompue par la demande en paiement adressée à l'administration des deniers publics; mais à la charge par le créancier de présenter, dans l'année qui suivra, les pièces justificatives de ses droits de créance. (2227. — *Loi du* 24 *août* 1793, *art.* 156. — *Conseil d'État*, 13 *avril* 1809.)

C'est une maxime conforme aux principes généraux des obligations que l'interruption ne peut profiter qu'à celui en faveur duquel la dette a été reconnue, ou qui a fait l'interpellation judiciaire; et qu'elle ne peut nuire qu'à celui qui a donné la reconnaissance, ou a été régulièrement interpellé. (1165.)

Toutefois dans le cas d'une créance solidaire ou indivisible, l'interpellation faite par l'un des créanciers ou l'aveu fait en sa faveur interrompra la prescription à l'égard de tous. (1199, 1197, 1224.)

De même, dans le cas d'une dette solidaire ou indivisible, l'interpellation faite à l'un des débiteurs ou sa reconnaissance interrompra la prescription contre tous les autres. (2249, 1er *al.*, 1206, 1200, 1222, 1223.)

Mais si la créance ou la dette n'était que solidaire et que la solidarité n'eût pas été stipulée au profit ou à la charge des héritiers, l'interpellation faite par l'un des héritiers du cocréancier décédé, ou à l'un des héritiers du codébiteur décédé, la promesse souscrite à cet héritier ou par cet héritier n'interromprait point la prescription pour ou contre ses cohéritiers; et elle ne l'interromprait pour ou contre les cocréanciers ou codébiteurs du défunt, que pour la part qu'avait dans la créance ou dont était tenu dans la dette, soit l'héritier par qui ou à qui l'interpellation a été faite, soit l'héritier en faveur de qui ou par qui la reconnaissance a été faite. (1219, 1221, 2249, 2e et 3e *al.*)

La prescription ne serait donc interrompue pour le tout à l'égard des autres cocréanciers ou codébiteurs, qu'autant que l'interpellation aurait été faite par tous les héritiers ou à tous les héritiers du décédé, ou que la reconnaissance aurait été souscrite au profit de tous ces héritiers ou par tous ces héritiers. (2249, 4e *al.*)

Enfin les prescriptions établies pour suppléer la preuve directe de la libération, seront suspendues dans leurs cours, pour les mêmes causes que les prescriptions dites *acquisitives*, instituées pour suppléer la preuve directe de la transmission d'un droit de propriété. (2252, 2253, 2256.)

Et si la créance était solidaire ou indivisible, la minorité ou l'interdiction de l'un des cocréanciers ou son état de dépendance soit vis-à-vis le débiteur, soit vis-à-vis une tierce personne contre laquelle réfléchirait l'action, suspendrait la prescription à l'égard de tous les cocréanciers. (1199, 1206, 710.)

Cependant les prescriptions exceptionnelles, sans en excepter la première, courront contre les *mineurs* et les *interdits*; sauf le recours ou l'action en dommages-intérêts à exercer contre les tuteurs. (2278.)

Il reste à faire observer que cette maxime *que l'on ne prescrit point contre son titre*, ne peut recevoir aucune application aux *prescriptions libératoires*; car en prescrivant sa libération, l'on prescrit nécessairement contre le titre par lequel on s'est obligé. (2241.)

Art. 5. *De la prescription instituée en faveur du créancier d'une obligation conventionnelle, originairement viciée d'une nullité intrinsèque, pour suppléer la preuve directe de la confirmation de son droit de créance.*

La présomption de ratification qui sert de fondement à cette prescription emprunte encore toute sa force du silence qu'a gardé la personne civilement obligée, pendant le temps déterminé par la loi.

Quelle que soit la cause de nullité ou de rescision, la prescription dont il s'agit sera de dix ans, si elle n'a point été réglée à un temps plus court par une loi particulière. (1304, 1er *al.*, 1115, 1117. — 1676.)

Elle ne commencera d'ailleurs à courir que du jour où l'obligation dont elle doit purger le vice, aura pu être valablement ratifiée, soit expressément, soit tacitement. (1304, 2e *et* 3e *al.*, 1338, 2e *al.*)

Enfin elle sera suspendue dans son cours, pour les mêmes causes, et interrompue par une assignation en justice, ou une citation en conciliation, sous les mêmes conditions que les prescriptions trentenaires ou de dix ou vingt ans dont on a fait précédemment connaître la nature et l'objet.

Il faut du reste supposer, pour l'application des principes qui viennent d'être exposés, que la convention susceptible d'être annullée ou rescindée, a été, mais en temps *inhabile*, exécutée par le débiteur; car si elle l'avait été en temps *habile*, elle deviendrait par là même inattaquable; et si elle n'avait reçu aucune exécution, le débiteur serait toujours à temps de proposer ses moyens de nullité, sur les poursuites tardivement dirigées contre lui; ce que l'on exprime en disant que *l'exception est perpétuelle, bien que l'action soit temporaire*; ou que *l'exception dure autant que l'action qu'elle doit paralyser*.

Art. 6. *Des règles communes à toutes les prescriptions.*

§. 1er *Comment doit être calculé le temps de la prescription.*

Les prescriptions, quelles qu'en soient la nature et l'objet, se comptent par *jours* et non par *heures*. (2260.)

En conséquence, le jour où elles commencent n'entrera point dans la computation du délai nécessaire pour les accomplir ; et elles ne seront acquises que lorsque le dernier jour de ce délai se trouvera entièrement révolu. (2261.)

Les mois et les années se règleront d'ailleurs par le calendrier grégorien, sans qu'on doive avoir égard au plus ou moins grand nombre de jours dont ils se composent. (*Loi du 24 vent. an 12, sur la prescription. Comm.* 132.)

§. 2. *Peut-on prouver contre la prescription ?*

La présomption de transmission de propriété, ou de libération, ou de ratification, résultant de la prescription acquise, est absolue, jusque là que le serment décisoire pourrait bien être déféré sur l'accomplissement des conditions requises pour produire l'exception, mais non sur le fondement même de l'exception, c'est-à-dire sur l'existence de la convention ou sur la réalité de la remise ou du paiement dont la loi présume que le temps a détruit la preuve directe.

Néanmoins ceux auxquels on oppose une prescription libératoire exclusivement fondée sur une présomption de paiement, pourront déférer le serment au débiteur sur le point de savoir si la chose due a été réellement payée. — Et même ce serment pourra être déféré aux veuves et héritiers (ou aux tuteurs de ces derniers, s'ils sont mineurs), pour qu'ils aient à déclarer s'ils ont ou non connaissance que la chose soit encore due. (2275.)

Mais c'est là un principe essentiellement exceptionnel, qui ne peut être appliqué aux autres prescriptions libératoires, même abrégées, qui sont fondées sur une double présomption de paiement et de remise. (2277.)

§ 3. *Quand et comment peut-on renoncer à la prescription ?*

Celui qui est capable d'aliéner ou a le libre exercice de ses droits, pourra toujours renoncer à la prescription acquise. — Renoncer à la prescription acquise, c'est reconnaître que la présomption de la loi est contraire à la vérité ; en d'autres termes, qu'il n'y a point eu de convention qui ait opéré la transmission du droit de propriété, de paiement ou de remise qui ait éteint l'obligation, de ratification qui en ait purgé le vice. (2220, 2222.)

Cette renonciation peut être tacite comme elle peut être formelle ou expresse.

La renonciation tacite résultera de tout fait, de tout aveu qui suppose l'existence de la dette ou du droit contre lequel l'on se trouvait avoir prescrit. (2221.)

Mais l'on ne saurait d'avance, c'est-à-dire au moment même où l'on contracte, s'interdire, par aucune stipulation, la faculté d'exciper de la prescription ; car ce serait renoncer à se prévaloir d'un titre qui n'existe pas encore, et dont il est dès-lors impossible d'apprécier le mérite. (2220.)

Toutefois une telle clause de renonciation aurait nécessairement pour effet d'empêcher la prescription acquisitive de dix ou de vingt ans, et de proroger à trente ans le terme d'une prescription libératoire abrégée.

§ 4. *Quand et par qui la prescription peut-elle être opposée ?*

Sauf le cas d'une renonciation explicite ou implicite, la prescription peut, ainsi qu'un titre de propriété ou une quittance, être opposée en tout état de cause, même devant les juges du second degré. (2224.)

Mais la partie qui aurait laissé rendre contre elle un jugement souverain, sans se prévaloir de cette exception, serait par là même présumée y avoir renoncé.

Les créanciers ou ayant-cause pourront d'ailleurs, suivant les distinctions établies précédemment (*chap.* 2ᵉ, *sect.* 3ᵉ), opposer eux-mêmes l'exception de la prescription. (2225, 1166, 1167.)

Que si personne ne l'oppose, le juge ne pourra d'office suppléer ce moyen, non plus qu'il ne pourrait fonder sa décision sur un titre dont aucune des parties ne se serait prévalu. (2223.)

§ 5. *Comment doit-on appliquer à la prescription le principe de la non rétroactivité des lois ?*

En cette matière, il n'y a droit acquis, à proprement parler, que lorsque le temps de la prescription est entièrement révolu.

Si donc une prescription admise par la loi ancienne était abrogée par la loi nouvelle, elle ne pourrait désormais s'accomplir, quoique commencée à l'époque de la promulgation de cette dernière loi. — Mais si alors elle était déjà acquise, elle devrait être maintenue. (691.)

Que si la loi nouvelle ne faisait que changer les conditions d'une prescription qu'elle trouve commencée, cette prescription continuerait à être réglée par la loi ancienne. (2281, 1ᵉʳ *al.*)

Et néanmoins le Code ayant limité les plus longues prescriptions à trente ans, celles dont il consacre le principe seront indistinctement accomplies par ce laps de temps écoulé depuis sa promulgation, à supposer qu'un temps plus long fût encore nécessaire d'après la loi sous l'empire de laquelle elles ont commencé. (2281, 2e *al.*)

SECTION V.

DES PRÉSOMPTIONS DE REMISE OU DE PAIEMENT, INDÉPENDANTES DE LA PRESCRIPTION; ET SPÉCIALEMENT DE CELLE QUI RÉSULTE DE LA REMISE DU TITRE CONSTITUTIF DE L'OBLIGATION ENTRE LES MAINS DU DÉBITEUR.

La loi attache une présomption absolue de libération à la remise volontaire, pure et simple, par le créancier au débiteur, du titre original sous seing privé ou de l'expédition en brevet, qui établit la preuve du droit de créance. (1282.)

Si debitori meo reddiderim cautionem, videtur inter nos convenisse ne peterem. (L. 2, § 1, ff. *de pactis.*)

La remise volontaire pure et simple, par le créancier au débiteur, de la grosse du titre dont il reste minute, fera également présumer la libération; mais ici la présomption ne sera pas absolue; elle cédera à la preuve contraire qui pourra être faite par de simples présomptions, alors même que la créance excéderait la somme de 150 fr. (1283, 1353, 1341, etc.)

La possession qu'a le débiteur du titre original ou de la grosse, doit naturellement faire présumer que la remise lui en a été faite volontairement et sans condition.

Toutefois le Code n'a point érigé cette présomption en présomption légale; et dès-lors son appréciation, comme celle de toute présomption simple, est entièrement dans le domaine du juge, sauf l'application du principe de l'indivisibilité de l'aveu, dans le cas où l'existence même du titre ne serait prouvée que par la déclaration du débiteur.

Une autre présomption absolue de paiement, exclusivement applicable soit aux intérêts d'un prêt simple ou de toute autre créance à terme, soit aux arrérages d'une rente perpétuelle, résultera de la quittance du capital ou sort principal, donnée sans réserve des intérêts ou arrérages postérieurement réclamés. (1908.)

De même encore, lorsqu'un créancier aura reçu divisément et sans réserve, pendant dix ans consécutifs, la portion de l'un de plusieurs codébiteurs solidaires dans les intérêts ou arrérages de la dette, il sera censé lui avoir remis la solidarité, non-seulement pour les intérêts ou arrérages échus, mais encore pour ceux à échoir, et pour le capital même. (1212.)

D'après les dispositions du droit ancien, il y avait encore présomption légale de paiement ou de remise,

1° Si le titre constitutif de la créance se trouvait coupé ou barré, ou cancellé d'une manière quelconque. (L. 24, ff. *de probat. et præs.*)

2° Si entre un créancier et un débiteur unis par les liens du sang, il était intervenu, à de longs intervalles, plusieurs arrêtés de compte où il n'aurait d'ailleurs été fait, de la part du premier, aucune réserve par rapport à son droit de créance prétendu. (L. 26, ff. *eod. tit.*)

Et spécialement en ce qui concernait les dettes accessoires d'intérêts, d'arrérages, de revenus annuels, trois quittances *séparées* de *trois annuités consécutives* faisaient présumer le paiement des annuités antérieurement échues. (L. 3, *C. de apoch. public.*)

Mais ces diverses présomptions n'ayant point été consacrées par le Code civil, sont rentrées par là même dans la classe des présomptions simples que le juge ne peut admettre qu'autant que la preuve testimoniale serait elle-même admissible. (1353, 1347, 1348, *etc.*)

Comme l'obligation principale peut subsister sans l'accessoire, la remise de la chose donnée en nantissement, ou la renonciation du créancier à son droit d'hypothèque, ne suffirait en aucun cas pour faire présumer la libération. (1286.)

APPENDICE AU TITRE DES OBLIGATIONS.

RÈGLES PARTICULIÈRES AUX OBLIGATIONS COMMERCIALES.

Les obligations commerciales naissent de la loi et des actes ou contrats et quasi-contrats commerciaux.

Toutes les conventions par lesquelles les hommes échangent entre eux ou se cèdent mutuellement à titre onéreux les produits de leur travail ou de leurs propriétés, sont, dans l'acception primitive et usuelle de ces mots, *des actes de commerce.*

Mais dans le sens de la loi spéciale, appelée *Code de Commerce*, un acte est *commercial*, alors seulement qu'il constitue son auteur dans la disposition de se rendre *intermédiaire* entre le *producteur* et le *consommateur.*

Un tel acte ne peut d'ailleurs par sa nature même avoir pour objet que des choses essentiellement mobilières.

Ainsi, ni le propriétaire ou le cultivateur qui vend sa récolte, ni celui qui l'achète pour son usage particulier, ne font un acte de commerce. (*Com.*, 638.)

Mais il en sera autrement de celui qui achète une chose mobilière soit pour la revendre, soit pour la louer. Et même il importerait peu qu'il dût lui faire subir une nouvelle préparation avant la revente ou la location, pourvu toutefois que sa main-d'œuvre ne fût pas tellement importante ou précieuse qu'elle dût le faire considérer comme *producteur* de la nouvelle espèce. (*Com.*, 632, 1er *al.*, 633, 1er *et* 3e *al.*, *Civ.*, 571.)

La chose mobilière achetée pour être *revendue* ou *louée* est appelée *marchandise*.

Par application du même principe, la loi répute actes de commerce :

Les entreprises de fournitures, par lesquelles on prend l'engagement de livrer, moyennant un prix convenu, des choses que l'on a achetées ou que l'on se propose d'acheter (*Com.* 632, 3e *al.*);

Les opérations de change ou de banque qui ne sont autre chose que des achats-ventes d'espèces monnayées auxquelles les convenances commerciales donnent une valeur indépendante du titre et du poids (632, 4e, 5e *et* 7e *al.*);

Les entreprises de manufacture qui impliquent l'idée d'un ensemble d'opérations consistant en des achats de matières dites *premières*, et en la revente de ces mêmes matières après qu'elles ont été travaillées ou mises en œuvre (632, 2e *al.*);

Les entreprises de constructions maritimes, de transports sur terre ou sur mer, de spectacles publics, et autres semblables, qui supposent des achats de choses mobilières, et la revente ou le louage de ces mêmes choses après qu'elles auront pris une autre forme, ou reçu une nouvelle destination (632, 2e *et* 3e *al.*, 633);

Enfin les opérations de courtage, d'agences; les établissemens de ventes à l'encan, de bureaux d'affaires, etc., qui sont autant de moyens accessoires de faciliter ou d'activer la circulation des marchandises ou choses commerciales. (632, 3e *et* 4e *al.*)

La nature commerciale d'un acte doit en général être prouvée par l'acte même.

Cependant par une présomption déduite de la qualité de la personne, tous les engagemens que contractera un *commerçant*, tous les billets qu'il souscrira, seront réputés avoir pour cause des opérations commerciales, et constitueront en conséquence des actes de commerce. (631, 1°.—632, 6e *al.*—638, 2e *al.*)

Cette présomption légale est absolue; néanmoins elle cessera :

1° Lorsque le billet ou l'acte souscrit par le commerçant, même en faveur d'un autre commerçant, énoncera une cause étrangère au commerce (638, 2e *al.*);

2° Lorsque l'engagement ou la négociation exclura par sa nature même l'idée d'une spéculation commerciale, comme s'il s'agissait d'un bail à ferme, d'une vente d'immeubles, ou d'un achat de denrées que le commerçant ferait comme simple consommateur, quelle que fût d'ailleurs la qualité de l'autre contractant. (638, 1er *al.*)

Un commerçant est celui qui fait sa profession habituelle d'exercer des actes de commerce. (*Com.*, 1.)

La preuve que l'on a entendu faire sa profession habituelle d'exercer des actes de commerce résultera du seul fait d'un établissement de commerce annoncé par une circulaire, par l'ouverture d'un magasin; mais en l'absence de tout signe extérieur, cette même preuve ne s'établira que par une série d'actes et d'opérations particulières, telle qu'il ne puisse rester aucun doute sur l'intention.

Ainsi, l'on ne sera point commerçant pour s'être livré plus ou moins fréquemment à des actes commerciaux de leur nature, lorsque rien n'annonce d'ailleurs que l'on en ait fait sa profession, bien que l'on se soumette pour chacun de ces actes à l'application des lois commerciales.

Ainsi, l'artisan qui n'achète des matières premières que pour faire valoir son industrie et sans spéculer sur ces achats, ne devra point également être rangé dans la classe des commerçans, attendu que de pareils actes, quelque nombreux qu'on les suppose, ne constituent réellement point sa profession.

Mais celui qui exercerait habituellement des actes de commerce et en ferait métier ne pourrait pas décliner la qualité de commerçant, sous prétexte qu'il a un autre genre d'industrie étranger au commerce.

Cela posé, les obligations commerciales proprement dites doivent être régies :

D'abord par les stipulations des parties en tant qu'elles ne sont point contraires à l'ordre public et aux dispositions prohibitives du Code de commerce. (*Civ.*, 6, 1134.)

En second lieu, par les lois et les usages particuliers au commerce. (*Civ.*, 1873.)

Enfin, dans le silence du Code de commerce et à défaut d'usages reconnus et légalement constatés, par le Code civil que l'on doit regarder comme le complément nécessaire du droit commercial pour tout ce qui tient à l'essence des conventions. (*Avis du Conseil d'Etat du* 22 *nov.* 1811.)

Les principales dérogations qui résultent des lois et des usages du commerce, aux principes du droit commun en matière d'obligations conventionnelles, se rapportent : 1° aux incapacités ou prohibitions de contracter; 2° à la division des contrats en contrats de bienfaisance et en contrats intéressés; 3° à la solidarité; 4° au transport des droits incorporels; 5° aux modes de preuves admissibles en cas de contestation.

Ces règles dérogatoires s'appliqueront d'ailleurs généralement à tous les faits commerciaux de leur nature, quelle que soit la profession des parties contractantes, comme à ceux réputés commerciaux à raison de la qualité de la personne obligée.

Art. 1er. *Quelles personnes peuvent faire des actes de commerce?*

D'une part, deux sortes de personnes (les femmes mariées et les mineurs émancipés), à qui la loi positive n'accorde pas la libre disposition de leurs biens, peuvent, sous des conditions et en remplissant des formalités que l'on fera connaître ailleurs, s'affranchir commercialement de cette incapacité civile, et devenir habiles soit à embrasser la profession de commerçant, soit à faire certains actes de commerce.

D'autre part, des considérations d'ordre public ont fait établir plusieurs prohibitions particulières au commerce.

C'est ainsi que tout acte essentiellement commercial est interdit aux avocats par le décret du 4 mars 1810, aux magistrats par l'édit de 1765, aux personnes engagées dans les ordres sacrés, par les canons de l'Église et les mœurs de leur état.

Les convenances sociales seraient également blessées, et en outre la liberté du commerce compromise, si les personnes investies des hautes fonctions administratives, les ministres, les préfets pouvaient se livrer à des spéculations commerciales. (L. 6, § *ult.*, ff. *de officio proc.* — L. *un.*, § 2, *C. de contr. jud.* — *Pén.* 176.)

Enfin l'on a dû, pour empêcher les monopoles et prévenir de graves abus de confiance, rendre les fonctions de commissaire-priseur incompatibles avec la profession de marchand de meubles, et faire défense aux agens de change et courtiers d'agir directement ou indirectement pour leur propre compte, et de s'intéresser en quelque manière que ce soit dans des opérations de banque ou d'autres entreprises commerciales. (*Ordonn. du* 26 *juin* 1816, *art.* 12. — *Com.* 85, 86.)

Ces réglemens prohibitifs ont leur sanction dans les peines pécuniaires ou de discipline prononcées contre les contrevenans, et en outre dans les dommages-intérêts auxquels ils peuvent être condamnés envers les parties intéressées. (*Com.* 87, 88, 89. — *Pén.* 176. — *Edit de* 1765; *etc.*)

Art. 2. *Le droit commercial reconnaît-il des contrats de bienfaisance?*

Un acte de commerce devant nécessairement présenter une chance de gain à chacun des contractans, il en résulte que par le droit commercial tout contrat doit être présumé à titre onéreux.

Ainsi, tandis que dans le droit civil le prêt et le mandat sont naturellement gratuits, dans le commerce au contraire le prêt porte intérêt, et un salaire est dû au mandataire, lors même que les parties ne s'en seraient point expliquées.

Une conséquence ultérieure du même principe, est que dans les obligations commerciales le terme doit généralement être considéré comme ayant été stipulé en faveur du créancier, aussi bien qu'en faveur du débiteur.

Art. 3. *Le principe que la solidarité ne se présume pas, est-il applicable aux engagemens commerciaux?*

Lorsque plusieurs personnes ont contracté en commun un engagement commercial, il arrive le plus souvent que celui envers lequel elles se sont obligées, ne leur a confié ses capitaux ou livré ses marchandises qu'en contemplation de la garantie que lui offrait la fortune ou la moralité de telle ou telle d'entre elles; la célérité avec laquelle se concluent les affaires commerciales ne lui ayant pas permis de s'assurer de la solvabilité des autres.

De même, et par une raison semblable, celui qui s'est obligé pour fait de commerce envers plusieurs personnes stipulant en commun, a dû naturellement, et dans leur propre intérêt, les considérer comme ayant le droit d'agir les unes pour les autres.

La bonne foi qui est ou doit être l'ame du commerce a donc fait admettre en principe que la solidarité y a lieu de plein droit, tant de la part des créanciers que de la part des débiteurs.

Art. 4. *Comment s'opère vis-à-vis des tiers le transport d'une obligation commerciale à ordre ou au porteur?*

Outre que les obligations commerciales sont susceptibles d'être contractées sous les mêmes modalités que les obligations civiles, on peut encore les distinguer en obligations *nominatives, à ordre, et au porteur.*

L'on appelle obligation *nominative* celle qui a été souscrite au profit d'une ou plusieurs personnes spécialement désignées, comme sont toutes les obligations civiles.

L'obligation *à ordre* est celle où le débiteur promet payer non seulement au créancier qui y est dénommé, mais encore à toute personne à laquelle celui-ci aura transmis ses droits par un simple ordre, consentement qu'il exprime en disant qu'il paiera la somme ou livrera la marchandise *à un tel ou à son ordre.* (*Com.* 188.)

Enfin, l'on entend par obligation *au porteur* celle qui est stipulée payable à toute personne qui se trouvera nantie du titre, sans qu'elle soit tenue de justifier autrement qu'elle est aux droits du créancier primitif, dont le plus souvent on dissimule le nom dans l'obligation. (*Com.* 35, 1er *al.*)

Ces trois sortes d'obligations diffèrent essentiellement par le mode de transmission propre à chacune d'elles.

Tandis que le cessionnaire d'une obligation nominative n'est saisi, soit à l'égard des tiers, soit à l'égard du débiteur lui-même, que par la déclaration authentique de celui-ci, qu'il accepte la cession ou la signification qui lui en sera faite extrajudiciairement, le transport d'une obligation au porteur est irrévocablement consommé par la seule tradition du titre, comme s'il s'agissait d'un meuble corporel; et celui d'une obligation *à ordre* par une simple déclaration de volonté que le créancier écrit au dos du titre, et qui pour cette raison prend le nom d'*endossement*. (*Com.* 136, 187, 35, 2ᵉ *al.*)

L'on est censé par cela seul que l'on s'oblige sous l'une ou l'autre de ces formes, avoir accepté d'avance toutes les cessions qui seraient successivement faites par l'une ou par l'autre voie.

Il suit de là que le débiteur d'une obligation au porteur ou à ordre, ne saurait opposer à celui qui s'en trouve propriétaire à l'époque de *l'échéance,* au moyen de la tradition du titre ou d'un endossement *régulier,* aucune compensation ni aucune autre exception de cette nature, soit du chef du créancier primitif, soit du chef des précédens cessionnaires qui doivent tous être considérés comme n'ayant jamais eu aucun droit *sur la créance.*

Pour être régulier et opérer le transport, l'endossement doit être daté, exprimer la cause de la cession, c'est-à-dire la valeur fournie, et énoncer le nom du nouveau créancier. (*Com.* 137, 138, 187.)

Art. 5. *Comment s'établit la preuve des engagemens commerciaux et de leur acquittement?*

C'est ici que le droit commercial s'écarte le plus des règles tracées par le droit civil; il admet en effet deux genres de preuves qu'on peut dire lui être exclusivement propres :

1° La preuve testimoniale, en ce qu'elle peut être invoquée quelle que soit la valeur des choses qui sont l'objet de la *convention* dont il s'agit d'établir l'existence, et encore qu'il n'en existe aucun commencement de preuve par écrit.

2° Les livres de commerce.

L'on entend par *livres de commerce* les registres que tient un commerçant pour être à même de rendre un compte fidèle de ses opérations commerciales, soit à lui-même, soit à ses créanciers, si les chances du commerce lui sont défavorables.

La loi considérant les commerçans de profession, comme étant en quelque sorte les administrateurs de la fortune publique, les oblige à confier les détails et les résultats de leurs spéculations à trois livres, dont elle prescrit la forme, et qu'elle leur ordonne de conserver au moins pendant dix ans. (*Com.*, 11.)

Ces trois livres sont : *le livre-journal, le livre-copie de lettres, le livre des inventaires.*

Un commerçant doit, sur le premier, énoncer jour par jour tous les engagemens principaux ou accessoires qu'il contracte, et tous ceux qui sont contractés envers lui ; tout ce qu'il reçoit en marchandises ou en argent, et tout ce qu'il livre ou paie, à quelque titre que ce soit, et notamment ce qu'il dépense chaque mois pour l'entretien de sa famille. (*Com.* 8, 1er *al.*)

Il doit transcrire sur le second, également jour par jour, toutes les lettres qu'il écrit pour affaires de commerce; et y joindre, en en faisant une ou plusieurs liasses, toutes celles qu'il reçoit. (*Com.* 8, 2e *al.*)

Enfin, le troisième doit p[illegible]er, année par année, sa situation commerciale, c'est-à-dire un relevé exact de ses créances actives et passives, de son argent comptant, de ses marchandises, et même de tous ses autres biens meubles ou immeubles. (*Com.*, 9.)

Il faut que ces trois registres soient tenus par ordre de date, sans aucun blanc ou lacune, et sans renvoi ou transport en marge ; qu'ils aient été cotés et paraphés à chaque feuillet par un juge de commerce ou par le maire ; qu'en outre le livre-journal et le livre des inventaires soient annuellement visés et paraphés à la suite de l'énonciation qui termine les opérations de l'année. (*Com.* 10, 11.)

Les commerçans peuvent avoir d'autres livres en plus ou moins grand nombre, suivant la nature ou l'étendue de leur commerce ; par exemple, *un livre de caisse*, ou un livre *de marchandises*, qui fait spécialement connaître la situation de la caisse ou du magasin ; *un livre de billets à recevoir*, ou *un livre de billets à payer*, qui présente par ordre d'échéances, le tableau des créances actives ou des dettes passives, etc.

Ceux qui font beaucoup d'affaires ont nécessairement un livre par *doit* et *avoir*, sur lequel ils ouvrent un compte particulier à chacun de leurs commettans, portant d'un côté, *à son* DÉBIT tout ce qu'ils lui paient ou lui livrent ; et de l'autre, *à son* CRÉDIT tout ce qu'ils reçoivent de lui ; d'où l'expression commerciale, *créditeur*, qui, comme on le voit, n'est point synonyme de *créancier*. (*Com.* 584.)

Mais ces livres *auxiliaires*, qui sont des fractions ou un extrait du livre-journal, ne peuvent, vis-à-vis des tiers créanciers ou débiteurs, tenir lieu des livres *indispensables*, les seuls qui puissent être *légalement* réguliers.

Le système exceptionnel consacré par le Code et les usages du commerce, relativement à la preuve des obligations conventionnelles, gît tout entier dans ces trois principes :

1° Tout acte de commerce pourra, si une loi spéciale et formelle n'exige une autre preuve, être établi par témoins, mais seulement contre ceux des contractans de la part desquels l'engagement est commercial.

2° Lorsque le fait de commerce aura eu lieu entre deux commerçans, il pourra en outre être prouvé par les livres du demandeur, en les supposant réguliers.

3° Il est néanmoins entièrement laissé à la prudence du juge d'admettre ou de rejeter l'un et l'autre de ces modes de preuves.

Ainsi d'abord, la preuve testimoniale ne sera reçue ni contre le producteur, ni contre le consommateur, bien qu'ils puissent l'invoquer contre l'intermédiaire commerçant ou non qui se serait obligé envers eux.

Ainsi, en second lieu, un commerçant ne sera admis à se prévaloir de ses livres, même réguliers, ni contre un particulier non commerçant, encore qu'il s'agisse d'un engagement commercial, ni contre un commerçant, lorsque la négociation est étrangère au commerce; et il ne pourra dans aucun cas exciper de ceux qui ne seraient point conformes au vœu de la loi. (*Com.* 12, 13.—*Civ.* 1329.)

Mais les livres de commerce, plus ou moins réguliers, feront toujours foi contre le commerçant qui les aura tenus.—Seulement celui qui veut en tirer avantage, ne pourra les diviser, c'est-à-dire adopter quelques-unes de leurs énonciations, et en rejeter d'autres qui seraient contraires à ses prétentions. (*Com.* 13. *Civ.* 1330.)

Ainsi enfin, quoique la preuve par les livres de commerce ne soit pas plus que ne l'est ici la preuve par témoins, dépendante d'un commencement de preuve par écrit, les juges ne devront cependant ordonner l'enquête, ou considérer les énonciations des livres comme l'expression de la vérité, que lorsque la moralité des parties et les circonstances de l'affaire rendront la demande vraisemblable. (*Com.* 12.)

Ils pourront d'ailleurs, pour éclairer leur religion, ordonner même d'office la représentation des livres afin d'en extraire ce qui concerne le différent, mais non leur communication entière, si ce n'est dans les affaires de succession, communauté, partage de société, et en cas de faillite. (*Com.* 14, 15.)

Et même, le refus que ferait l'une des parties de représenter ses livres, les autoriserait à déférer le serment à l'autre partie si elle offrait d'y ajouter foi ; à supposer toutefois que la créance ou l'engagement qui donne lieu au procès fût relatif au commerce. (*Com.* 17.)

Les obligations conventionnelles pourront au surplus, dans le commerce comme dans la vie purement civile, être constatées par des actes publics ou par des actes sous seing privé. — Mais il y a trois observations importantes à faire sur ceux-ci.

D'abord ils pourront, du moins entre commerçans, acquérir une date certaine par la mention qui en sera faite sur un livre de commerce.

En second lieu, il est dans l'esprit du Code que, même entre *non commerçans*, ils fassent preuve d'une convention *commerciale* synallagmatique, bien que non rédigés en autant d'originaux qu'il y avait de parties ayant un intérêt distinct.

Troisièmement, un engagement unilatéral souscrit par *un commerçant*, *même pour une dette étrangère au commerce*, n'en sera pas moins obligatoire pour lui, quoique entièrement écrit par un autre, et non revêtu d'un bon et approuvé de sa main; mais à moins qu'il ne s'agisse d'une lettre de change, ce principe exceptionnel ne pourra dans aucun cas être invoqué contre un *non commerçant*, sauf l'admission de la preuve testimoniale dans le cas où la promesse, sous quelque forme qu'elle ait d'ailleurs été souscrite, aura eu pour cause une opération de commerce. (*Civ.* 1326.)

Enfin, les conventions commerciales pourront être prouvées par *le bordereau ou arrêté d'un agent de change ou courtier, dûment signé par les parties*, par *la correspondance*, par *une facture acceptée.* (*Com.* 109.)

Mais ces trois modes de preuves se rattachent à l'un de ceux dont on a parlé en premier ordre, ou bien rentrent dans la classe des preuves littérales que l'on vient de rappeler.

Ainsi, la preuve résultant d'une facture acceptée est *littérale*, si l'acceptation a eu lieu par écrit; et elle se confond avec la preuve testimoniale ou avec celle résultant des livres, si l'acceptation n'est établie que par le fait de la réception des marchandises, ou par les énonciations des livres du demandeur.

On entend par facture un état détaillé des marchandises vendues ou envoyées en commission, indiquant leur nature, quantité, qualité et prix.

De même, la correspondance est encore une preuve *littérale*, lorsqu'on l'invoque contre une partie dont on représente les lettres originales; et elle se confond avec la preuve résultant *des livres*, lorsque le commerçant se prévaut des lettres qu'il a écrites lui-même.

Quant au bordereau ou arrêté d'un agent de change ou courtier, dûment signé par les parties, il doit avoir force d'obligation privée ; et de plus ne sera point sujet à vérification, à raison du caractère public de l'agent intermédiaire qui en garantit la sincérité par sa signature. (*Com.* 74 *et suiv.*)

Telles sont les modifications les plus remarquables que doivent subir les principes du droit civil sur les obligations en général, dans leur application aux engagemens commerciaux.

Mais outre ces règles dérogatoires, communes aux conventions commerciales, le Code de commerce a établi relativement à certains contrats des règles plus spéciales qui doivent, comme les autres, trouver leur complément dans les titres correspondans du Code civil.

SECOND TRAITÉ.

DE L'ÉTAT DES PERSONNES,

OU DES OBLIGATIONS QUE L'HOMME CONTRACTE, ET DES DROITS QU'IL ACQUIERT SOIT COMME MEMBRE DU CORPS SOCIAL, SOIT COMME MEMBRE DE LA FAMILLE.

La société ne vit que de devoirs.
LA MENNAIS. 1820.

TABLE DES TITRES ET CHAPITRES.

SECOND TRAITÉ.

DE L'ÉTAT DES PERSONNES,

OU DES OBLIGATIONS QUE L'HOMME CONTRACTE ET DES DROITS QU'IL ACQUIERT, SOIT COMME MEMBRE DU CORPS SOCIAL, SOIT COMME MEMBRE DE LA FAMILLE.

NOTIONS PRÉLIMINAIRES

SUR L'ÉTAT DES PERSONNES, OU SUR LES DROITS OU DEVOIRS DE L'HOMME.

L'homme est tout être formé à l'image de Dieu, c'est-à-dire tout être doué ou apte à être doué d'intelligence et de volonté.

Homo est, quicumque habet *mentem ratione praeditam* in corpore humano. (*Hein. recit.*, *n*° 75.)

Pronaque cùm spectent animalia cætera terram,
Os homini sublime dedit, cœlumque tueri
Jussit, et erectos ad sidera tollere vultus. (*Ov.*)

La personne, c'est l'homme considéré dans ses rapports avec la société ou la famille dont il est membre; et en tant qu'il est par le rang qu'il y occupe investi de certains droits ou soumis à certaines obligations.

Persona est homo cum quodam statu consideratus. (*Hein. loc. cit.*)—Persona, homo moralis quatenùs spectatur tanquàm subjectum certarum obligationum, atque jurium certorum. (*Wolff, Inst. jur. nat.*, §. 96.)

Ces rapports constituent avec les devoirs ou les droits que la loi y attache, ce que l'on est convenu d'appeler l'*état de la personne*.

Status, qualitas, cujus ratione, homines diverso jure utuntur. (*Heinecc. recit. n*° 76.)

Status ejus moralis dicitur, qui per obligationes et jura determinatur. (*Wolff, loc. cit.*)

Ainsi l'état consiste en l'habileté à jouir dans

une *cité* ou dans une *famille*, des droits actifs ou passifs propres aux membres du corps social ou de la famille.

Il est *politique* ou *civil*.

L'état politique se compose des qualités ou capacités que doit avoir la personne pour être admise à participer aux fonctions publiques ou à concourir à l'action du gouvernement dans les limites fixées par la charte constitutionnelle. (7.)

Les lois qui règlent l'état politique de la personne, et l'exercice des droits actifs ou passifs qui en dérivent, appartiennent exclusivement au droit public. (*Même art.*)

L'état *civil* se forme des qualités qui rendent habile à réclamer la jouissance des droits, ou soumettent aux devoirs établis par la loi civile dans l'intérêt privé des membres du corps social.

Ces droits que la loi civile attribue à la personne à l'exclusion de l'homme, sont appelés droits civils ou relatifs, par opposition aux droits absolus dont la loi naturelle garantit à l'homme la jouissance partout où il se trouve, et à quelque société qu'il appartienne.

Les droits naturels ou absolus de l'homme sont la vie ou la sûreté, la liberté et la propriété.

La liberté est le règne du devoir : *Idcircò legum servi sumus, ut liberi esse possimus.* (*Cic. in Cluent.*)

Les droits civils ou relatifs sont ceux qui, bien qu'ils soient établis dans l'intérêt privé des personnes, se rattachent néanmoins à l'organisation même du corps social, et intéressent plus ou moins directement l'ordre public, soit qu'on en trouve le principe dans la loi naturelle, soit qu'ils n'aient de fondement que dans la loi positive, et paraissent une institution purement humaine.

TITRE PREMIER.

DE LA JOUISSANCE DES DROITS CIVILS,

EN TANT QU'ELLE EST INHÉRENTE A LA QUALITÉ DE MEMBRE DU CORPS SOCIAL.

Les droits civils dérivant des lois organiques de la Société, doivent appartenir avant tout et dans un sens absolu à ceux qui en sont membres.

Ainsi, en thèse générale, tout Français jouira, sans aucune limitation, des droits civils institués par la loi française. (8.)

Mais dans les principes du nouveau droit établi entre les nations, il n'y a plus, à proprement parler, d'étrangers, hors de l'état de guerre. — Les liens communs qui, dans la paix, unissent les différens peuples, leur donnent en quelque sorte droit de bourgeoisie ou de cité les uns chez les autres.

En conséquence les étrangers ont dû être et ont été en effet admis à jouir en France des droits civils, toutefois avec certaines restrictions ou sous certaines conditions que commandait la loi politique.

D'un autre côté, l'on ne doit pas confondre avec l'étranger, dans l'acception que ce mot doit avoir aujourd'hui, l'individu qui a été judiciairement retranché de la Société, pour avoir essentiellement violé les principes sur lesquels elle repose. — Celui-ci n'ayant plus aucun état social, ne peut, si on lui conserve la vie naturelle, réclamer que les purs droits de l'humanité.

CHAPITRE PREMIER.

QUELLES PERSONNES ONT LA QUALITÉ DE FRANÇAIS ET DOIVENT EN CONSÉQUENCE JOUIR DE TOUS LES DROITS CIVILS FRANÇAIS.

L'on est Français, ou par son domicile d'origine, ou spécialement par sa naissance, ou enfin par naturalisation.

Tout homme ayant son domicile natal ou d'origine dans les limites du territoire français, doit être par là même réputé Français jusqu'à la preuve contraire.

Celui-là est spécialement Français par la naissance, qui est né en pays étranger d'un Français qui n'a point perdu cette qualité. (10, 1er *al.*)

Lorsqu'il y a mariage, l'enfant suit la condition du père; hors le mariage, il suit celle de la mère.

La naturalisation est un acte de l'autorité royale, par lequel un étranger est, après l'accomplissement de certaines conditions, admis au nombre des Membres du corps social.

Les conditions préalables à la naturalisation sont :

1° Que l'étranger ait déclaré son intention de se fixer en France à perpétuelle demeure, déclaration qu'il ne peut faire qu'à l'âge de vingt et un ans accomplis (*Loi du* 22 *frimaire an* 8, *art.* 3e);

2° Qu'il ait été autorisé par le Roi à établir son domicile en France (*Civ.*, 13. — *Avis du Cons. d'Etat du* 18 *prairial an* XI. — *Ord. du* 4 *juin* 1814, *art.* 2e);

3° Qu'il y ait résidé pendant dix années consécutives. (*L. du 22 frim. an* 8, *art* 3ᵉ.)

La naturalisation est ensuite, sur une nouvelle demande de l'étranger, prononcée par le Roi en Conseil d'Etat. (*Décret du* 17 *mars* 1809; *Ord. du* 14 *oct.* 1814, *art.* 3ᵉ *in fine.*)

Toutefois les dix années de résidence peuvent être réduites à une seule, en considération des services que l'étranger aurait rendus à l'Etat, ou par d'autres motifs dont l'appréciation appartient au Roi. (*Sénat. Consult. du* 26 *vend. an* XI, *et du* 19 *février* 1808. *Ord. du* 14 *oct.* 1814.)

En ce cas la naturalisation peut même être conférée immédiatement sous la condition de l'année de résidence.

Par les lettres de déclaration de naturalité ou de naturalisation, l'étranger acquiert tout-à-la-fois l'état civil et l'état politique, s'il a d'ailleurs les capacités requises pour l'exercice des droits politiques.

Et, bien que pendant le stage auquel il est soumis, il ne soit membre du corps social que sous une condition qui peut défaillir, néanmoins il jouira de la plénitude des droits civils, du jour où il aura obtenu l'autorisation d'établir en France son domicile. (13.)

Par une faveur spéciale, la loi civile confère directement, et sans qu'il soit besoin de lettres de naturalisation, la qualité de Français, et toutes les prérogatives qui peuvent y être attachées :

1° A la femme étrangère qui a épousé un Français, du jour de la célébration de son mariage (12);

2° A l'étranger qui est venu au monde sur le sol français, du jour où, étant parvenu à sa majorité, il aura déclaré que son intention est de fixer son domicile en France, si toutefois il l'y établit en effet dans l'année qui suivra sa déclaration (9);

3° A l'enfant issu d'un Français qui avait perdu cette qualité, de la même manière et sous les mêmes conditions qu'à l'étranger né sur le sol français. (10, 2e *al.*)

Mais il y a cette différence essentielle entre l'enfant né d'un sang originairement français, et l'étranger qui n'a pour lui que l'avantage d'être né en France; que le premier peut, à partir de sa majorité, réclamer la qualité de Français, quand bon lui semble, tandis que cette faculté est circonscrite à l'égard du second, dans l'année qui suit l'époque de sa majorité. (9, 10, 18.)

CHAPITRE II.

DANS QUELLE ÉTENDUE ET SOUS QUELLES CONDITIONS L'ÉTRANGER JOUIT EN FRANCE DES DROITS CIVILS.

En premier lieu, l'étranger est habile à jouir de tous les droits civils dont on trouve le principe dans la loi naturelle ou le droit des gens, à moins qu'il n'en soit déclaré incapable par une loi formelle.

En second lieu, il peut être admis à la jouissance des droits même purement civils, soit par un traité conclu avec la nation à laquelle il appartient, soit par une loi politique de l'autorité législative française. (11, 2123.)

Enfin l'étranger, autorisé par le Roi à établir son domicile en France, y jouit de la plénitude des droits civils, tant qu'il continue d'y résider, alors même que la naturalisation ne devrait pas s'ensuivre. (13.)

Et quel que soit l'état civil de l'étranger en

France, il est toujours investi du droit de réclamer pardevant les tribunaux français l'exécution des engagemens qu'un Français aurait contractés envers lui, soit en France, soit en pays étranger. (15.)

Seulement l'étranger, *demandeur* en toute autre matière qu'en matière commerciale, sera tenu de fournir la caution, *judicatum solvi*, s'il ne possède pas d'ailleurs en France des immeubles suffisans pour assurer le paiement des frais du procès. (16. — *Proc.*, 166.)

Du reste, le pouvoir judiciaire étant un démembrement de la souveraineté, le jugement rendu par un tribunal étranger, soit contre un Français, soit *contre un étranger* en faveur d'un Français, ne peut en France avoir par lui-même ni la force d'exécution attachée aux actes de l'autorité publique, ni ce caractère d'infaillibilité sur lequel repose l'autorité de la chose jugée. (2123. — *Proc.*, 546.)

Les jugemens rendus ès souverainetés étrangères n'auront aucune exécution en notre royaume. Et nonobstant lesdits jugemens, *nos sujets contre lesquels ils auront été rendus*, pourront de nouveau débattre leurs droits comme entiers devant nos officiers. (*Ord. de* 1629, *art.* 121.)

C'est d'après cela qu'il a été établi en principe, que par dérogation à la maxime, *Actor sequitur forum rei*, l'étranger pourrait, dans tous les cas, être traduit devant les tribunaux français pour l'exécution des obligations contractées par lui envers un Français, soit en France, soit en pays étranger. (14).

CHAPITRE III.

COMMENT DANS LES PRINCIPES DU DROIT DE NATION A NATION L'ON PERD LA JOUISSANCE DES DROITS CIVILS, ET COMMENT ON PEUT LA RECOUVRER.

Cinq causes peuvent faire perdre la qualité de Français, et par suite la jouissance des droits civils qui y sont attachés.

La première et la principale est la naturalisation acquise en pays étranger. (17, 1°)

Toutefois si elle a été autorisée par le Roi, la personne ainsi naturalisée, tout en perdant la qualité de Français, incompatible avec son nouvel état, continuera à jouir en France de tous les droits civils qui ont leur fondement dans le droit des gens, quand même les sujets de l'état où la naturalisation est acquise ne pourraient point les exercer. (*Décret du 26 août 1811, art.* 3.)

Et les enfans nés depuis la naturalisation, jouiront des mêmes droits pendant leur minorité et pendant les dix années qui suivront leur majorité accomplie, indépendamment de la faculté qui leur est réservée de réclamer la qualité de Français, comme nés d'un sang originairement français. (*Même décret, art.* 4.)

La seconde cause est l'acceptation non autorisée par le *Roi*, de fonctions publiques, conférées par un gouvernement étranger, quand même elles seraient temporaires et révocables. (17, 2°, 107.)

La troisième, l'acceptation de service militaire chez un prince étranger, ou l'affiliation à une corporation militaire étrangère, à moins que le Roi ne l'ait autorisée par lettres-patentes. (21, 1er *al.*)

La quatrième, tout établissement fait en pays étranger sans esprit de retour. — Les établissemens de commerce ne seront jamais considérés comme exclusifs de l'esprit de retour. (17, 3° *et ult. al.*)

Enfin la cinquième cause, particulière à la femme, est le mariage. La femme *française*, qui épouse un étranger, devient par là même étrangère aux yeux de la loi française, nonobstant toute protestation contraire. (19, 1er *al.*)

Populus tuus, populus meus; Deus tuus, Deus meus; ubicumque perrexeris, pergam; et ubi morieris, egoque moriar (1).

Le Français qui a perdu cette qualité, la recouvre en rentrant en France et en y fixant son domicile avec l'autorisation du Roi, mais du jour seulement où il aura obtenu cette autorisation; en sorte qu'il ne peut exercer aucun des droits qui, dans l'intervalle, se sont ouverts à son profit, et ont été dévolus à d'autres par suite de son expatriation. (18, 20.)

Toutefois la femme française, qui ayant épousé un étranger, deviendra veuve, tandis qu'elle réside en France, recouvrera de ce moment-là même la qualité de Française, pourvu que sa conduite postérieure ne démente pas l'intention que la loi lui suppose, de fixer désormais son domicile dans sa première patrie. (19, 2e *al.*)

D'un autre côté, le Français qui s'est exposé à porter les armes contre sa mère-patrie, en prenant, sans l'autorisation du Roi, du service militaire dans un corps de troupe étranger, perd

---

(1) J'adopte tes parens, tes dieux et ta patrie,
Et s'il faut qu'après toi je conserve la vie,
Où tu mourras, je veux mourir.

par là même toute la faveur due à son origine; et il ne peut en conséquence redevenir Français qu'en remplissant toutes les conditions imposées à un étranger de naissance. (21, 2e *al.*)

En ce qui concerne les étrangers, ils perdent l'état civil dont ils peuvent jouir en France, par la rupture des traités, ou la révocation des lois politiques qui le leur conféraient. — Ils le recouvrent par de nouveaux traités, ou en vertu de nouvelles lois politiques.

CHAPITRE IV.

DE LA PRIVATION DES DROITS CIVILS, PAR SUITE DE CONDAMNATIONS JUDICIAIRES; ET SPÉCIALEMENT DE LA MORT CIVILE.

ART. 1er. *Qu'est-ce que la mort civile, et à quelles peines est-elle attachée?*

La mort civile est la privation de tout état civil, ou le retranchement absolu de la société des hommes, par l'effet d'un jugement de condamnation à une peine afflictive et perpétuelle. (22.)

Les peines afflictives perpétuelles auxquelles la mort civile est attachée, sont :

1° La peine de mort;
2° Celle des travaux forcés à perpétuité;
3° Celle de la déportation. (23, 24. — *Pén.* 18.)

ART. 2. *Quels sont les effets de la mort civile?*

La mort civile produit, par rapport à la *personne* et aux biens qu'elle possède au moment où elle en est frappée, les mêmes effets que la mort naturelle.

C'est ainsi qu'elle rompt tous les liens de famille, et qu'*elle dissout le mariage même* (1), du moins dans l'ordre civil et légal;

Qu'elle rend activement et passivement incapable de tous les actes qui appartiennent au droit civil par leurs formes substantielles;

Qu'enfin elle ouvre la succession du condamné en faveur de ses héritiers ab intestat. (25, 227, 725, *etc.*)

Néanmoins, dans le cas de la déportation, le Gouvernement peut accorder au condamné, mais dans le lieu de sa déportation seulement, la jouissance des droits civils ou de quelques-uns de ces droits. (*Pén.* 18.)

Dans tous les cas, le mort civilement conserve avec la vie naturelle les droits absolus de l'homme.

Ainsi il pourra recevoir des alimens, même par testament.

Il sera capable de tous les contrats qui sont restés sous l'empire du droit des gens; tels que la vente, l'échange, le louage.

Et si un tiers compromet sa sûreté, ou attente à sa liberté ou à sa propriété, les tribunaux lui devront la même justice que s'il avait la vie civile.

---

(1) Combien mieux inspiré le législateur romain! *Matrimonium deportatione vel aquæ et ignis interdictione non solvitur, si casus in quem incidit maritus non mutet uxoris affectionem.* (L. 1, C. *de repudiis.*)

Sœur d'Abel, femme généreuse,
Va, suis dans le désert ton époux criminel;
Pleure avec lui sa chute affreuse;
Partage, s'il se peut, son supplice cruel:
Qu'il goûte quelquefois la paix de l'innocence!
Du ciel adoucis la vengeance,
Endors ses remords dévorans;
Malgré son parricide et son juste anathème,
C'est toujours ton époux, la moitié de toi-même;
C'est le père de tes enfans.

Seulement il ne pourra plaider, soit en demandant, soit en défendant, que par le ministère et sous le nom d'un curateur spécial, appelé curateur à la mort civile, et qui lui sera nommé par le tribunal où l'action doit être portée. (25, 3ᵉ *et* 6ᵉ *al.*)

Du reste le mort civilement ne pouvant plus appartenir à aucune famille, et étant privé du droit de tester, les biens par lui acquis et dont il se trouvera en possession lors de sa mort naturelle appartiendront à l'Etat comme biens vacans et sans maître. (25, 2ᵉ *et* 3ᵉ *al.* — 33, 1ᵉʳ *al.*)

Et néanmoins il sera loisible au Roi d'en faire, au profit des personnes qui tenaient au mort civilement par les liens du sang, telles dispositions que lui suggérera l'humanité. (33, 2ᵉ *al.*)

Art. 3. *De quel moment est encourue la mort civile, et commencent les incapacités qu'elle produit?*

Les condamnations *contradictoires* emportent la mort civile à compter *inclusivement* du jour de leur exécution soit réelle, soit par effigie. (26. — *Pén.* 12, 20, 22, 23, 35, 36, 17, 18. — *Instr.* 472.)

Les condamnations *par contumace* ne font perdre la vie civile qu'après cinq années révolues à partir aussi *inclusivement* du jour de l'exécution par effigie. (27, 29.)

Pendant ces cinq années, ou jusqu'à ce qu'il se représente ou soit arrêté dans ce même intervalle de temps, le condamné est privé, non de la *jouissance*, mais seulement de l'*exercice* de ses droits civils. — Il est frappé d'une interdiction légale dont on expliquera plus tard les effets. (28. — *Instr.* 465, 466.)

Lorsqu'il se présentera volontairement ou qu'il aura été constitué prisonnier dans les cinq années qui lui sont accordées pour purger sa contumace, le jugement sera considéré comme non avenu.

En conséquence il rentrera dans l'exercice de tous ses droits; et si, à la suite de la nouvelle instruction à laquelle il sera soumis, il est condamné à la même peine, ou à une autre peine qui doit également le retrancher de la Société, la mort civile ne sera encourue que du jour de l'exécution du second jugement. (29.)

Lorsque le condamné par contumace meurt dans le délai de grâce, il est réputé mort dans l'intégrité de ses droits; le jugement est également considéré comme non avenu, sauf l'action en dommages-intérêts de la partie lésée, pardevant les Tribunaux civils. (31.)

A l'égard de celui qui a été condamné contradictoirement, s'il meurt avant l'exécution, il n'aura jamais été mort civilement; et sous ce rapport l'on peut dire qu'il décède aussi *integri status;* mais le jugement étant irrévocable, les adjudications prononcées en faveur de la partie civile, lui demeurent acquises.

Art. 4. *Comment la mort civile peut cesser?*

Les effets de la mort civile encourue sont irrévocables à l'égard des tiers. (30, *in fin.*)

Mais le mort civilement peut être réintégré dans la vie civile et recouvrer tous ses droits *pour l'avenir*, soit par un jugement d'absolution, soit par la grâce du prince.

La mort civile peut cesser par un jugement

d'absolution, dans le cas d'une condamnation par contumace, alors que le condamné ne s'est présenté à la justice, ou n'a été arrêté qu'après les cinq années de grâce révolues.

S'il est acquitté ou absous par le nouveau jugement, ou condamné à une peine qui n'emporte pas la mort civile, il rentre dans la plénitude de ses droits, à compter *inclusivement* du jour où il aura reparu en justice. (30. *Instr.*, 476.)

Il en serait de même dans le cas où le contumace mourrait pendant la nouvelle instruction, à raison de la présomption d'innocence qui milite en faveur de tout accusé qui n'a point subi son jugement. (*Instr.*, 476.)

Lorsqu'après l'exécution du jugement, le Roi mu par des considérations particulières qui ne pouvaient frapper le législateur, a, en usant du droit que lui réserve la Charte, fait remise de la peine, ou l'a commuée en une autre peine n'emportant pas la mort civile, le condamné renaîtra à la vie civile, du jour de l'entérinement des lettres de grâce par la Cour royale.

Mais la prescription de la peine ne réintégrera point le condamné dans ses droits civils pour l'avenir; elle sera même un obstacle à ce que la contumace puisse être désormais purgée. (32. *Instr.*, 641.)

Les peines en matière criminelle se prescrivent par vingt années révolues, à compter de la date de l'arrêt soit contradictoire, soit par contumace. (*Instr.*, 635.)

Art. 5. *De la privation partielle des droits civils.*

Les peines afflictives ou infamantes qui n'emportent point la mort civile, font néanmoins perdre au condamné, indépendamment des droits politiques, quelques-uns de ceux qu'établit la loi civile.

Ainsi, celui qui a été condamné à la peine des travaux forcés à temps, de la reclusion, du bannissement, du carcan, devient par là même à jamais incapable de tutelle et de curatelle, si ce n'est de celle de ses enfans et sur l'avis de la famille. (*Pén.*, 28.)

Mais cette mort civile imparfaite peut cesser par la réhabilitation. (*Instr.*, 633, 634.)

L'exclusion de certains droits civils peut même, à la différence de la mort civile, être prononcée directement comme peine principale, dans certains cas spécialement déterminés par la loi pénale. (*Pén.*, 8, 3°; 34, 9, 2°; 42, 335, 374, 401, 405, 406, 407, 408.)

Et alors, l'incapacité qu'imprime le jugement étant la peine même, et non une conséquence de la peine, ne saurait être effacée par la réhabilitation. (*Instr.*, 619.)

CHAPITRE V.

COMMENT ON PROUVE SA QUALITÉ DE MEMBRE DU CORPS SOCIAL; ET SPÉCIALEMENT DU DOMICILE.

Hors le cas de la naturalisation, c'est par une présomption déduite de la fixation du domicile, que l'on prouve son agrégation au corps social; et même l'une des conditions essentielles de toute naturalisation est, comme on l'a vu, l'établissement du domicile dans un pays soumis au souverain dont on veut devenir sujet.

Art. 1er. *Qu'est-ce que le domicile, et comment on l'acquiert?*

Le domicile d'une personne est le lieu dont elle a fait le centre de toutes ses relations sociales, où elle a fixé le siège principal de sa fortune ou de ses affaires, et dont enfin elle ne s'éloigne qu'avec l'intention d'y revenir. (102.)

In eo loco singulos habere domicilium non ambigitur, ubi quis larem, rerumque ac fortunarum summam constituit; undè non sit discessurus si nihil avocet; undè, cùm profectus est, peregrinari videtur; quod si rediit, peregrinari jam destitit. (L. 7, *C. de incolis.*)

L'enfant, au moment de sa naissance, ne peut avoir d'autre domicile que celui de ses père et mère; c'est ce que l'on appelle le domicile *natal* ou d'*origine*. (108.)

Mais chacun, alors qu'il est capable de disposer de sa personne ou de ses biens, est libre de se donner un autre domicile, et peut même en changer aussi souvent que bon lui semble au gré de ses intérêts ou de ses affections. — Ce domicile, postérieurement acquis, est appelé *domicile de choix*.

L'on conserve, par la seule intention, un domicile acquis, et surtout le domicile natal; mais le changement de domicile ne peut s'opérer que par le fait d'une résidence réelle dans un autre lieu, joint à l'intention d'y porter son principal établissement. (103.)

Domicilium re et facto transfertur, non nudâ contestatione. (L. 20, ff. *ad municip. et de inc.*)

La preuve de l'intention résultera d'une déclaration formelle faite tant à la *mairie* du lieu que l'on aura quitté, qu'à celle du lieu où l'on aura transféré son domicile. (104.)

A défaut de cette déclaration, *l'intention* s'induira des circonstances qui auront accompagné ou suivi le changement de résidence. (105.)

Si quis negotia sua in municipio semper agit; in illo vendit, emit, contrahit; foro, balneo, spectaculis utitur; *festos dies celebrat*; omnibus denique commodis municipii fruitur; ibi magis habere domicilium videtur. (L. 27, ff. *ad municip. et de inc.*)

En ce cas, les preuves du changement de domicile seront, quant à leur appréciation, entièrement dans le domaine du juge qui ne devra toutefois admettre que des présomptions graves, précises et concordantes, conformément aux principes généraux en matière de présomptions humaines. (1353.)

Dans le doute, l'on sera présumé avoir conservé son ancien domicile.

Mais la loi établit une présomption d'intention, exclusive de toute preuve contraire, dans trois cas déterminés :

1° Le majeur qui travaille habituellement chez autrui, et n'a point d'autre résidence que la maison de la personne qu'il sert, aura nécessairement le même domicile que celle-ci. (109.)

2° Les personnes qui ne peuvent agir qu'avec l'autorisation, ou par le ministère d'un protecteur ou administrateur légal, n'auront également pas d'autre domicile que le sien. (108.)

C'est ainsi que la femme aura de droit son domicile chez son mari; le mineur non émancipé ou l'interdit, chez ses père et mère ou tuteurs. (*même article.*)

3° L'acceptation de fonctions à vie et non révocables, emportera translation immédiate du domicile dans le lieu où elles doivent être exercées. (107.)

Mais cette présomption n'est point attachée à l'acceptation de fonctions temporaires ou révocables conférées par le souverain de l'Etat dont on est membre. (106, 17, 20.)

De même, l'exercice des droits politiques dans un lieu autre que celui où l'on a un domicile acquis, ne suffira point, en thèse générale, pour faire présumer un changement de domicile, quant à l'exercice des droits civils.

C'est en effet un principe de notre droit public, que l'on peut avoir deux domiciles distincts et séparés, l'un pour l'exercice des droits politiques, l'autre pour l'exercice des simples droits civils. (7, 102. —*Loi du* 22 *frim. an* 8, *art.* 6. —*Décr. du* 17 *janv.* 1806, *art.* 3, §. 2.)

Art. 2. *Quels sont les effets du domicile?*

Indépendamment de l'influence que le domicile exerce sur l'état de la personne, comme devant faire reconnaître à quelle société elle appartient, il produit accessoirement plusieurs droits actifs et passifs.

C'est ainsi que le domicile opère vis-à-vis des autres habitans du même lieu, un quasi-contrat qui oblige le nouveau domicilié à supporter une part des charges qui pèsent sur la commune, et lui donne en même temps le droit de participer aux avantages établis pour tous.

C'est encore ainsi qu'en matière *personnelle*, l'on ne peut être assigné que devant le juge de son domicile. (*Proc.*, 59, 1er *al.*)

Mais il est libre à chacun de renoncer à ce droit par une clause d'*élection de domicile.*

Le domicile *conventionnel* ou d'*élection* est un domicile fictif et spécial, que l'on prend dans un acte pour tout ce qui concerne l'exécution de l'engagement que l'on y a contracté.

L'élection de domicile est attributive de juridiction, *ratione personæ.* — De plus elle autorise le créancier à faire, au domicile élu, toutes les significations que peut nécessiter l'exécution de l'acte auquel elle se réfère, et ce, nonobstant l'absence ou le décès de ceux chez lesquels elle a eu lieu, si le débiteur n'a pas indiqué un autre domicile choisi dans la même commune. (111, 1258, 6°, 2156, 2152, 2210. — *Proc.*, 59, 3e *al. et ult.*)

Ainsi ce domicile de convention remplace le domicile réel pour tous les rapports que l'engagement principal peut établir entre les parties; mais il en diffère essentiellement en ce que, d'une part, ses effets ne sauraient être étendus à d'autres engagemens; et que, d'autre part, il passe activement et passivement aux héritiers avec tous les autres droits actifs ou passifs résultant de la convention. (1163, 1122, 2156.)

Enfin, c'est le dernier domicile du défunt qui déterminera le lieu de l'ouverture de sa succession, et réglera la compétence du tribunal, lorsque le partage devra être fait en justice. (110, 822.)

TITRE SECOND.

DE L'ÉTAT DE FAMILLE,

ET DE LA JOUISSANCE DES DROITS CIVILS QUI Y SONT ATTACHÉS.

Pour être habile à réclamer la jouissance des droits civils, il faut, avant tout, être membre de la société pour laquelle ils ont été établis. — C'est ce que l'on a expliqué dans le titre précédent.

Mais la plupart des droits civils sont en même temps des droits de famille ; et pour avoir la jouissance de ceux-ci, il faut nécessairement être membre de la famille dans laquelle ils se sont ouverts.

CHAPITRE PREMIER.

COMMENT S'ACQUIERT L'ÉTAT DE FAMILLE; ET SPÉCIALEMENT DES DEGRÉS DE PARENTÉ ET D'ALLIANCE.

La famille est l'assemblage des personnes qui sont nées les unes des autres, ou qui descendent d'un auteur commun.

Les rapports que la nature et la loi civile établissent entre les membres de la famille, constituent la parenté.

La parenté est, ou naturelle et civile tout à la fois, ou purement naturelle, ou purement civile.

La parenté naturelle et civile est celle qui a sa source dans un mariage légitime.

La parenté purement naturelle est celle qui dérive d'une union qui n'a point la sanction de l'autorité publique, quand même elle ne serait point criminelle aux yeux de la morale et de la religion.

Telle l'union du mari déporté et de la femme qui s'attache à son malheur. (25, 8e *al.*)

La parenté purement civile est celle que produit l'adoption.

La parenté naturelle et civile est la seule qui donne, à proprement parler, l'état de famille. — La parenté purement naturelle et la parenté purement civile n'en confèrent les droits actifs et passifs que d'une manière plus ou moins imparfaite.

L'on considère en outre, comme appartenant à la famille, la personne qui s'est unie par le mariage à l'un de ses membres.

Les rapports que le mariage fait naître entre l'un des époux et les parens de l'autre constituent l'*alliance* ou *affinité*.

L'affinité ou alliance donne un rang dans la famille, mais non tous les droits actifs et passifs attachés à la parenté. (162, 174, 490, 731, 767.)

Enfin tous les *parens* ou *alliés* n'ont pas, les uns à l'égard des autres, les mêmes droits de famille : ces droits sont, en thèse générale, dévolus à chacun suivant la proximité de son degré.

Chacune des générations qui séparent un parent de l'autre forme entre eux un degré, de sorte que le degré est plus ou moins éloigné suivant que le nombre des générations est plus ou moins considérable. (735.)

La série des degrés entre personnes qui sont nées les unes des autres est appelée *ligne directe*; et suivant qu'on la considère par rapport aux *ascendans*, ou par rapport aux *descendans*, ligne *ascendante*, ou ligne *descendante*. (736.)

La série des degrés entre personnes qui ne sont pas nées les unes des autres, mais qui ont un auteur commun, est appelée *ligne collatérale*. (736, 1er *al.*)

Dans l'une comme dans l'autre ligne, les degrés se comptent par les générations ; de manière qu'entre deux parens collatéraux la computation doit se faire, d'abord en remontant de l'un jusqu'à l'auteur commun exclusivement, puis en descendant de celui-ci jusqu'à l'autre collatéral. (737, 738.)

Tot sunt gradus quot sunt personæ genitæ, dempto communi stipite.

Quant à l'alliance ou affinité, elle suit les degrés de la parenté, c'est-à-dire que chacun des époux est allié avec les parens de l'autre au même degré que celui-ci est leur parent.

En ligne *collatérale*, il n'y a plus de parenté *civile* ou d'*alliance* au-delà du 12e degré. (755.)

Une autre règle qui ne s'applique également qu'à la parenté ou alliance *collatérale*, c'est que, dans le même degré il peut y avoir diversité de liens et de droits.

Deux parens collatéraux peuvent en effet avoir pour auteurs communs le même père et la même mère, ou le même père seulement, ou la même mère seulement.

Dans le premier cas on les appelle *germains* ; dans le second, *consanguins* ; dans le troisième, *utérins*. (733.)

Mais la loi n'attache des droits différens à cette diversité de liens, que lorsqu'elle se présente dans la ligne *quasi-directe* des frères et sœurs et de leurs descendans. (408, 752.)

CHAPITRE II.

COMMENT SE PERD L'ÉTAT DE FAMILLE ET LA JOUISSANCE DES DROITS CIVILS QUI EN DÉRIVENT.

L'état de famille se perd par la rupture des liens de parenté ou d'alliance.

Les liens de parenté naturelle sont dissous par la mort naturelle ; ceux de parenté civile peuvent l'être et par la mort naturelle et par la mort civile.

Il en est de même de l'alliance. (162, 407.)

Toutefois l'alliance est, par rapport à certains droits ou devoirs de famille, considérée comme étant encore détruite par la dissolution du mariage qui l'a produite, et le prédécès des enfans nés de ce mariage. (206.)

CHAPITRE III.

COMMENT SE PROUVE L'ÉTAT DE FAMILLE; ET SPÉCIALEMENT DES ACTES DE L'ÉTAT CIVIL.

L'état de famille tenant à l'ordre social, la loi civile n'en pouvait abandonner les preuves au caprice des personnes intéressées.

Régulièrement ces preuves doivent être tirées des registres de l'*état civil*.

L'on appelle ainsi une suite d'actes ayant pour objet spécial de constater la formation ou la rupture des liens de parenté ou d'alliance, et rédigés, sur la déclaration des personnes intéressées ou de leurs mandataires, par des officiers publics auxquels la loi donne la dénomination d'*officiers de l'état civil*.

A défaut de ces actes, l'état de famille pourra être établi par d'autres modes de preuve, mais seulement dans les cas prévus et sous les conditions déterminées par la loi.

SECTION PREMIÈRE.

RÈGLES COMMUNES A TOUS LES ACTES DE L'ÉTAT CIVIL.

D'après notre droit public, les administrateurs des *communes*, c'est-à-dire les maires, et à leur défaut, leurs adjoints, sont seuls investis des fonctions d'officiers de l'état civil; et ils ne peuvent les exercer que dans les limites territoriales de la commune dont l'administration leur est confiée. (*L. du* 28 *pluviôse an* 8, *art* 13. — *L. du* 19 *vendém. an* 4, *art.* 12.)

A moins d'une disposition spéciale contraire, les déclarations doivent être faites, et les actes rédigés en présence de deux témoins, outre les déclarans qui y figurent comme parties.

Mais il suffira, pour être habile à témoigner dans un acte de l'état civil, que l'on soit du sexe masculin, âgé de vingt-un ans accomplis et que l'on ait la jouissance et l'exercice de droits civils plus ou moins étendus.

De plus, les témoins seront choisis par les parties intéressées; et l'officier de l'état civil n'en pourra appeler d'autres qu'autant que ceux qu'on lui présente n'auraient pas les qualités requises.

Enfin, ils ne seront point récusables pour cause de parenté ou d'alliance, soit avec les déclarans ou parties, soit avec l'officier de l'état civil. (37.)

L'officier de l'état civil doit se borner à reproduire la déclaration telle qu'il la reçoit, en rejetant cependant toute énonciation étrangère à son objet, ou aux bonnes mœurs ou aux lois d'ordre public; et pour s'assurer de l'exactitude de sa rédaction, il donnera lecture de l'acte aux parties et aux témoins. (35, 38, 1er *al.*)

Il faudra en outre, pour que l'acte soit irréprochable sous le rapport de la forme,

1° Qu'il énonce, d'après le calendrier grégorien, l'année, le jour et l'heure où il a été reçu;

2° Qu'il énonce également les prénoms, noms, âge, profession et domicile, soit des déclarans ou parties, soit de ceux dont il a principalement pour objet de constater l'état de famille, soit enfin des témoins instrumentaires (34);

3° Qu'il contienne une mention spéciale de la formalité de la lecture (38, 2e *al.*);

4° Qu'il soit signé par les comparans et les témoins, ou qu'il y soit fait mention de la cause qui empêcherait les uns ou les autres de signer;

5° Qu'il soit clos par la signature de l'officier de l'état civil (39);

6° Qu'il n'y soit laissé aucun blanc;

7° Qu'il soit écrit sans abréviation, et qu'aucune date n'y soit mise en chiffres;

8° Que les ratures et les renvois, quelque place qu'ils occupent, soient approuvés et signés de la même manière que le corps de l'acte. (42.)

Les actes de l'état civil doivent d'ailleurs être inscrits, par ordre de date, les uns à la suite des autres sans aucun intervalle, sur un ou plusieurs registres tenus *doubles*, cotés et paraphés par le président du Tribunal de première instance. (40, 41, 42.)

Et à la fin de chaque année, ces registres seront clos et arrêtés par l'officier de l'état civil; puis, dans le mois qui suivra, l'un des doubles sera déposé au greffe du Tribunal de première instance, tandis que l'autre restera dans les archives de la commune. (43.)

Si la loi n'exige point que les parties comparaissent en personne, elles pourront se faire représenter par un mandataire; mais les procurations devront être spéciales et authentiques. (36.)

Ces procurations et toutes les autres pièces qui doivent servir de complément aux actes de l'état civil, seront paraphées tant par celui qui les produit, que par l'officier de l'état civil, et demeureront annexées au double des registres, dont le dépôt doit avoir lieu au greffe du Tribunal. (44.)

Dans tous les cas où la mention d'un acte relatif à l'état civil devra avoir lieu en marge d'un autre acte déjà inscrit, elle sera faite à la requête des parties intéressées, par l'officier de l'état civil, sur les registres courans, ou sur ceux qui seront restés aux archives de la commune; et par le greffier du Tribunal de première instance, sur les registres déposés au greffe, d'après l'avis que l'officier de l'état civil en donnera au procureur du Roi. (49.)

Aucune des formalités auxquelles sont soumis les actes de l'état civil n'est *substantielle* : telle est la règle générale.

La sanction de la loi se trouve dans les peines prononcées contre l'officier de l'état civil, en cas de violation des règles prescrites; et dans la responsabilité qui pèse sur lui, vis-à-vis des parties intéressées. (50, 52, 1382. — *Pén.* 192.)

Tout dépositaire des registres sera en outre *civilement* responsable des altérations qui y surviendraient, sauf son recours contre ceux qui en seraient les auteurs. (51.)

Et afin d'assurer l'effet de ces dispositions pénales, le procureur du Roi est tenu de vérifier l'état des registres lors du dépôt qui en est fait au greffe; et de dénoncer les contraventions ou délits commis par les officiers de l'état civil, en faisant telles réquisitions qu'il appartiendra. (53.)

A la différence des minutes des notaires, les registres de l'état civil sont publics comme intéressant la société tout entière; en conséquence, toute personne pourra s'en faire délivrer des *copies* par l'officier de l'état civil ou le greffier du Tribunal. — Ces copies ont reçu la dénomination spéciale *d'extraits*. (45.)

Enfin, les actes de l'état civil sont des *actes authentiques*, qui feront foi jusqu'à inscription de faux, contre ceux qui y ont été parties, ou y ont été légalement représentés. (*Même art.*)

En cas de perte des registres, les extraits, délivrés par les officiers à qui le dépôt en est confié, auront la même force probante. (*Même art.* — 1335.)

Néanmoins, ces copies devront être légalisées par le président du Tribunal civil de l'arrondissement où l'acte a été reçu, à moins qu'elles ne soient produites devant ce même Tribunal. (*Même art.* — *Vent.* 28.)

SECTION II.

RÈGLES SPÉCIALES A CHACUN DES ACTES DE L'ÉTAT CIVIL.

Les principaux actes de l'état civil, sont :

Les actes de naissance,

Les actes de mariage,

Les actes de reconnaissance de paternité naturelle,

Les actes d'adoption,

Les actes de décès.

Les règles particulières aux actes de mariage, de reconnaissance de paternité naturelle et d'adoption, seront exposées aux titres du mariage, et de la paternité ou filiation.

ART. 1er. *Des actes de naissance.*

Les déclarations de naissance doivent être faites dans les trois jours de l'accouchement. (55.)

Si l'enfant est né dans le mariage, et que le père soit présent sur les lieux, la déclaration doit émaner de celui-ci. (56.)

En cas d'absence ou d'empêchement du père, ou si l'enfant est né hors le mariage, sont délégués par la loi, pour déclarer la naissance, les docteurs en médecine ou en chirurgie, officiers de santé, sages-femmes et autres personnes qui auront assisté à l'accouchement; ou enfin ceux chez qui la mère serait accouchée, à supposer qu'elle fût hors de son domicile. (56.)

L'enfant sera présenté à l'officier de l'état civil, et l'acte rédigé de suite dans la forme ordinaire. (55, 56, 2e *al.*)

Outre les mentions généralement prescrites, l'acte de naissance énoncera le jour, l'heure et le lieu de la naissance, le sexe de l'enfant et les prénoms qui lui seront donnés; enfin les prénoms, noms, profession et domicile des père et mère. (57.)

Les prénoms de l'enfant ne pourront être pris que dans l'histoire ancienne ou dans les calendriers en usage. (*Loi du* 11 *germinal an* XI, *art.* 1er.)

Si le père, ou ceux que la loi constitue ses mandataires négligeaient de faire la déclaration de naissance dans le délai prescrit, ils seraient passibles d'une peine corporelle et pécuniaire. (*Pén.* 346.)

Toute personne qui aura trouvé un enfant nouveau né, sera tenue, sous la même peine, de le remettre à l'officier de l'état civil, ainsi que les vêtemens et autres effets trouvés avec l'enfant, et de déclarer toutes les circonstances du temps et du lieu de l'exposition. — L'officier de l'état civil en dressera un procès-verbal détaillé, qui sera inscrit sur le registre des naissances. — Ce procès-verbal énoncera l'âge apparent de l'enfant, son sexe, le nom qui lui sera donné, et à quelle autorité civile il aura été remis. (58. — *Pén.* 347.)

Art. 2. *Des actes de décès.*

Les déclarations de décès seront faites dans le plus bref délai par deux personnes ayant les qualités requises pour être témoins, et qui rempliront tout à la fois l'office de *déclarans* et de *témoins*.

Ces déclarans ou témoins seront, autant que possible, les deux plus proches parens ou voisins de la personne décédée; et si elle était hors de son domicile, celui chez qui elle a succombé, et un parent ou autre. (78.)

L'officier de l'état civil se transportera auprès d'elle pour s'assurer du décès; et l'inhumation ne pourra être faite sans une autorisation de sa part, sous les peines portées par le Code pénal. (77. — *Pén.*, 358.)

Cette autorisation, qui sera d'ailleurs donnée sur papier libre et sans frais, ne pourra, hors des cas prévus par les réglemens de police, être délivrée que vingt-quatre heures après le décès. (77.)

Outre les énonciations généralement prescrites, l'acte de décès fera connaître le degré de parenté des déclarans ou témoins, les noms et prénoms du conjoint de la personne décédée; et autant qu'on pourra le savoir, les noms, prénoms, profession et domicile de ses père et mère, ainsi que le lieu de sa naissance. (79.)

Quant aux jour et heure précise du décès, l'officier de l'état civil n'est point tenu d'en faire une mention spéciale; en sorte que cette double énonciation, si elle se trouve dans l'acte, ne fera point foi jusqu'à inscription de faux.

Telles sont, dans les cas ordinaires, les règles que l'officier de l'état civil est tenu d'observer en recevant un acte de décès; mais il peut se présenter plusieurs hypothèses où ces règles doivent subir quelques modifications.

1° Lorsqu'une personne décédera dans un hôpital, les supérieurs ou administrateurs de cet établissement devront, dans les vingt-quatre heures, en donner avis à l'officier de l'état civil, qui viendra dresser l'acte de décès d'après leurs déclarations et les renseignemens que lui fourniront les papiers trouvés sur le défunt. (80, 1er *et* 2e *al.*)

2° En cas de décès dans les maisons de reclusion, l'officier de l'état civil, sur l'avis que lui en donnera aussitôt le concierge, procédera de la même manière. (84.)

3° Lorsqu'une personne aura été victime d'un accident, ou qu'il y aura quelque indice de mort violente, l'inhumation ne devra être permise qu'après qu'un officier de police, assisté d'un docteur en médecine ou en chirurgie, aura dressé procès-verbal de l'état du corps trouvé sans vie, et de toutes les circonstances relatives à cet événement. — Ce procès-verbal désignera en outre la personne décédée, avec autant d'exactitude que possible; et l'officier de police en transmettra de suite à l'officier de l'état civil du lieu du décès une copie certifiée, d'après laquelle l'acte sera rédigé. (81, 82, 1er *al.* — *Décret du* 3 *février* 1813, *art.* 18. — *Pén.*, 358, 359.)

4° Lorsqu'une condamnation à mort aura reçu son exécution, l'officier de l'état civil du lieu où le condamné a subi sa peine dressera l'acte de décès d'après les renseignemens que sera tenu de lui transmettre le greffier de la cour d'assises ou autre tribunal criminel qui a rendu le jugement. (83. — *Instr. du* 24 *brum. an* XII.)

Dans les trois derniers cas, il ne sera point fait mention sur les registres, des circonstances qui seraient une tache à la mémoire du défunt. (85.)

Dans le premier et le troisième, si la personne décédée est étrangère à la commune, et que l'on parvienne à découvrir son dernier domicile, une expédition de l'acte de décès devra être envoyée à l'officier de l'état civil du lieu de ce domicile, afin qu'il l'inscrive sur ses registres. (80, 3e *al.*; 82, 2e *al.*)

Cinquièmement, il peut arriver qu'un enfant meure avant que sa naissance ait été enregistrée. — En ce cas, l'officier de l'état civil doit certifier non que l'enfant est décédé, mais seulement qu'il lui a été présenté sans vie. — Il n'en recevra pas moins la déclaration des témoins touchant les jour et heure auxquels l'enfant est sorti du sein de la mère; mais il ne résultera de cet acte, qui sera d'ailleurs inscrit à sa date sur le registre des décès, aucun préjugé sur la question de savoir si l'enfant a eu vie ou non. (*Décret du* 4 *juillet* 1806.)

Enfin, lorsqu'une personne aura été consumée dans les flammes, engloutie dans les eaux, ou enfouie sous une ruine, sans que l'on puisse retrouver son corps, le maire ou autre officier public en dressera un procès-verbal, qui, après avoir été transmis au procureur du roi, sera, à la diligence de celui-ci et en vertu d'une décision du tribunal, annexé au registre de l'état civil pour tenir lieu d'acte de décès. (*Décret du* 3 *janvier* 1813, *art.* 19. — *Pén.* 358, 359.)

SECTION III.

COMMENT ET DANS QUELS CAS LES ACTES DE L'ÉTAT CIVIL PEUVENT ÊTRE SUPPLÉÉS OU RECTIFIÉS.

Lorsqu'il sera constant en fait qu'il n'a point été tenu de registres, ou qu'ils ont été détruits en tout ou en partie par un cas fortuit ou par le fait d'un tiers, les naissances, mariages et décès pourront, suivant les circonstances et la qualité des personnes, être établis soit par témoins et par les registres ou papiers domestiques émanés des père et mère décédés, soit par un seul de ces modes de preuves. (46, 198.)

Hors des cas de non existence ou de perte des registres, les actes de naissance, de mariage et de décès pourront encore être suppléés soit par des actes de notoriété, soit par la possession d'état, mais seulement dans l'intérêt de certaines personnes, ou pour établir certains rapports accessoires à l'état de famille; c'est ce que doivent expliquer les titres du mariage et de la paternité. (70, 194, 195, 197, 320, 323, *etc.*)

Quant aux adoptions et reconnaissances de paternité naturelle, la circonstance qu'il n'aurait point été tenu de registre, ne saurait, ainsi que l'expliquera encore le titre de la paternité, dispenser de produire les actes nécessaires pour établir ces deux états de famille ; et l'on ne serait admis à les remplacer par la preuve testimoniale ou par des écritures privées, qu'autant qu'ils auraient été détruits par une force majeure ou par le fait d'un tiers. (46, 1348, *ult. al.*; 358; 359, 334, 62.)

Si les registres existent, mais que les actes n'aient pas été reçus dans les formes prescrites, ou qu'ils contiennent des énonciations erronées ou insuffisantes pour assurer l'état de la personne, ces irrégularités, erreurs ou omissions, pourront être rectifiées ou réparées, et d'autant mieux, qu'en thèse générale elles ne doivent point, quelque graves qu'elles soient, entraîner la nullité de l'acte qui en est entaché.

La rectification ou addition ne pourra avoir lieu qu'en vertu d'un jugement rendu sur les conclusions du procureur du roi. (99, *Proc.*, 83, 2°.)

Ce magistrat pourra même la requérir d'office, dans le cas où elle intéresserait essentiellement l'ordre public, ou concernerait des individus notoirement indigens. (*Avis du* 12 *brum. an* XI, 2e *quest.* — *Décret du* 18 *juin* 1811, *art.* 122; *loi de finance du* 25 *mars* 1817, *art.* 75.)

Mais, sauf ces exceptions, c'est celui à qui elle peut être utile qui devra la provoquer, en présentant à cet effet une requête au président du tribunal. (*Avis du Cons. d'Etat du* 13 *nivose an* X. — *Proc.*, 855.)

Le tribunal ordonnera, s'il le juge convenable, que les personnes qui peuvent être intéressées à ce que l'acte soit maintenu tel qu'il est, seront mises en cause, et même qu'un conseil de famille sera préalablement convoqué pour donner son avis sur la demande. (99, *Proc.*, 856.)

Si la rectification est admise, elle s'opérera par l'inscription du jugement sur les registres, et par la mention qui en sera faite, conformément à ce qui a été dit ci-dessus, en marge de l'acte réformé; lequel ne doit subir aucun changement, mais néanmoins ne pourra plus être délivré qu'avec les corrections ou additions ordonnées, à peine de tous dommages-intérêts contre l'officier dépositaire qui aura certifié l'extrait. (49, 101, 1382, *Proc.*, 857.)

Lorsqu'une déclaration n'aura pas été faite dans les délais fixés par la loi, elle ne pourra plus être reçue par l'officier de l'état civil qu'autant qu'elle aura été également autorisée par un jugement rendu avec les mêmes formalités, sur la demande des parties intéressées, ou sur la réquisition du ministère public, suivant la distinction qui vient d'être faite. (*Avis du 12 brumaire an* XI.)

Dans aucun cas la rectification d'un acte de l'état civil, ou l'inscription d'une déclaration *tardive*, ordonnée par jugement, ne pourra être opposée à celles des parties intéressées qui n'auront point requis ce jugement ou qui n'y auront point été légalement représentées ou dûment appelées. (54, 100, 1351.)

1er APPENDICE AU CHAPITRE III.

DES ACTES DE L'ÉTAT CIVIL DES FRANÇAIS QUI RÉSIDENT OU VOYAGENT EN PAYS ÉTRANGER.

La forme extérieure des actes appartenant au statut neutre, tout acte de l'état civil, rédigé avec les formalités usitées dans le pays étranger où se trouvaient alors ceux qu'il concerne, soit français, soit étrangers, fera foi, en France, de l'état qu'il leur attribue. (47.)

Cependant l'acte où ne figureraient comme parties que des Français ferait également foi, s'il avait été reçu, conformément aux lois françaises, par un agent *diplomatique* ou *consul* français. (48.)

2e APPENDICE AU CHAPITRE III.

DES ACTES DE L'ÉTAT CIVIL DES MILITAIRES FRANÇAIS, DANS LE COURS D'UNE EXPÉDITION.

Lorsque des militaires se trouveront réunis sous le drapeau français au-delà des frontières du royaume, les fonctions d'officiers de l'état civil seront remplies dans chaque corps d'un ou plusieurs bataillons ou escadrons, par le *major*; dans les autres corps ou détachemens, par le *capitaine-commandant*; et enfin pour les officiers sans troupes et les employés de l'armée, par l'*inspecteur aux revues*. — Les registres seront cotés et paraphés par l'officier qui commande le corps, ou par le chef de l'état-major, et déposés aux archives de la guerre, à la rentrée du corps ou de l'armée dans le royaume. (88 à 91. — *Arrêté du* 1er *vend. et Instr. du* 24 *brum. an* 12.)

Le délai pour faire les déclarations de naissance est prorogé à dix jours depuis celui de l'accouchement. (92.)

Les déclarans ou témoins dans les actes de décès devront être au nombre de trois. (96.)

En cas de décès dans les hôpitaux militaires établis pour la campagne, l'acte sera rédigé par les directeurs de ces hôpitaux, et envoyé, pour être inscrit sur les registres, à l'officier chargé de leur tenue dans le corps dont faisait partie le militaire décédé. (97.)

Dans les dix jours qui suivront l'inscription sur les registres, d'un acte de naissance ou de décès, l'officier de l'état civil militaire en adressera un extrait à l'officier de l'état civil du lieu du dernier domicile, soit du père de l'enfant, ou de la mère, si le père est inconnu, soit de la personne décédée; et cet extrait sera inscrit de suite sur les registres de la commune. (93, 96, 97, 98.)

Sauf ces modifications et celles qui seront exposées au titre du mariage, les actes de l'état civil des militaires en campagne seront soumis aux mêmes formalités que les actes de l'état civil des autres citoyens. (*Instruct. du 24 brum. an 12, tit. 2, et disp. génér.*, 3, 4, 5.)

Du reste, toutes les dispositions exceptionnelles que l'on vient d'indiquer seront également applicables aux militaires employés dans l'intérieur, en cas d'invasion par exemple, s'ils se trouvent dans l'impossibilité d'avoir recours aux officiers de l'état civil ordinaires. (*Instr. précitée. Disp. génér.*, 1.)

Mais hors de là, l'état civil des militaires sur le territoire français sera réglé par la loi commune. (*Décret du 4e complém. an 13.*)

3e APPENDICE AU CHAPITRE III.

DES ACTES DE NAISSANCE ET DE DÉCÈS DANS LE COURS D'UN VOYAGE MARITIME.

Pendant un voyage de mer, les fonctions d'officier de l'état civil seront remplies, lorsqu'il s'agira de constater une naissance ou un décès, à savoir sur les bâtimens du Roi, par l'officier d'administration de la marine, et sur les bâtimens de commerce, par le capitaine, maître ou patron. (59, 86.)

Les actes seront dressés dans les vingt-quatre heures, et inscrits à la suite du rôle de l'équipage. — Les témoins seront pris parmi les officiers des bâtimens, et à leur défaut parmi les hommes de l'équipage. (*Mêmes art.*)

Au premier port où le bâtiment abordera, soit de relâche, soit pour toute autre cause que celle de son désarmement, l'officier d'administration, ou le capitaine, maître ou patron, déposera deux expéditions de chacun des actes qu'il aura rédigés, savoir : dans un port français, au bureau du préposé à l'inscription maritime; et dans un port étranger, entre les mains du consul.

L'une de ces expéditions restera déposée au bureau de l'inscription maritime ou à la chancellerie du consulat; l'autre sera envoyée au Ministre de la marine, qui en fera parvenir une copie de lui certifiée à l'officier de l'état civil du domicile soit de la personne décédée, soit du père de l'enfant, ou de la mère, si le père est inconnu; et cette copie sera inscrite de suite sur les registres. (60, 87, 1er *al.*)

Enfin, à l'arrivée du bâtiment dans le port du désarmement, le rôle de l'équipage sera déposé au bureau du préposé à l'inscription maritime; et celui-ci enverra encore au même officier de l'état civil une expédition de l'acte de naissance ou de décès; expédition qui sera également inscrite de suite sur les registres. (61, 87, 2e *al.*)

Ces dispositions seront applicables aux militaires embarqués sur les vaisseaux de l'état ou sur des bâtimens de transport. (*Instr. du* 24 *brum. an* 12.)

TITRE TROISIÈME.

DU MARIAGE.

SECTION PREMIÈRE.

QU'EST-CE QUE LE MARIAGE, ET QUELLES SONT LES CONDITIONS DONT LE CONCOURS EST NÉCESSAIRE POUR LE RENDRE LÉGITIME?

Le mariage est un contrat solennel, appartenant au droit public, et indissoluble (en ce sens qu'il n'appartient pas aux parties d'en rompre les nœuds après les avoir formés), par lequel l'homme et la femme s'unissent pour perpétuer la famille et s'aider mutuellement à supporter le poids de la vie.

Uxor socia rei humanæ, atque divinæ domûs suscipitur. (L. 4, C. *de crim. expil. haered.*) — Nuptiæ conjunctio maris et fœminæ, ex jure divino. (*Domat.*) — Religionis ac sacrorum societas. (*Goth.*)

Le mariage, en tant qu'il est une convention, réside essentiellement dans le concours du consentement des deux parties contractantes; mais comme contrat de droit public, ayant pour fin principale la propagation de la famille, et renfermant une aliénation de la personne même, il devait être, et il a été en effet soumis à des conditions dont les conventions ordinaires sont naturellement affranchies.

Les conditions dont le concours est nécessaire pour légitimer, aux yeux de la loi, l'union de l'homme et de la femme sont *extrinsèques* ou *intrinsèques*.

Celles-ci sont les conditions de capacité qui doivent se rencontrer dans la personne même des contractans; celles-là consistent dans les formalités extérieures qui doivent consacrer leur union et en attester l'existence à toute la société.

Art. 1er. *Des conditions intrinsèques.*

Elles sont au nombre de sept ; à savoir : 1° la vie civile ; 2° le consentement des parties contractantes ; 3° l'âge de puberté ; 4° le consentement des personnes sous la puissance desquelles sont placés les futurs époux ; 5° la distance entre eux du nombre de degrés ou d'alliance indispensable pour que leur union ne soit pas incestueuse ; 6° l'affranchissement de tout lien ou engagement antérieur qui leur interdirait la disposition de leur personne même ; 7° enfin un certain temps écoulé depuis la dissolution d'un premier mariage.

§ 1er. *De la vie civile.*

Le mariage étant un contrat solennel, ne peut par cela même avoir lieu qu'entre personnes participant à la jouissance des droits civils, ou ayant un état social plus ou moins parfait.

Néanmoins le mariage contracté entre personnes dont l'une est frappée de mort civile, sera valable quant au lien, c'est-à-dire qu'il produira une obligation naturelle susceptible de devenir efficace dans l'ordre légal par la résurrection de l'incapable à la vie civile.

§ 2. *Du consentement des parties contractantes.*

Il ne peut y avoir de convention ni dès-lors de mariage, là où il n'y a pas de consentement. (146, 1108.)

Mais les seules causes qui dans le mariage vicient et annullent le consentement, lorsque la personne qui l'a donné est d'ailleurs capable d'une volonté éclairée, sont :

1° La violence ayant le caractère de gravité déterminé au titre des obligations en général ; en sorte que la seule crainte *révérentielle* envers le père ou la mère ne suffirait point pour fonder une action en nullité. (180, 1114.)

2° L'erreur substantielle à laquelle auraient donné lieu des manœuvres frauduleuses pratiquées par l'une des parties envers l'autre, ou par un tiers. (180, 2e *al.*, 181, 1116.)

En cette matière spéciale, est réputée avoir la capacité de donner un consentement valable toute personne jouissant de sa raison et non frappée d'interdiction, qui est habile, par son âge, à contracter mariage. — Mais ce qui manque à la perfection du consentement des mineurs est suppléé par le consentement de ceux sous l'autorité desquels ils sont placés par la loi.

§ 3. *De l'âge de puberté.*

La puberté n'est chez l'homme présumée acquise qu'à 18 ans révolus; et chez la femme, qu'à 15 ans aussi révolus. (144.)

Mais des dispenses d'âge peuvent être accordées par le Roi pour des motifs graves dont l'appréciation lui appartient. (145. — *Arr. du* 20 *prair. an* XI.)

§ 4. *Du consentement des personnes sous la puissance desquelles sont placés les futurs époux.*

L'enfant légitime est, par rapport au mariage, sous l'autorité de ses père et mère, ou si ceux-ci sont l'un et l'autre décédés ou dans l'impossibilité de manifester leur volonté, sous l'autorité de ses ascendans du degré supérieur, à savoir, l'homme jusqu'à l'âge de 25 ans accomplis; la femme, jusqu'à l'âge de 21 ans également accomplis. (148, 150.)

Mais en cas de dissentiment entre le père et la mère, le consentement du premier, et en cas de prédécès de l'un d'eux, le consentement du survivant suffira. (148, 149.)

De même, en cas de dissentiment entre l'aïeul et l'aïeule de la même ligne, il suffira du consentement du premier; et en cas de dissentiment entre les deux lignes, ce partage emportera consentement. (150.)

Si les ascendans du premier et du second degrés sont tous décédés ou dans l'impossibilité de manifester leur volonté, l'homme et la femme mineurs de 21 ans ne pourront contracter mariage qu'avec le consentement d'un conseil de famille formé comme on l'expliquera au titre des tutelles. (160.)

L'enfant ayant atteint la majorité fixée pour le mariage, suivant les distinctions qui précèdent, a par lui-même la capacité de contracter cet engagement; mais la loi lui fait à tout âge un devoir de demander par un acte respectueux le conseil de ses père et mère, ou de ses aïeuls et aïeules, dans le cas où il n'aurait pas obtenu leur consentement. (151.)

L'acte respectueux doit être présenté à l'ascendant en son domicile par un notaire accompagné d'un second notaire ou de deux témoins; cet officier en constate la présentation par un procès-verbal dans lequel il recueille la réponse de l'ascendant, si celui-ci reçoit lui-même la copie de l'acte, et croit devoir faire une réponse. (154.)

Lorsque le fils a moins de trente ans accomplis, et la fille moins de vingt-cinq ans aussi accomplis, la même demande doit être renouvelée dans les mêmes formes deux fois ; et chaque fois, à un mois d'intervalle. (152, 153.)

Dans tous les cas, ce n'est qu'un mois après l'acte respectueux, ou après le dernier des trois actes respectueux, que le mariage pourra être célébré, si l'ascendant a persisté dans son refus. (*Mêmes art.*)

L'enfant *naturel*, dont la filiation se trouve authentiquement constatée dans les formes établies par la loi, est également obligé, lorsqu'il veut contracter mariage, d'obtenir le consentement du père ou de la mère qui l'a reconnu, ou de requérir leur conseil. (158.)

Si le père ou la mère, qui a fait l'aveu légal de sa paternité ou maternité, est décédé ou dans l'impossibilité de manifester sa volonté, un *conseil de tutèle* nommera à l'enfant naturel mineur de 21 *ans*, un tuteur *ad hoc* dont il devra obtenir le consentement. (159.)

C'est ce qui sera fait dans tous les cas pour l'enfant naturel non reconnu, mineur de 21 *ans*. (159.)

Quant à la filiation purement civile, résultant de l'adoption, elle ne place point, par rapport au mariage, l'enfant adopté sous la puissance de l'adoptant. (348.)

Par une mesure de discipline, dont le motif se fait facilement sentir, il est défendu aux officiers militaires de terre et de mer, de contracter mariage sans en avoir obtenu la permission du ministre de la guerre ou de la marine ; et aux sous-officiers, soldats ou marins, sans s'être munis de celle du conseil d'administration de leurs corps. (*Décrets des* 16 *juin*, 3 *et* 28 *août* 1808.)

Enfin, aucun prince du sang royal ne peut contracter mariage sans le consentement du Roi. (*Arrêt de septembre* 1634.)

§ 5. *Du nombre de degrés de parenté ou d'alliance qui doit se trouver entre les futurs époux pour que leur union ne soit pas incestueuse.*

L'union de deux parens ou alliés en ligne directe serait essentiellement incestueuse, quel que fût le nombre de degrés qui les séparât. (161.)

En ligne collatérale, la parenté ou l'alliance, au second degré, formera également un obstacle absolu au mariage. (162.)

Cette loi prohibitive s'appliquera d'ailleurs à la parenté purement *naturelle*, comme à la parenté *mixte*; et de plus, en cette matière spéciale, l'alliance sera contractée, par une union illégitime, aussi bien que par le mariage. (161, 162.)

Qui acceperit filiam patris sui, vel matris suæ, et viderit turpitudinem ejus, illaque conspexerit fratris ignominiam, nefariam rem operati sunt; occidentur in conspectu populi. (*Lévit.* 20, 17.)

Le mariage est encore prohibé en ligne collatérale, entre deux parens légitimes, dont l'un est à un degré seulement de la souche commune, et l'autre à deux degrés ou un plus grand nombre. (163. — *Avis du Cons. d'Et. du* 7 *mars* 1808.)

Sororis pronepotem non possum ducere uxorem, quoniam parentis loco ei sum. (L. 39, ff. *de rit. nupt.*)

Mais le Roi peut, pour des causes graves, lever ce dernier empêchement qui ne s'étend du reste ni à l'*alliance*, ni à la parenté purement *naturelle*. (164.)

Il pourra même, d'après une loi du 16 avril 1832, lever celui que le Code avait établi comme absolu, entre beaux-frères et belles-sœurs.

Quant à la parenté purement *civile*, elle forme un empêchement de mariage, d'abord entre l'adoptant et l'adopté ou ses descendans; puis entre l'adopté et le conjoint de l'adoptant, et réciproquement entre l'adoptant et le conjoint de l'adopté; enfin entre les enfans adoptifs de la même personne; et entre ceux-ci et les enfans légitimes qui pourraient survenir à l'adoptant. (348, 343.)

§ 6. *De la liberté de disposer de sa personne même.*

Le mariage emportant une aliénation de toutes nos facultés, celui-là ne peut avoir le droit de se marier qui ne s'appartient plus à lui-même par l'effet d'un engagement antérieur légalement contracté.

Ainsi, un premier mariage subsistant rendra absolument incapable d'en contracter un second. (147.)

Ainsi, un prêtre catholique, qui a reçu l'ordination depuis le concordat de 1801, ne peut se marier sous la charte de 1830, non plus qu'il ne l'a pu sous celle de 1814. (*L. du* 18 *germ. an* 10, *art.* 6, 26. — *Avis des* 14 *janvier* 1806, *et* 30 *janvier* 1807.)

§ 7. *Du temps requis depuis la dissolution d'un premier mariage.*

Le temps du veuvage est fixé par la loi positive à *trois cents jours*, depuis et non compris celui où le mariage s'est dissous.

Propter turbationem sanguinis et incertitudinem prolis.

Mais cette dernière condition, qui a principalement pour objet de prévenir le grave inconvénient d'*une confusion de parts*, n'est *civilement* imposée qu'à la femme. (228, 312.)

OBSERVATION GÉNÉRALE.

Les lois qui déterminent les conditions intrinsèques du mariage, sont essentiellement personnelles, et dès-lors obligent les Français, quand même ils contracteraient mariage en pays étranger. (3, 170.)

Art. 2. *Des conditions extrinsèques.*

Elles consistent dans la célébration publique du mariage devant l'officier de l'état civil compétent, et dans les publications qui doivent précéder.

§. 1er. *De la formalité préalable des bans ou publications.*

Les bans de mariage sont un acte de l'état civil, énonçant l'intention où sont les futurs époux de contracter mariage, avec leurs noms, prénoms, professions et domiciles, leur qualité de majeurs ou de mineurs; et les prénoms, noms, professions et domiciles de leurs pères et mères.

L'officier de l'état civil doit les publier deux fois, à huit jours d'intervalle, un jour de *dimanche*, devant la porte de la mairie; et faire mention à la suite, des lieux, jours et heures où ces publications auront été faites. (63.)

En outre, un extrait de l'acte doit rester affiché à la porte de la mairie, pendant les huit jours d'intervalle de l'une à l'autre publication. (64.)

Le registre spécial des publications de mariage ne sera point tenu double, et sera déposé chaque année au greffe du Tribunal de l'arrondissement. (63.)

L'on pourra, pour des causes graves, être dispensé de la seconde publication. — Cette dispense sera accordée par le procureur du Roi près le Tribunal civil dans l'arrondissement duquel le mariage devra être célébré. (169. — *Arrêté du Gouvernement du 20 prairial an* XI.)

Dans tous les cas, les bans seront publiés à la mairie du lieu du domicile de chacun des futurs époux. (166.)

Par dérogation aux principes du droit commun, le domicile, *quant au mariage*, n'est acquis qu'après six mois de résidence continue dans la même commune. — D'un autre côté, il n'est pas indispensable qu'avec le fait de l'habitation réelle, concoure l'intention de faire du lieu où on l'a établie le centre de toutes ses relations sociales. (74, 103.)

Mais si le domicile *matrimonial* des parties ne se trouvait acquis que par une résidence de six mois, n'ayant point les caractères d'un *véritable* domicile, les publications devraient en outre être faites à la mairie du lieu de leur dernier domicile. (167.)

Enfin, lorsque les futurs époux seront, relativement au mariage, sous la puissance d'autrui, les publications seront encore faites à la mairie du lieu du domicile des personnes auxquelles est confié ce pouvoir de protection. (168.)

Les publications faites, le mariage ne peut être célébré qu'après deux jours francs, depuis et non compris celui de la dernière; et s'il ne l'était pas dans l'année qui suit l'expiration de ce délai, il ne pourrait plus l'être qu'après de nouvelles publications dans la forme prescrite. (64, 65, 75.)

La formalité des publications est par son objet un statut personnel ; et comme elle doit d'ailleurs toujours être accomplie dans le lieu du véritable domicile des parties, il s'ensuit qu'un Français ne saurait s'y soustraire en allant contracter mariage dans un pays étranger. (167, 170.)

§ 2. *De la célébration publique du mariage devant l'officier de l'état civil compétent.*

Le délai de deux jours francs, depuis la dernière publication, étant expiré, si les parties persistent dans l'intention de s'unir, elles doivent se présenter, accompagnées de quatre témoins, à la mairie du lieu du domicile matrimonial de l'une d'elles, devant l'officier de l'état civil. (165, 75, 74.)

Elles lui remettent les extraits des actes de l'état civil, et autres pièces contenant la preuve de l'accomplissement de toutes les conditions qui doivent concourir pour rendre leur union légitime. (75, 70.)

Si les publications ont été faites dans plusieurs communes, elles lui remettront encore un certificat délivré par l'officier de l'état civil de chaque commune, constatant qu'il n'a point été formé d'opposition à la célébration du mariage. (69.)

L'officier de l'état civil leur donnera lecture de tous ces actes, puis du chapitre 6 du titre du mariage, au Code civil, sur les devoirs des époux.

Ensuite il recevra de chacun des futurs époux, l'un après l'autre, la déclaration qu'ils veulent se prendre pour mari et femme; et il prononcera au nom de la loi qu'ils sont unis en légitime et indissoluble mariage. (75. — *Loi du* 8 *mai* 1816. — *Edit de septembre* 1787.)

Enfin il en dressera acte sur-le-champ. (75.)

Cet acte doit contenir, outre les énonciations qui sont dans les bans et celles qui sont généralement prescrites pour tous les actes de l'état civil (34, 63, 76, 1°, 2, 3°, 9°),

1° L'indication du lieu de la naissance de chacun des époux (76, 1°);

2° La mention du consentement verbal ou de l'acte renfermant la preuve du consentement des ascendans ou de la famille (76, 4°);

3° La déclaration des témoins s'ils sont parens ou alliés des parties, de quel côté et à quel degré (76, 9°);

4° L'énonciation de toutes les pièces dont la remise a dû précéder le mariage, telles que publications; actes respectueux (76, 5°, 6°);

5° La mention des oppositions, s'il y en a eu; et de leur main-levée; ou la mention qu'il n'y en a point eu (69, 76, 7°);

6° Enfin la déclaration des parties de se prendre pour époux, et le prononcé de leur union par l'officier de l'état civil. (76, 8°.)

L'acte authentique du consentement des ascendans ou de la famille devra énoncer les noms, prénoms, professions et domiciles des futurs époux, et de tous ceux qui auront concouru à l'acte, ainsi que leur degré de parenté. (73.)

Si les époux sont dans l'impossibilité de se procurer leur acte de naissance, ils pourront le suppléer en rapportant un acte de notoriété délivré par le juge de paix du lieu de leur naissance ou de leur domicile, sur la déclaration de sept témoins de l'un ou de l'autre sexe, et homologué en connaissance de cause par le tribunal civil du lieu où doit se célébrer le mariage. (70, 71, 72.)

De même, à défaut d'actes de décès des père et mère dont le consentement ou le conseil est requis, il suffira que le décès soit attesté par les aïeuls et aïeules.

Et à défaut d'actes de décès des père et mère, aïeuls et aïeules, il pourra être passé outre à la célébration du mariage des majeurs de 21 ans, sur leur déclaration à serment que le lieu du décès et le lieu du dernier domicile de leurs ascendans leur sont inconnus, lorsque toutefois les quatre témoins affirmeront aussi sous la religion du serment, que bien qu'ils connaissent les futurs époux, ils ignorent comme eux le lieu du décès et du dernier domicile des ascendans.

Il devra alors être fait mention, dans l'acte de mariage, desdites attestations ou déclarations. (*Avis du Conseil d'état, du 4 thermidor, an* XIII.)

L'acte de décès de la personne qui serait unie par un précédent mariage à l'un des futurs époux, ne peut être suppléé par aucun autre acte, ni par aucune attestation ou déclaration assermentée. (*Avis du 17 germinal, an* XIII.)

Telles sont les formes dans lesquelles un mariage doit être célébré d'après la loi française; mais conformément à la maxime, *locus regit actum*, le mariage célébré hors de France entre deux Français ou entre un étranger et un Français, est valable, quant à la forme, s'il a été reçu avec les solennités que prescrit la loi du pays où se trouvent les parties, et par l'officier qu'elle investit de ce pouvoir. (47, 170.)

Cependant l'acte de célébration devra, dans les trois mois du retour des époux en France, être transcrit sur les registres de l'état civil du lieu de leur domicile; sinon, il n'aura d'existence légale, à l'égard des tiers, que du jour où cette formalité aura été accomplie. (171, 2135, 2°.)

Quant aux mariages des militaires français dans le cours d'une expédition, ils seront soumis aux mêmes formalités que s'ils étaient célébrés devant l'officier de l'état civil ordinaire.

De plus, vingt-cinq jours avant la célébration du mariage, les publications à faire au lieu du dernier domicile des futurs époux seront mises à l'ordre du jour du corps, pour les individus qui tiennent à un corps; et à celui de l'armée ou du corps d'armée, pour les officiers sans troupe et pour les employés qui en font partie. (94.)

Et immédiatement après l'inscription sur le registre de l'acte de célébration du mariage, l'officier de l'état civil militaire en enverra une expédition à l'officier de l'état civil du dernier domicile des époux; et celui-ci l'inscrira de suite sur ses registres. (95, 98.)

SECTION II.

DES EMPÊCHEMENS DE MARIAGE, ET DES DEMANDES EN NULLITÉ.

Les conditions auxquelles le contrat de mariage est soumis, sont toutes substantielles en ce sens, qu'il n'en est aucune dont l'absence ne doive, dans l'intention du législateur, mettre obstacle au prononcé de l'union des époux par l'officier de l'état civil.

Mais lorsque, par un concours de circonstances imprévues, ou par la négligence ou l'ignorance de l'officier de l'état civil, le mariage a été plus ou moins régulièrement célébré, sans que l'une ou plusieurs de ces conditions aient été accompliés, la loi n'a pas voulu qu'il y eût toujours et indistinctement nullité dans le contrat; la bonne foi des époux, la possession plus ou moins longue qu'ils ont de leur état, enfin la faveur des enfans, ont dû faire fléchir le principe dans tous les cas où l'ordre public n'est pas essentiellement blessé.

De-là la distinction des empêchemens *dirimans*, et des empêchemens purement *prohibitifs*.

La condition dont l'absence entraîne la nullité du mariage célébré, forme un empêchement *dirimant*.

Celle au contraire dont l'absence, tout en faisant obstacle au mariage, ne l'annulle pas lorsqu'il a été célébré, constitue un simple empêchement *prohibitif*.

De plus, toutes les nullités n'agissent pas avec la même force irritante, et dans la même étendue. La distinction établie au titre des obligations entre les nullités absolues et les nullités relatives se reproduit ici avec un caractère particulier.

Quant aux nullités relatives, elles sont dans le mariage, comme dans les conventions ordinaires, de pur droit privé; et celui en faveur duquel elles sont établies, est seul habile à s'en prévaloir.

Mais les nullités absolues y participent de la nature du contrat qu'elles affectent; elles sont de droit public, en ce que l'action peut être intentée non-seulement par chacune des parties contractantes, mais encore par la famille et par la société essentiellement intéressées l'une et l'autre à ce qu'une union réprouvée par les lois et la morale n'usurpe pas les droits et les honneurs d'un mariage légitime.

Néanmoins, comme notre intérêt légal et *présent* est la base et la mesure de toutes nos actions judiciaires, le ministère public à qui est confié l'exercice des droits de la société, les divers membres de la famille, et les contractans eux-mêmes, ne pourront agir que lorsqu'ils auront un intérêt né et actuel à faire prononcer la nullité du mariage. (187, 188, 190.)

L'intérêt des ascendans, dérivant des devoirs qu'ils ont à remplir envers la nouvelle famille, naît au moment même où le mariage est contracté ; ils pourront donc agir sur-le-champ toutes les fois que l'action leur appartiendra. (184, 191, 205, 206, 207.)

Il n'en est pas ainsi, pour les parens collatéraux et les enfans issus d'un autre mariage ; leur intérêt ne peut naître qu'au moment de la mort de celui des époux dont ils sont appelés à recueillir la succession. Il y aurait d'ailleurs dans le respect qu'un enfant doit à ses père et mère, un motif suffisant pour ne pas lui permettre d'exercer contre eux une action de la nature de celle dont il s'agit. (187, 371.)

La société se trouve au contraire absolument hors d'intérêt, du moment où la mort de l'un des époux a mis fin au scandale de leur union. —Le ministère public ne pourra donc agir que de leur vivant. (190.)

En ce qui concerne les parties contractantes elles-mêmes, leur intérêt à faire prononcer la nullité du lien qui les unit, est en général né et actuel tant que dure ce lien.

Enfin rien ne peut arrêter l'action de l'époux au préjudice duquel un second mariage a été contracté, si ce n'est l'instruction préalable au jugement de la question préjudicielle qui pourrait être élevée touchant la validité du premier mariage. (188, 189.)

Après ces notions générales, il reste à expliquer sur chacune des conditions du mariage :

1° Quelle est la nature de l'empêchement que produit son absence ;

2° Si l'empêchement est dirimant, à quelle classe appartient la nullité qui en résulte ;

3° Comment peut être couverte cette nullité, quelles qu'en soient d'ailleurs l'étendue et la force irritante.

§. 1er. *De l'empêchement produit par la mort civile.*

Cet empêchement est dirimant, quant au *lien civil*, et la nullité qui en résulte absolue. (25, 7e *al.*)

Mais l'époux, mort civilement, ne pourrait, faute d'un intérêt légal, se prévaloir de cette nullité; et sa réintégration dans la vie civile la couvrirait à l'égard de tous, sauf le maintien des droits dès-lors irrévocablement acquis à des tiers.

Voulons que la même peine (privation de successions), ait lieu contre les enfans procréés par ceux qui se marient après avoir été condamnés à mort, même par défaut, *si avant leur décès ils n'ont été remis au 1er état*, suivant les règles prescrites par nos ordonnances. (*Déclar. de* 1639, *art.* 7.)

§. 2. *De l'empêchement fondé sur un défaut de consentement de la part de l'une des parties contractantes.*

Il peut y avoir imperfection dans le consentement des époux, soit parce qu'ils auraient été incapables d'avoir une volonté réfléchie, soit parce que leur volonté aurait été contrainte par des menaces, ou déterminée par une erreur substantielle accompagnée de dol.

La nature et les effets de l'empêchement résultant de l'incapacité où seraient les parties de donner un consentement valable sont expliqués sous les deux § suivans, et au titre de l'interdiction.

Dans le cas du consentement vicié par la violence ou par l'erreur, l'empêchement est *dirimant*; mais la nullité est essentiellement *relative*; elle n'a pu en effet être établie que dans l'intérêt de l'époux qui n'a pas été libre ou qui a été induit en erreur. ([illegible]o.)

Du reste, elle peut être couverte par une ratification expresse ou tacite, conformément aux principes exposés au titre des obligations. (1338.)

Elle l'est encore, lorsque la cohabitation qui a commencé en temps *inhabile*, a continué pendant *six mois* depuis que l'époux a acquis sa pleine liberté ou reconnu l'erreur. (181, 1304.)

§ 3. *De l'empêchement résultant du défaut de puberté.*

Cet empêchement est encore *dirimant*.

Quant à la nullité qui en dérive, elle participe tout à la fois de la nature des nullités relatives, et de celle des nullités absolues.

Vis-à-vis de l'époux pubère et des ascendans qui ont consenti au mariage, ce n'est qu'une nullité relative fondée sur l'imperfection du consentement de l'impubère. (186, 180, 1125.)

Vis-à-vis de la société, intéressée à ce qu'il n'y ait de mariage qu'entre personnes ayant toutes les capacités que ce contrat exige, c'est une nullité absolue, dont le ministère public peut et doit, suivant les circonstances, réclamer l'application. (184, 190.)

Cette nullité d'une nature mixte est couverte, soit à l'égard du ministère public, soit à l'égard de l'époux habile à s'en prevaloir,

1° Par une cohabitation de six mois depuis la puberté acquise. (181, 185, 1°, 1304, 190.)

2° Dans le cas où c'est la femme seulement qui était impubère, dès l'instant où ayant ses quinze ans accomplis, elle se trouve enceinte. (185, 2°, 190.)

3° Par tout acte de ratification exprès ou tacite de la part de l'impubère, en temps *habile*, c'est-à-dire après la puberté acquise. (1338.)

§ 4. *Des empêchemens qui naissent, soit du défaut de consentement des personnes sous la puissance desquelles étaient les époux par rapport au mariage, soit du défaut d'actes respectueux.*

Le défaut de consentement de la part des ascendans ou de la famille, alors que l'époux est mineur, par rapport au mariage, forme un empêchement dirimant.

La nullité qui en résulte est et devait être purement relative; mais le consentement du mineur, isolé des personnes sous la protection desquelles la loi l'a placé, *étant réputé essentiellement imparfait*, lorsqu'il s'agit d'un acte aussi important que le mariage, l'action en nullité pourra être exercée soit par les ascendans ou la famille dont le consentement était requis, soit par celui des époux qui avait besoin de ce consentement. (182.)

Cette nullité sera couverte à l'égard de l'époux, comme à l'égard des ascendans ou de la famille, par l'approbation expresse ou tacite que ces derniers auront donnée au mariage, ou après le délai d'un an depuis qu'ils en auront eu connaissance.

Elle le sera encore, mais pour l'époux seulement, lorsque depuis qu'il sera parvenu à l'âge de 21 ou de 25 ans, il aura ratifié expressément ou tacitement son mariage, ou aura laissé passer une année sans réclamation, soit qu'il y ait eu ou non cohabitation antérieure. (183.)

Outre la nullité du mariage, la loi prononce une peine contre l'officier public qui l'a célébré sans s'être assuré de l'existence du consentement des ascendans ou de la famille. (156. *Pén.* 193.)

Le défaut d'actes respectueux ne forme jamais qu'un empêchement *prohibitif*. — La sanction de la loi qui les prescrit est tout entière dans la peine prononcée contre l'officier de l'état civil. (157. — *Pén.* 195.)

En ce qui concerne le mariage des militaires ou marins, le défaut d'autorisation du ministre ou du conseil d'administration, n'est également qu'un empêchement *prohibitif*. — Les dispositions législatives qui leur imposent l'obligation de demander cette autorisation n'ont aussi leur sanction que dans la peine prononcée contre l'officier de l'état civil, qui a sciemment célébré le mariage, sans s'être fait remettre la permission exigée. (*Décret du 16 juin* 1808.)

Enfin, le mariage contracté par un prince du sang, sans le consentement exprès du Roi, est radicalement nul dans l'ordre civil et politique.

§§ 5 et 6. Des empêchemens fondés sur la parenté ou alliance, et sur un premier mariage subsistant.

Ces deux empêchemens sont essentiellement *dirimans*, et les nullités qui en résultent, *absolues*.

L'une et l'autre ne sauraient être couvertes, soit à l'égard du ministère public, soit à l'égard des divers membres de la famille auxquels l'action peut appartenir, et des époux eux-mêmes, que par le défaut d'intérêt légal à les faire valoir. (184, 190.)

C'est d'après cela que ces nullités absolues sont dites *perpétuelles*, par opposition aux autres nullités qui sont *temporaires*, en ce sens qu'elles peuvent se trouver irrévocablement couvertes à une époque plus ou moins rapprochée du mariage, quand même ceux en faveur desquels elles étaient originairement établies, auraient encore intérêt à les invoquer.

La bigamie et l'inceste blessent essentiellement et *à jamais* l'ordre public et les mœurs; ce sont des causes de nullité *indestructibles*. (Portalis.)

§ 7. *De l'empêchement résultant de la prohibition faite à la femme veuve de contracter un second mariage avant qu'il se soit écoulé trois cents jours depuis la dissolution du premier.*

Cet empêchement peut être dirimant ou prohibitif suivant les circonstances.

Si le mariage est célébré à une époque tellement rapprochée de la dissolution du premier, qu'il y ait lieu de craindre une *confusion de parts*, l'empêchement sera dirimant.

Dans le cas contraire, il ne sera que prohibitif.

L'empêchement étant jugé dirimant, la nullité sera nécessairement absolue; mais elle se trouvera couverte à l'égard de tous, du moment où la confusion de parts sera devenue impossible. (228, 312, 315.)

Dans tous les cas, la disposition prohibitive aura sa sanction dans la peine prononcée par la loi contre l'officier de l'état civil. (*Pén.* 194.)

§ 8. *De l'empêchement qui naît du défaut de publication.*

L'omission des publications, alors même qu'elle porterait sur toutes, n'est par elle-même qu'un empêchement prohibitif. (192.)

Mais elle pourrait concourir à rendre dirimant l'empêchement fondé sur la *clandestinité*, surtout si le mariage était célébré en pays étranger. (193, 170.)

La disposition qui prescrit la formalité des publications aura, du reste, sa sanction dans la peine infligée aux parties et à l'officier de l'état civil. (192. — *Pén.* 195, 463.)

§ 9. *De l'empêchement produit par la clandestinité, c'est-à-dire par l'incompétence de l'officier de l'état civil, et le défaut de publicité dans l'acte de célébration.*

La seule chose qui soit réellement de la substance du mariage, sous le rapport des formes extérieures, c'est un caractère d'authenticité et de publicité tel, que les époux ne puissent faire un secret des liens qui les unissent, ni surtout s'en jouer au gré de leurs passions.

Lorsque le mariage manquera absolument de ce caractère, il y aura *clandestinité* et empêchement dirimant.

Mais la publicité et l'authenticité d'un mariage se composent de divers élémens ; et il n'est pas indispensable que tous concourent pour assurer l'état des époux. (193.)

La célébration du mariage à la mairie, sous les yeux du public, avec l'appareil accoutumé, la présence des quatre témoins à l'acte, le concours des parens et amis, etc., sont autant d'élémens distincts de la publicité. — La compétence territoriale et personnelle de l'officier de l'état civil est elle-même, dans les vues du législateur, un élément de publicité.

La rédaction de l'acte de célébration dans les formes prescrites, surtout *son inscription sur les registres de l'état civil*, sont avec l'idonéité des témoins et la compétence de l'officier qui célèbre le mariage, les principaux élémens de l'authenticité.

La loi s'en remet du reste entièrement à la sagesse du juge, pour apprécier d'après les circonstances et le plus ou le moins de bonne foi des parties, quels sont ceux des élémens de publicité ou d'authenticité dont l'absence doit imprimer à un mariage la tache de clandestinité. (191.)

Mais les contraventions qui portent un caractère de fraude, seront punies par une amende, alors même que le tribunal ne les jugera point suffisantes pour entraîner la nullité du mariage. (193.)

Lorsque le mariage est entaché de clandestinité, et que l'empêchement doit être considéré comme dirimant, la nullité est nécessairement absolue. (191.)

Mais de toutes les nullités, c'est celle qui se couvre le plus facilement.

Elle est d'abord couverte à l'égard du ministère public et des époux, par la possession d'état, pourvu qu'il existe un acte de mariage inscrit sur les registres de l'état civil, fût-il d'ailleurs reçu par un officier autre que celui du domicile matrimonial des parties. (195., 196.)

Elle le sera encore et sous les mêmes conditions à l'égard des divers membres de la famille qui auront contribué à donner aux époux la possession de leur état.

Enfin si les époux sont l'un et l'autre décédés, l'acte même de célébration peut être suppléé en faveur des enfans, par la seule possession d'état, pourvu que cette possession ne se trouve point démentie par leur acte de naissance. (197.)

L'on entend en général par possession d'état, la notoriété résultant d'une série non interrompue d'actes et de faits qui présupposent l'état de famille dans la personne à laquelle ils s'appliquent.

Ainsi, il y a possession d'état pour les époux, lorsqu'ils ont pris cette qualité publiquement et dans tous les actes de la vie civile; qu'ils ont été accueillis par la famille, comme mari et femme légitimes; qu'enfin ils ont constamment passés pour tels dans la société.

De même, elle existera pour les enfans, lorsqu'ils auront toujours porté le nom du père, avec le titre d'enfans légitimes; qu'ils auront joui sans trouble dans la maison paternelle et dans la famille des honneurs et des droits accordés aux enfans du mariage; qu'enfin le public aura confirmé par son suffrage, le témoignage des père et mère et des parens. (321.)

SECTION III.

Des mariages putatifs, ou des mariages qui, bien qu'entachés d'une nullité radicale, doivent conférer les mêmes droits qu'une union légitime.

L'on appelle mariage *putatif*, celui qui, manquant d'une ou de plusieurs conditions essentielles à sa validité, a été contracté de bonne foi par les époux ou par l'un d'eux, soit qu'ils aient ignoré l'empêchement dirimant qui s'opposait à leur union, de sorte que dans leur opinion elle était légitime; soit que la contrainte exercée sur eux, ou le dol qui causait leur erreur, ne leur ait pas permis de protester contre le mariage au moment même de sa célébration, et de se soustraire aux devoirs de la cohabitation.

Des considérations de justice et d'humanité, ont fait consacrer en principe, qu'un tel mariage, quoique déclaré nul, produirait tous les effets civils d'une union légitime, soit à l'égard des enfans qui en sont nés, soit à l'égard des époux, ou de celui des époux qui était de bonne foi. (201, 202.)

Intelligentes quod pater *praedicti* R., matrem ipsius, in faciem ecclesiæ, ignaram quod ipse aliam sibi matrimonialiter copulasset, duxerit uxorem; et dùm ipsa conjux illius legitima putaretur, dictum R. suscepit ex eadem; *in favorem prolis potiùs declinamus*, memoratum R. legitimum reputantes. (Decretale *qui filii sint legitimi*. Chap. 4.)

Bona fides tantùm praestat quantùm et ipsa veritas.

SECTION IV.

DE L'OPPOSITION A LA CÉLÉBRATION D'UN MARIAGE, ET DE SES EFFETS.

Il vaut mieux prévenir le mal, que d'avoir à le réparer.

De-là le droit d'opposition, par rapport au mariage.

§ 1er. *En quoi consiste le droit d'opposition, et quelles personnes peuvent l'exercer.*

S'opposer à un mariage, c'est faire défense à l'officier de l'état civil de le célébrer, en alléguant l'existence d'un empêchement légal.

En thèse générale, celui-là peut s'opposer à un mariage, qui aurait le droit d'en demander la nullité, au moment même où il serait célébré.

Ainsi, le droit d'opposition appartiendra, suivant la nature et l'espèce des empêchemens, aux ascendans, au conseil de famille, à la personne engagée, par mariage, à l'un des futurs époux. (173, 175, 172.)

Toutefois, l'ascendant dont le consentement ou le conseil est requis, pourra exercer ce droit, alors même que le futur est majeur par rapport au mariage, et pour quelque cause que ce soit. (173, 176.)

En outre, tout parent collatéral au deuxième, troisième ou quatrième degré, les neveux et nièces exceptés, peut *individuellement* former opposition au mariage, lorsque le futur époux, mineur de 21 ans, n'a point obtenu le consentement du conseil de famille, à l'autorité duquel il se trouve soumis, ou lorsqu'étant majeur, il est dans un état d'aliénation mentale; à la charge par l'opposant, en ce dernier cas, de provoquer l'interdiction et d'y faire statuer dans le délai qui sera fixé par le tribunal appelé à statuer sur l'opposition. (174.)

Le conseil de famille pourrait également motiver son opposition sur l'état d'aliénation mentale du *futur époux mineur*. (175.)

Dans le cas où le conseil de famille est investi du droit d'opposition, il l'exercera par le ministère du tuteur ou curateur, qui ne pourra d'ailleurs agir qu'en vertu de son autorisation, à moins qu'il ne le fasse *individuellement* en qualité de parent. (175.)

§. 2. *Quelles sont les formes de l'opposition.*

Tout acte d'opposition doit énoncer la qualité qui donne à l'opposant le droit de la former; contenir élection de domicile dans le lieu où le futur époux a son domicile matrimonial; et, à moins qu'il ne soit fait à la requête d'un ascendant, indiquer le motif de l'opposition; le tout à peine de nullité et d'interdiction de l'officier ministériel qui l'aura signifié. (176.)

Il doit en outre être signé sur l'original et sur la copie par l'opposant ou son fondé de procuration spéciale et authentique. (66.)

Il doit enfin être signifié avec la copie de la procuration à la personne ou au domicile des parties, et à l'officier de l'état civil qui mettra son visa sur l'original, et fera sans délai mention de l'opposition sur le registre des publications. (66, 67.)

§. 3. *Des effets et du jugement de l'opposition.*

L'opposition est par elle-même, abstraction faite du motif qui peut lui servir de fondement, un empêchement prohibitif.

La loi qui établit cet empêchement a sa sanction dans la peine prononcée contre l'officier de l'état civil, qui célébrerait le mariage, avant qu'on lui eût remis main-levée de l'opposition. (68.)

La demande en main-levée est portée, sans qu'il soit besoin du préliminaire de la conciliation, devant le tribunal de 1re instance, qui doit, dans les dix jours, prononcer au moins préparatoirement. (177. *Proc.*, 49.)

En cas d'appel, la Cour royale doit aussi statuer sur la cause, au moins préparatoirement, dans les dix jours depuis qu'elle en aura été saisie. (178.)

Si l'opposition est déclarée mal fondée, l'opposant, à moins que ce ne soit un ascendant, est passible de dommages-intérêts. (179.)

La main-levée pourrait du reste être volontairement donnée par l'opposant.

Dans tous les cas, l'officier de l'état civil énoncera en marge de l'inscription de l'opposition sur le registre des publications, les jugemens ou actes de main-levée, dont expédition lui aura été remise. (67.)

SECTION V.

DE LA PREUVE DU MARIAGE ET SPÉCIALEMENT DE CELLE QUI S'ACQUIERT PAR UNE INSTRUCTION CRIMINELLE.

La preuve du mariage est dans l'acte de célébration inscrit sur les registres de l'état civil, et régulièrement ne peut être que là. (45, 46, 75, 76, 194, 195.)

Mais ce principe admet plusieurs exceptions.

La première est établie en faveur des enfans qui, en cas de décès de leur père et mère, peuvent, ainsi qu'on l'a vu précédemment, suppléer à la représentation de l'acte de mariage, par la possession d'état, quelque supposition qu'on puisse d'ailleurs faire sur l'origine de cette possession. (197.)

La seconde admise en faveur des époux eux-mêmes résulte de l'application de cette règle générale : que lorsqu'il n'a pas été tenu de registres ou qu'ils ont été perdus, la preuve des actes de l'état civil peut être faite, soit par des titres privés, soit par témoins. (46, 194.)

Enfin, une dernière exception a lieu, dans le cas où, soit l'officier de l'état civil, soit les époux ou l'un d'eux, soit un tiers, aurait falsifié ou lacéré l'acte de célébration, ou l'aurait soustrait frauduleusement du lieu du dépôt des actes de l'état civil.

La preuve de la célébration légale du mariage peut alors être acquise directement par une instruction criminelle, dirigée contre le coupable, soit sur la plainte ou la poursuite des époux ou de l'un d'eux, ou de toute autre personne intéressée, soit d'office par le Procureur du Roi. (198, 199.)

Si par le prédécès du coupable, la poursuite criminelle ne pouvait plus avoir lieu, l'action serait intentée contre les héritiers et portée devant le Tribunal civil; mais dans la crainte d'une collusion frauduleuse, la loi veut qu'en ce cas, elle soit suivie par le procureur du Roi, sur la réquisition des parties et en leur présence. (200. — *Inst.* 2, 4.)

L'inscription sur les registres de l'état civil du jugement rendu, soit sur l'action publique, soit sur l'action civile, remplacera l'acte de célébration, et assurera au mariage tous ses effets civils, à compter du jour même où il a été célébré. (198.)

SECTION VI.

DES OBLIGATIONS QU'IMPOSE LE MARIAGE.

ART. 1er. *Des devoirs des époux envers les enfans nés de leur union et leurs descendans légitimes.*

Les époux contractent *indivisiblement*, par le seul fait du mariage, l'obligation *d'élever* (1)

---

(1) La raison logique de ce mot est pleine de profondeur; *élever*, faire monter, remettre l'homme à la place d'où ses passions le font descendre..... Tu élèves tes enfans dans l'impiété, et tu oses te plaindre de leur abandon! Et moi, je les entends qui disent, qu'*ils n'ont jamais eu de père.* (*De l'éducat. des Mères de fam.* par Aimé Martin.)

...... Peccaturo obsistat tibi filius infans. (*Juv.*)

leurs enfans, et de leur donner une éducation conforme au rang qu'ils peuvent être appelés à occuper un jour dans la société. (203.)

Ils leur doivent, à tout âge, des alimens, lorsque ce secours leur est nécessaire. (203, 205, 207.)

Ils sont en outre tenus *subsidiairement* et *graduellement* des mêmes devoirs envers la postérité légitime de leurs enfans. (205, 207. — L. 8, ff. *de agnosc. lib.*)

Enfin, ils doivent aussi *subsidiairement* des alimens aux époux ou épouses légitimes de leurs enfans ou descendans. (206, 207.)

Ces obligations, en ce qui touche les prestations alimentaires, sont essentiellement réciproques. (207.)

Du reste, la loi civile ne fait point aux père et mère un devoir de doter leurs enfans ou de leur procurer un établissement quelconque. (204.)

La quotité des alimens doit être fixée d'après la double considération des besoins de celui qui les demande, et des facultés de celui qui les doit. (208.)

Régulièrement le descendant peut être tenu de les recevoir dans la demeure de l'ascendant qui doit les fournir, si toutefois ce dernier le préfère. (211.)

Au contraire, ils doivent être fournis à l'ascendant en une pension alimentaire, à moins que le descendant débiteur ne justifie qu'il est dans l'impossibilité d'accomplir de cette manière l'obligation qui pèse sur lui. (210.)

Quelle que soit la qualité des héritiers du débiteur, la dette des alimens est transmissible passivement. (1122. — *L.* 5, §. 17, ff. *de agnosc. lib.*)

Elle est de plus indivisible de sa nature, sauf la différence que peut mettre entre les divers coobligés l'inégalité de leurs fortunes. (1218, 1221, 5°.)

L'effet ne pouvant survivre à la cause, quand les besoins de celui qui reçoit des alimens diminuent, ou cessent entièrement, ou que la fortune de celui qui les doit vient à décroître ou à s'évanouir, l'obligation doit être réduite dans la même proportion ou déclarée éteinte. (209.)

Entre les alliés qui se doivent des alimens, l'obligation cesse encore :

1° Lorsque celui des époux qui produisait l'affinité et les enfans issus de son union sont décédés.

2° Lorsque la *belle-mère* ou la *bru*, devenue veuve, a convolé à de secondes noces. (206, 207.)

Aucune autre cause ne peut autoriser les parens en ligne directe, et les alliés de cette même ligne, que l'on vient de désigner, à se refuser des secours alimentaires.

Cùm necare videatur qui alimonia denegat. (L. 4, *de agnosc. lib.*)

Art. 2. *Des devoirs respectifs des époux.*

Les époux se donnant l'un à l'autre sans réserve, la fidélité conjugale est leur premier devoir.

Cette aliénation respective de toutes leurs facultés doit en outre entraîner pour eux l'obligation de se secourir et de s'assister mutuellement dans toutes les nécessités de la vie. (212.)

Quid enim tàm humanum est, quàm ut fortuitis casibus mulieris, maritum, vel viri, uxorem participem esse. (*Ulp.*, *L.* 22, § 7, ff. *sol. matr.*) — Mariage, le plus sublime état de l'amitié. (*Richardson.*)

Enfin, la prééminence qu'il a été dans les vues du Créateur de donner à un sexe sur l'autre, impose plus spécialement au mari le devoir de protéger sa femme, et à la femme le devoir d'obéir à son mari en tout ce qui n'est point contraire aux lois divines et humaines. (213.)

Quoniam vir caput est mulieris, et ipse salvator corporis ejus (1). (*Epist. P. ad Eph.*, *cap. v.*)

Ainsi, la femme est obligée d'habiter avec son mari et de le suivre partout où il juge à propos de résider, même en pays étranger; comme de son côté, le mari est obligé de la recevoir et de lui donner un état de maison conforme à leur fortune et au rang qu'ils occupent dans la société. (214.)

De uxore exhibendâ ac ducendâ, pater, etiam qui filiam in potestate habet, marito rectè convenitur. (L. 2, ff. *de lib. exhib.*)

Les devoirs dont les époux sont respectivement tenus l'un envers l'autre, et l'état de dépendance de la femme vis-à-vis du mari, entraînent, par rapport à leurs biens, ces conséquences :

1° Que les contrats intéressés qui peuvent enrichir l'un au détriment de l'autre leur sont généralement interdits. (1595.)

2° Qu'aucune prescription ne court entre eux; ni contre la femme en faveur d'un tiers, si son

---

(1) Mari insensé qui endoctrine sa femme, comme s'il craignait que l'adultère ne répugnât trop à sa conscience timorée!

action doit réfléchir contre son mari. (2256, 2°, 2253.)

En l'un et l'autre cas, il y a empêchement légal d'agir.

A l'égard des actions de la femme qui ne réfléchiraient point contre son mari, la prescription n'est pas, en thèse générale, suspendue pendant le mariage, la femme pouvant, ainsi qu'on va le voir, se faire autoriser, soit par son mari, soit par la justice, à les exercer contre qui de droit. (2254.)

SECTION VII.

DE L'INCAPACITÉ DONT LA FEMME SE TROUVE FRAPPÉE, PENDANT LE MARIAGE, ET DE L'AUTORISATION MARITALE.

La femme est, pendant le mariage, incapable de contracter aucun engagement sans l'autorisation de son mari; telle est la règle générale.

§ 1er. *D'où dérive cette incapacité, et quelle est sa nature et son étendue?*

Elle a tout-à-la-fois son fondement dans le devoir de soumission imposé à la femme, et dans le devoir de protection imposé au mari.

Elle est purement civile.

Elle s'étend à tous les engagemens contractés volontairement et spontanément.

Ainsi, par le mariage, la femme majeure perd la capacité d'aliéner et d'acquérir même à titre gratuit : elle ne pourra former le quasi-contrat judiciaire, même en défendant à une action intentée contre elle; à plus forte raison lui sera-t-il interdit de se constituer demanderesse. (215, 217, 1427.)

Mais elle reste capable des obligations que l'équité ou la loi seule produit, et de celles qui naissent du seul fait d'autrui; *ex quasi contractu.* (1312, 1371, 1375.)

Elle est également obligée par son délit ou son quasi-délit, et peut être poursuivie devant un tribunal criminel ou de simple police, de la même manière que si elle était affranchie de l'autorité maritale. (216, 1310, 1424.)

Enfin, lorsqu'en vertu du contrat qui règle les intérêts pécuniaires des époux, ou par l'effet d'un jugement de séparation, la femme a le droit de jouir par elle-même de tout ou partie de ses biens; elle est par là même autorisée légalement à faire tous les actes que peut entraîner l'administration de ces mêmes biens : elle ne reste soumise à la nécessité de l'autorisation maritale que pour les actes qui excèdent les bornes d'une simple administration, comme lorsqu'il s'agit d'engager ou d'aliéner des immeubles ou d'ester en jugement. (215, 217, 1449, 1536, 1576.)

Le testament, comme on le verra ailleurs, n'entraînant aucun dessaisissement actuel, et ne pouvant avoir d'effet qu'à la mort de son auteur, la capacité de la femme, relativement à cet acte, reste entière. (226, 895.)

§ 2. *En quoi consiste l'autorisation maritale, et comment elle doit intervenir et être établie.*

L'autorisation maritale consiste dans l'approbation que donne le mari à l'engagement contracté par la femme.

Elle peut être expresse ou tacite, spéciale ou générale.

L'autorisation est expresse ou tacite, suivant qu'elle est ou n'est pas exprimée en termes précis et formels.

Elle est spéciale lorsqu'elle énonce ou indique

au moins virtuellement tout à la fois et *la nature* et *l'objet* de l'engagement que la femme se propose de contracter. — Autrement elle est générale.

Quelle que soit l'importance ou la matière de l'engagement, une autorisation tacite suffit pour rendre la femme habile à le contracter.

Ainsi, la femme mariée aliène ou hypothèque valablement ses immeubles avec le concours du mari dans l'acte. (217.)

Elle est également autorisée à ester en jugement, par cela seul que le mari plaide conjointement avec elle, ou que c'est à sa requête qu'elle a été assignée.

Enfin, le consentement *tacite* du mari suffira encore pour habiliter la femme à se constituer marchande publique, c'est-à-dire à exercer pour son propre compte une *profession commerciale*. (Com. 4, 5.)

Mais, par application des principes qui régissent le mandat, l'autorisation ne pourra être générale que lorsqu'il s'agira de simples actes d'administration; hors de là, elle devra être spéciale. (1223, 1449, 1532, 1576.)

Il n'y a d'exception à cette règle que pour la femme marchande publique, qui, par cela seul qu'elle est autorisée à exercer une profession commerciale, est habile, non-seulement à contracter tous les engagemens que peut entraîner l'espèce de négoce qu'elle a entrepris; mais même à hypothéquer et aliéner ses immeubles pour les besoins de ce même commerce; à supposer toutefois que le consentement du mari suffise pour valider l'hypothèque ou l'aliénation. (220. — *Com.* 5 et 7.)

Et la femme, quoique marchande publique, n'en restera pas moins soumise à la nécessité d'une autorisation spéciale, lorsqu'il s'agira de souscrire un engagement étranger à son négoce, ou de plaider, même pardevant les tribunaux de commerce. (215.)

Quant aux modes de preuve, admissibles en cette matière, l'autorisation maritale demeure soumise aux principes généraux des obligations.

Toutefois, la femme qui fait ostensiblement un commerce distinct et séparé de celui de son mari, ou étranger au genre d'industrie qu'il exerce, doit, jusqu'à la preuve du contraire, être présumée avoir été tacitement autorisée par celui-ci à se constituer marchande publique. (220, 2ᵉ *al.* — *Com.* 4 *et* 5.)

§ 3. *Quand et comment l'autorisation maritale peut être suppléée.*

Quelque déférence que la femme doive à son mari, la loi n'a point voulu que l'absence, l'état d'incapacité, ou une volonté capricieuse de celui-ci, pût lui interdire l'exercice d'un droit légitime.

L'autorisation maritale peut et doit être suppléée par le juge dépositaire de l'autorité publique,

1° Lorsque le mari la refuse sans motif raisonnable. (218, 219.)

2° Lorsqu'il est *légalement* incapable de la donner, comme lorsqu'il est mineur, ou sous le poids d'une interdiction, soit légale, soit judiciaire; ou en état de prévention d'absence, soit parce que son existence est réellement incertaine, soit par l'effet d'une condamnation par contumace en matière criminelle, à une peine tout à la fois infamante et afflictive, ou infamante seulement. (224, 222, 221. — *Inst.* 471. — *Pén.* 6, 7 *et* 8.)

3° Lorsqu'à raison de son éloignement, ou pour toute autre cause, il est dans l'impossibilité physique de la donner, du moins à temps utile. (222.)

C'est au tribunal saisi de la demande qu'il appartient d'habiliter la femme *défenderesse* à ester en jugement, si le mari ne peut ou ne veut le faire : et alors celui-ci, à moins qu'il ne soit frappé d'interdiction ou constitué en état d'absence, doit être préalablement assigné devant le même tribunal, ou par le demandeur, ou par la femme elle-même, à l'effet de prêter son assistance à celle-ci, ou d'expliquer les causes de son refus. (218.)

Mais lorsqu'il s'agira, pour la femme, de contracter un engagement extrajudiciaire, ou de figurer dans une instance comme demanderesse principale, l'autorisation supplétive du juge devra être demandée par elle au tribunal civil du lieu du domicile marital; et ce tribunal ne statuera sur sa requête qu'après que le mari, qui n'est point en prévention d'absence, ou dans les liens d'une interdiction légale ou judiciaire, aura été entendu ou dûment appelé en la chambre du conseil. (218, 219, 224, 221, 222. — *Proc.*, 861, 862, 863, 864.)

§ 4. *Quel est l'effet de l'autorisation ou du défaut d'autorisation?*

L'effet de l'autorisation donnée par le mari, ou suppléée par le juge, est de relever la femme de l'incapacité civile dont elle est frappée par le mariage.

Mais lorsque les époux sont en société de biens, il y a cette différence essentielle entre l'autorisation qui émane du mari même, et celle qui a été accordée par le juge, que l'engagement pris par la femme en vertu de la première, oblige le mari comme administrateur ou chef de la communauté, tandis que l'acte fait en vertu de la seconde ne donne aucune action contre lui, et ne peut même préjudicier à ses droits sur les biens propres de la femme. (220, 1er *al.*, 1413, 1417, 1426, etc.)

Le défaut d'autorisation ne produit qu'une nullité *relative*, dont la femme, le mari ou leurs héritiers sont seuls habiles à se prévaloir. (225, 1125.)

Et l'incapacité sur laquelle elle est fondée, étant purement civile, l'on ne pourra en réclamer l'application, du moins dans l'intérêt de la femme ou de ses héritiers, qu'autant que l'engagement renferme à leur préjudice une lésion quelconque. (1305, 1306.)

Cette nullité sera couverte :

1° Par la ratification du mari, intervenue alors que la femme persévère encore dans son consentement ;

2° Par la ratification de celle-ci, en temps habile, c'est-à-dire depuis qu'elle a été affranchie de l'autorité maritale par rapport à l'acte dont il s'agit ;

3° Par la prescription de dix ans établie contre les actions en nullité et fondée sur une présomption de ratification tacite.

La simple déclaration faite par la femme mariée, qu'elle est fille ou veuve, ne serait point un obstacle à sa restitution. (1307.)

SECTION VIII.

DE LA DISSOLUTION DU MARIAGE.

Le mariage se dissout par la mort naturelle de l'un des époux. (227, 1°.)

Mors omnia solvit.

Il se dissout encore, mais quant à ses effets civils seulement, par la mort civile de l'un des époux, du moment où elle est encourue, suivant les distinctions qui ont été faites précédemment. (227, 3° ; 25, 26, 27, 29, 30.)

SECTION IX.

DE LA SÉPARATION DE CORPS OU D'HABITATION.

ART. 1er *Qu'est-ce que la séparation de corps, et pour quelle cause peut-on l'obtenir?*

La séparation de corps est la dispense des devoirs de la cohabitation, sans rupture des liens du mariage, accordée par le juge à l'un des époux pour des causes graves.

Les causes de séparation sont :

1° La violation du devoir de fidélité conjugale, ou l'adultère. (229, 230, 306.)

2° Les excès, sévices et injures graves, essentiellement contraires au devoir de secours et d'assistance. (231, 306.)

Si tanta sit sævitia mariti, ut mulieri trepidanti sufficiens securitas provideri non possit. (*Decr. greg.*, *lib.* 2, *tit.* 13, *cap.* 13.)

3° L'impossibilité légale où l'un des époux s'est mis, par un crime, de remplir les devoirs de la cohabitation, ou sa condamnation à une peine infamante. (232, 306.)

La loi n'en admet aucune autre. (306, 307.)

Les trois causes de séparation sont réciproques ou communes aux deux époux, si ce n'est cependant que l'adultère du mari ne peut fonder une demande en séparation qu'autant que son crime est accompagné de cette circonstance aggravante, qu'il tient sa concubine dans l'habitation commune. (230.)

Si, uxore inspiciente, ad contemptum sui, cum impudicis mulieribus cœtum inierit; *quod maximè castas exasperat.* (L. 8, C. *de repud.*, *nov.* 22, *ch.* 15.) — Si in eâ domo in quâ cum suâ conjuge habitat, ipsam aspernatus, cùm aliâ inveniatur; aut in eadem civitate degens, in aliâ domo cum aliâ muliere frequenter manere convincitur. (*Nov.* 117, *chap.* 9.)

Mais il ne suffit pas qu'il ait existé une cause de séparation : il faut qu'elle ne se trouve point effacée soit par le pardon de l'époux offensé, soit par son silence, soit par les crimes ou excès dont il se serait lui-même rendu coupable.

Ainsi, le mari qui entretient une concubine dans la maison conjugale, ne peut fonder une demande en séparation sur l'adultère de la femme. (*Pén.* 336.)

Periniquum ut pudicitiam vir ab uxore exigat, quam ipse non exhibeat. (L. 13, § 5, ff. *ad leg. jul.*) — Eâ lege quam ambo contempserunt neuter vindicetur; paria enim delicta mutuâ pensatione solvuntur. (L. 39, ff. *Solv. matr.*)

Ainsi encore, l'époux qui depuis que son conjoint a été condamné à une peine infamante et l'a subie, cohabite avec lui, ne peut plus réclamer le bénéfice de la séparation.

Ainsi enfin, la réconciliation des époux survenue, soit depuis la demande, soit depuis les faits qui auraient pu l'autoriser, éteint l'action, ou la rend non recevable. (272, 306.)

Cependant si les mêmes causes se reproduisent, quoiqu'avec des caractères différens et même moins graves, l'action revivra ; et l'époux offensé pourra appuyer sa demande aussi bien sur les anciens que sur les nouveaux faits. (273.)

La preuve des faits qui serviront de fondement

à la demande ou à l'exception, pourra être faite, soit par écrit, soit par témoins ; et même, en quoi la loi déroge ici aux principes du droit commun, ni les parens des époux, à l'exception des enfans et descendans, ni leurs domestiques, ne seront reprochables du chef de la parenté ou de la domesticité, sauf aux juges à avoir tel égard que de raison à leurs dépositions. (274, 251.)

Lorsque la cause de séparation alléguée sera une condamnation à une peine infamante, il suffira de représenter une expédition du jugement, avec un certificat du greffier de la cour d'assises, portant que ce jugement n'est plus susceptible d'être réformé par aucune voie légale. (261.)

ART. 2. *Comment s'obtient la séparation de corps, et dans quelles formes doit-elle être instruite et jugée ?*

Les effets d'un engagement qui tient à l'état civil des personnes, et dès-lors à l'ordre public, ne sauraient être détruits ou suspendus sans l'intervention de l'autorité publique.

En conséquence, toute demande en séparation de corps sera portée devant le tribunal du domicile des époux ; et les juges ne pourront y faire droit, qu'après s'être assurés de l'existence de la cause alléguée. — L'aveu du défendeur n'en serait point par lui-même une preuve suffisante. (307. — *Proc.*, 870.)

Du reste la demande doit être instruite dans les mêmes formes que celles qui sont établies pour toutes les actions civiles, si ce n'est qu'elle doit être précédée d'une tentative de conciliation, dont, par dérogation au droit commun, la loi confie le soin au président du tribunal. (307. — *Proc.*, 879, 48, 49, 83, 875.)

Si ce magistrat ne peut parvenir à rapprocher les époux qui sont tenus de comparaître en personne, sans pouvoir se faire assister d'avoués ni de conseils, il les renvoie à se pourvoir directement devant le tribunal, et autorise la femme à procéder sur la demande. (*Proc.*, 877, 878.)

Lorsque quelques-uns des faits allégués seront de nature à donner lieu à une poursuite criminelle, l'instance demeurera suspendue jusqu'après le jugement de l'action publique; mais l'on ne pourra inférer de ce jugement, quel qu'il soit, aucune exception préjudicielle à la demande en séparation. (235. — *Instr.*, 3.)

Art. 3. *Des mesures provisoires auxquelles peut donner lieu la demande en séparation de corps.*

La femme, lors même que la demande en séparation serait formée contre elle, peut, pendant la poursuite, quitter le domicile marital et se faire remettre les effets qui sont à son usage journalier. (268.)

Elle peut en outre demander une pension ou provision alimentaire proportionnée aux facultés du mari, si celui-ci jouit de ses biens, ou qu'elle n'ait pas des revenus suffisans pour pourvoir à sa subsistance et aux frais du procès. (268.)

La même ordonnance qui autorise la femme à procéder sur la demande, pourra l'autoriser en même temps à se retirer dans la maison dont les parties seront convenues, ou que le président indiquera d'office. — Ce magistrat pourra également ordonner que les effets à l'usage de la femme lui seront remis. — Mais quant aux demandes en provision, elles doivent être portées à l'audience. (*Proc.*, 878.)

La femme demeurant soumise à la surveillance

maritale, tant que la séparation n'est point prononcée, doit, pendant l'instance, résider constamment dans la maison indiquée ; sinon elle pourra, sur la demande du mari, être privée de la provision alimentaire, et, à supposer qu'elle soit demanderesse, déclarée non-recevable à continuer ses poursuites. (269.)

Lorsqu'il existe des enfans du mariage, le tribunal doit ordonner sur la demande, soit de la mère, soit de la famille, soit du ministère public, ce qu'il croira leur être le plus avantageux. — Si aucune mesure particulière n'est provoquée, ils resteront provisoirement confiés aux soins du mari demandeur ou défendeur. (267.)

Quant aux mesures conservatrices des droits pécuniaires de la femme, elles pourront être les mêmes que dans le cas d'une demande en séparation de biens seulement. (311, 270, 271.)

Art. 4. *Des effets de la séparation de corps prononcée.*

Le premier et principal effet de la séparation de corps est d'affranchir la femme de l'obligation d'habiter avec son mari, ou le mari de l'obligation de recevoir sa femme.

En conséquence la femme séparée aura désormais un domicile propre et distinct de celui de son mari.

Mais tous les devoirs qui ne sont pas essentiellement dépendans de la cohabitation demeurent entiers.

Ainsi les époux séparés de corps n'en seront pas moins tenus de se garder une fidélité inviolable. — L'adultère ne cessera pas pour eux d'être un crime, même aux yeux de la loi civile.

Ainsi celui qui est dans l'aisance n'en sera

pas moins obligé de fournir des alimens à celui qui éprouvera le besoin.

Ainsi la femme restera soumise à la nécessité de l'autorisation maritale; si ce n'est toutefois qu'elle deviendra capable de tous les actes de simple administration que lui interdisait le régime sous lequel elle était mariée.

Car, ainsi qu'on l'exposera d'ailleurs plus longuement au titre du *contrat* de mariage, un effet secondaire de la séparation de corps, est de rendre à la femme, même défenderesse, la libre jouissance de ses biens *propres* ou *dotaux*. (311, 1449, 1561, 1563.)

En ce qui touche les enfans, la séparation de corps une fois prononcée, ils doivent être donnés à l'époux demandeur, à moins que leur plus grand avantage ne demande que tous ou quelques-uns d'eux soient confiés aux soins, soit de l'autre époux, soit d'une tierce personne. (302.)

Dans tous les cas, le père et la mère conserveront respectivement le droit de surveiller leur entretien et leur éducation, et seront tenus d'y contribuer en proportion de leurs facultés. (303.)

La séparation prononcée pour cause *d'adultère* a cet effet particulier, que l'époux coupable doit être condamné par le même jugement et sur la réquisition du ministère public, à savoir, si c'est la femme, à une détention de trois mois à deux ans, dans une maison de correction; et si c'est le mari, à une amende de cent francs à deux mille francs. (308. — *Pén.* 337, 339.)

Tous les effets civils de la séparation, par rapport aux personnes, cessent du moment où l'époux qui l'a obtenue cohabite volontairement avec son conjoint.

Le mari, en consentant à reprendre sa femme adultère, arrêtera même l'effet de la condamnation pénale (1). (309. — *Pén.* 337, 2e *al.*)

C'est du reste au conjoint qui exciperait de la révocation du jugement, à prouver les faits de réconciliation qui l'aurait opérée; ce qu'il pourra faire soit par témoins, soit par de simples présomptions, pourvu qu'elles soient graves, précises et concordantes. — Mais une grossesse survenue depuis la séparation ne suffira, dans aucun cas, pour établir cette preuve contre le mari; car il ne faut pas qu'une femme impudique puisse, par un nouveau crime, reconquérir les droits dont l'adultère l'a fait déchoir.

Quant aux stipulations qui réglaient les intérêts pécuniaires des époux, l'on verra ailleurs qu'elles ne pourraient être rétablies que par un acte formel et authentique. (1451, 1563.)

---

(1) Le mari peut, en interrogeant sa conscience lorsqu'il n'est plus animé par la passion, reconnaître que le pardon ne sera de sa part qu'un acte de justice. D'ailleurs :

Dieu fit du repentir la vertu des mortels. (VOLT.)

TITRE QUATRIÈME.

DE LA PATERNITÉ ET DE LA FILIATION.

CHAPITRE PREMIER.

DE LA PATERNITÉ ET DE LA FILIATION QUI ONT LEUR SOURCE DANS LE MARIAGE.

Les mots *paternité* et *filiation* expriment en général les rapports des ascendans aux descendans, et réciproquement.

Mais ici, la première expression s'entend plus spécialement des liens qui unissent le père au fils, ou autrement le mari à l'enfant né de son mariage; et le mot filiation, des rapports de l'enfant avec l'un et l'autre des parens qui lui ont donné le jour, et généralement avec les divers membres de la famille dans laquelle il réclame un rang.

Ainsi, établir le fait d'une paternité légitime, c'est prouver que l'on a pour père le mari de la femme dont l'on est né.

Etablir le fait d'une filiation légitime, c'est prouver que l'on est issu de tels ou tels époux, ou que l'on appartient à telle ou telle famille par des liens de parenté que le mariage a formés.

SECTION PREMIÈRE.

COMMENT SE PROUVE LA PATERNITÉ LÉGITIME; ET DE L'ACTION EN DÉSAVEU OU EN CONTESTATION DE PATERNITÉ.

Le fait de la paternité s'établit par une double présomption légale.

La première est que l'enfant conçu pendant le mariage, doit par là même être réputé avoir pour père le mari. (312, 1er *al.* -- L. 5, ff. *de in jur. voc.*)

La seconde, que celui-là doit être réputé conçu dans le mariage qui est né, soit le 180e jour ou plus tard, depuis celui de la célébration, soit le 300e jour ou plutôt, depuis celui de la dissolution. (312, 2e *al.*, 314, 315. — L. 12, ff. *de st. hom.*)

L'une et l'autre sont absolues, ou en d'autres termes ne peuvent être écartées par aucune preuve contraire.

Ainsi, l'adultère de la femme, le déréglement de ses mœurs avant la célébration, ou depuis la dissolution du mariage, l'impuissance naturelle du mari ne sauraient porter atteinte à la légitimité de l'enfant qui est né sous l'égide de cette double présomption.

Non mihi videtur confugere ad justam defensionem, ea mulier quæ ætatem filii prætendit ad elidendam accusationem legitimam : nàm, non utique crimen adulterii quod mulieri objicitur, infanti præjudicat; cùm *possit et illa adultera esse, et impubes defunctum patrem habuisse.* (L. 11, § 9, ff. *ad leg. jul. de adult.*)

Toutefois, la première dégénère en une présomption légale simple, lorsque l'adultère de la femme concourt avec cette circonstance, qu'elle a caché la naissance de l'enfant au mari; celui-ci est alors admis à proposer les faits propres à justifier qu'il n'en est pas le père. (313.)

Cette même présomption doit, par une conséquence naturelle de la seconde, cesser de protéger l'enfant, si pendant le temps qui a couru depuis le 300e jour *inclusivement*, jusqu'au 180e, aussi *inclusivement*, avant celui de la naissance, le mari a été dans l'impossibilité physique de cohabiter avec sa femme, soit à raison de son éloignement, soit par l'effet d'une maladie ou d'un accident survenu depuis le mariage. (312, 1er *al.*)

Filium eum definimus qui ex viro et uxore nascitur; sed si fingamus abfuisse maritum v. g. per *decennium*, et reversum, invenisse in domo suâ *anniculum*, placet nobis sententia Juliani, hunc non esse mariti filium; ..... vel si constet maritum aliquandiu cum uxore suâ non concubuisse, infirmitate interveniente, vel aliâ causâ..... (L. 6, ff. *de his qui sui vel alieni.*)

Dans cette hypothèse, comme dans celles où l'enfant est né avant le 180e jour depuis la célébration, ou postérieurement au 300e depuis la dissolution du mariage, le mari, et à défaut du mari, ceux qui le représentent dans l'ordre civil, sont constitués par la loi juges souverains du fait de la paternité.

En conséquence, l'enfant doit, sur leur demande, être déclaré illégitime et exclu de tous droits de famille, par cela seul qu'ils le désavouent ou dénient sa légitimité. (312, 314, 315, 317.)

Post decem menses mortis natus non admittetur ad legitimam hæreditatem. (L. 3, § *ult. de suis et leg. haer.*)

Matri decem longa tulerunt fastidia menses. (VIRG.)

Néanmoins, comme notre intérêt légal est *la base et la mesure de toutes nos actions judiciaires*, l'action en désaveu ou en dénégation de paternité sera non-recevable dans le cas d'un accouchement qui a précédé le 180e jour, soit de la célébration du mariage, soit du retour du mari, si l'enfant n'est point né et déclaré viable. (314, 3e *al.*)

Elle ne serait point également admise, si le mari avait reconnu expressément ou tacitement l'enfant déjà conçu au moment de la célébration du mariage, la tache d'illégitimité que lui imprimait sa conception, se trouvant même dès-lors effacée, ainsi qu'on le verra au chapitre suivant.

Dans tous les cas, elle doit être portée en justice, et dirigée contre un tuteur *ad hoc* donné à l'enfant, et en présence de la mère. (318.)

L'action en désaveu ou en dénégation de paternité est prescrite, à l'égard du mari, par *un mois*, s'il se trouve sur les lieux de la naissance de l'enfant; s'il est alors absent, par *deux mois* depuis son retour; enfin, si la naissance de l'enfant lui a été cachée, par le même délai de *deux mois*, depuis la découverte de la fraude. (316.)

Si le mari est mort sans y avoir renoncé expressément ou tacitement, et étant encore dans le délai pour la porter devant les tribunaux, elle ne sera prescrite, à l'égard des héritiers, que par le délai uniforme de deux mois, à compter, soit de l'époque où ils auraient souffert que l'enfant se mît en possession des biens du mari, soit de l'époque où ils seraient troublés par lui dans la possession de ces mêmes biens. (317.)

Cette prescription, par dérogation aux principes du droit commun, peut être interrompue par une protestation *extrajudiciaire*, pourvu que cet acte de désaveu soit suivi, dans le délai d'un mois, d'une action régulière en justice. (318.)

Le mari ou ses héritiers étant seuls juges de la légitimité de l'enfant qui n'est point protégé par la double présomption de la loi, leur reconnaissance expresse ou tacite, ou le jugement rendu avec eux, sera une loi pour toutes les autres parties intéressées, *sauf le cas d'une collusion frauduleuse*; collusion qui pourrait au surplus se trouver prouvée par l'invraisemblance même de la paternité alléguée et reconnue.

La séparation de corps laissant subsister les liens du mariage, ne fera point cesser l'application des principes qui viennent d'être exposés. — Mais comme la légitimité de l'enfant conçu par une femme judiciairement séparée de corps, présuppose nécessairement le rapprochement des époux et la révocation du jugement de séparation, elle se trouvera par là même essentiellement subordonnée à la preuve des faits de réconciliation; preuve dont le poids incombe à la mère, ainsi qu'on l'a dit précédemment.

SECTION II.

DES PREUVES DE LA FILIATION DES ENFANS LÉGITIMES, ET DE L'ACTION EN RÉCLAMATION OU EN CONTESTATION D'ÉTAT.

Pour établir le fait d'une filiation légitime, il faut, indépendamment du mariage des père et mère, prouver deux choses, à savoir : l'accouchement de la mère, et l'identité du réclamant avec l'enfant qu'elle a mis au monde.

Le fait de l'enfantement se prouve par l'acte de naissance inscrit sur les régistres de l'état civil; l'identité par la possession d'état lorsqu'elle est constante.

Mais comme la preuve de l'identité présuppose ou entraîne nécessairement la preuve de l'accouchement, la possession constante que l'enfant a de son état suffira pour établir sa filiation. (319, 320.)

A défaut d'acte de naissance et de possession constante, la filiation pourra être prouvée par témoins.

Cette preuve ne sera néanmoins admissible que lorsqu'il y aura un commencement de preuve par écrit de *l'identité* ; ou que des présomptions ou indices graves résultant de faits dès-lors constans la rendront vraisemblable. (323, 1353.)

Ici le commencement de preuve par écrit résultera des titres de famille, des registres et papiers domestiques du père ou de la mère, des actes publics et même privés, émanés d'une partie engagée dans la contestation, ou qui y aurait intérêt si elle était vivante. (324, 1347.)

Et afin que l'on ne puisse parvenir, par une voie indirecte, à prouver une filiation contestée, sans un commencement de preuve par écrit, ou sans les indices graves qui peuvent y suppléer, la loi dérogeant ici au principe général, *que l'action publique suspend l'action civile, lorsque l'une et l'autre naissent du même fait*, veut que le ministère public ne puisse, même d'office, poursuivre un délit de suppression d'état, sinon après qu'il aura été statué définitivement sur la question d'état par les tribunaux civils, seuls compétens pour en connaître. (326, 327. — *Instr.*, 3.)

C'est au surplus une maxime fondamentale en cette matière, que nul ne peut réclamer un état contraire à celui que lui donnent son acte de naissance et une possession constante, conforme à ce titre ; comme nul ne peut contester l'état de celui qui a une possession constante, conforme à son acte de naissance. (322.)

Cependant, si un enfant avait été inscrit sous de faux noms, il pourrait encore, nonobstant qu'il eût une possession d'état apparente conforme à son acte de naissance, mais bien entendu sous la condition d'un commencement de preuve par écrit, ou d'indices graves de la supposition, être admis à établir par témoins sa véritable filiation. (323.)

Il en serait de même, à plus forte raison, s'il avait été inscrit comme né de père et mère inconnus. (*Id.*)

Dans tous les cas, la maternité étant prouvée, l'action en désaveu ou en dénégation de paternité demeurerait entière. (325.)

L'action en réclamation d'état est inaliénable et imprescriptible dans la main de l'enfant, sauf l'application des principes du droit commun, par rapport aux droits de successibilité et autres droits accessoires qui y sont attachés. (6, 328, 1128, 1598, 2226. — *Proc.* 1004.)

Mais à l'égard des héritiers, soit en ligne collatérale, soit en ligne directe, elle est soumise aux principes généraux de la prescription, c'est-à-dire qu'elle est éteinte après trente ans, depuis le moment où ils en ont été saisis. (2262.)

Et de plus, elle n'est transmissible héréditairement qu'autant que l'enfant auquel elle appartenait est décédé mineur, ou avant la révolution de cinq années depuis sa majorité acquise, à moins qu'il ne l'ait intentée lui-même ; cas auquel les héritiers pourront toujours suivre l'instance, à supposer qu'elle subsiste encore, c'est-à-dire qu'un désistement formel ou une péremption acquise ne l'ait point anéantie. (329, 330. — *Proc.* 403, 397, 399.)

Il reste à faire observer que l'enfant né au moment où une demande en réclamation ou en contestation d'état est formée contre ses père et mère, étant par le seul fait de sa naissance, investi des droits de famille, ne sera point légalement représenté par eux dans l'instance, à moins qu'il ne se trouve encore purement et simplement sous leur autorité. — Mineur en tutelle ou majeur interdit, il doit être assigné dans la personne de ses tuteur et subrogé tuteur ; majeur et maître de ses actions, il doit l'être dans sa propre personne. (1351.)

CHAPITRE II.

DE LA FILIATION DES ENFANS NATURELS.

L'on entend par enfans naturels ceux qui ont été conçus hors le mariage, et qui n'ont point reçu le bienfait de la légitimation expresse ou tacite.

On les divise en deux classes ; celle des bâtards simples, et celle des bâtards adultérins ou incestueux.

L'enfant naturel est bâtard simple, lorsqu'au moment de sa *conception* il n'existait pas entre ses père et mère d'empêchement de mariage de nature à produire une nullité absolue et perpétuelle.

Il est incestueux ou adultérin dans le cas contraire.

Macula ex conceptione, non ex nativitate contrahitur ; atque ex tunc accedit proli qualitas quæ non purgatur per nativitatem ; quia peccatum non minuit, nec facit copulæ turpitudinem minus esse damnatam legibus. (*Perez.*)

Les enfans naturels, soit de l'une, soit de l'autre classe, ne sont point membres de la famille et ne jouissent d'aucun des droits attachés à cette qualité.

La loi civile ne leur accorde que ce que réclame impérieusement pour eux la loi naturelle, c'est-à-dire des alimens. (335, 762.)

Cependant, dans la législation du Code, les bâtards simples peuvent acquérir, à l'égard de leurs père et mère, un état et des droits de famille plus ou moins étendus par l'effet d'une reconnaissance consignée dans un acte authentique ou dans un jugement. (334, 335, 340, 341, 342, 338.)

La tache de leur naissance peut même être entièrement effacée par la légitimation. (331, 333.)

SECTION PREMIÈRE.

DE LA RECONNAISSANCE LÉGALE DES ENFANS NATURELS.

L'on doit entendre ici par reconnaissance légale celle qui réunit les caractères auxquels la loi attache l'état et les droits de famille, qu'elle permet de conférer à un bâtard simple, à l'exclusion de ceux qui sont nés d'un commerce incestueux ou adultérin. (335, 342.)

Cette reconnaissance peut être purement volontaire, ou bien juridique et forcée.

La reconnaissance volontaire est celle qui a été accordée spontanément par le père ou par la mère.

Elle doit émaner directement, soit de l'un, soit de l'autre; c'est-à-dire que personne n'a mission de la loi pour suppléer leur aveu, et que le père lui-même serait sans qualité pour déclarer la mère, s'il n'était fondé par elle à cet effet d'une procuration spéciale et authentique. (35, 336, 56, 36.)

Et la présomption de paternité ou de maternité qui en résultera ne sera point absolue. — Elle pourra être combattue par toute personne ayant intérêt et qualité, et détruite par de simples présomptions humaines, à supposer qu'elles soient graves, précises et concordantes. (339, 1353.)

La reconnaissance volontaire s'opérera d'ailleurs sans le concours du consentement de celui qui en est l'objet, quand même il serait alors majeur; sauf le droit qui lui appartiendrait, ainsi qu'à toute personne intéressée, d'en contester la sincérité.

Quant à sa forme, elle doit être faite dans l'acte de naissance même de l'enfant; sinon dans un acte reçu par un officier public compétent pour donner à la déclaration, dans les circonstances où elle aura lieu, le sceau de l'authenticité. (334. — *Proc.* 54.)

Toute reconnaissance qui n'aura pas ce caractère, ne peut fonder, de la part de l'enfant, qu'une action en secours alimentaires; à moins qu'il ne l'invoque comme un commencement de preuve par écrit, pour se faire reconnaître juridiquement, dans les cas où la loi permet cette poursuite.

La reconnaissance juridique est celle qui a été consacrée par un jugement rendu sur la demande de l'enfant ou de ceux qui le représentent.

Elle ne peut, de même que la reconnaissance volontaire, avoir lieu qu'au profit d'un bâtard simple. (342.)

De plus, elle n'est, du moins en thèse générale, admise qu'à l'égard de la mère. — Le réclamant ne sera d'ailleurs reçu à prouver par témoins sa filiation naturelle ou le fait de la maternité, qu'autant qu'il aura déjà un commencement de preuve par écrit de son identité. — Il ne lui serait pas permis d'y suppléer par de simples présomptions, quelque graves qu'elles fussent. (341.)

La recherche de la paternité *de la part de l'enfant* est généralement interdite.

Cependant en cas de viol ou d'enlèvement, lorsque la conception présumée coïncidera avec l'époque où le crime a été commis, le coupable pourra, sur la demande des parties intéressées, être déclaré père de l'enfant, et sans qu'il soit alors besoin d'aucun commencement de preuve par écrit. (340.)

Toute reconnaissance légale qui n'est point consignée dans l'acte de naissance même, sera inscrite à sa date, sur les registres de l'état civil, et il en sera fait mention en marge de l'acte de naissance, s'il en existe un. Mais cette double formalité n'est point *substantielle*. (62.)

Les principaux effets de la reconnaissance *légale* sont d'autoriser l'enfant à porter les noms des père et mère qui l'ont reconnu, de le soumettre à leur autorité, et de lui attribuer sur leurs successions des droits plus ou moins restreints suivant la qualité des héritiers avec lesquels il se trouvera en concours. (338, 383, 757.)

Toutefois la reconnaissance volontaire faite par un époux, *depuis la célébration de son mariage*, au profit d'un enfant naturel qu'il aura eu auparavant, d'un autre que son conjoint, ne pourra préjudicier ni à celui-ci, ni aux enfans nés du mariage.

Mais elle ne sera point nulle pour cela; et elle produira tout son effet, après la dissolution de ce même mariage, s'il n'en reste pas d'enfans, sauf les droits du conjoint survivant. (337.)

SECTION II.

DE LA LÉGITIMATION DES ENFANS NATURELS.

La légitimation est le changement d'état qui s'opère dans l'enfant naturel, lorsqu'il est élevé au rang d'enfant légitime.

Dans les principes du Code civil, c'est une faveur attachée sous les conditions que la loi détermine, au mariage subséquent des père et mère.

§ 1er. *Quels enfans sont aptes à recevoir le bénéfice de la légitimation?*

L'on ne peut légitimer que les enfans naturels qu'il est permis de reconnaître légalement. (331, 335.)

Ainsi, l'enfant conçu du commerce de deux personnes parentes au degré d'oncle et de nièce, ou alliées au degré de beau-frère et de belle-sœur, restera bâtard incestueux, quand même il serait né depuis le mariage que ses père et mère auraient contracté en vertu d'une dispense surprise à la religion du Roi.

Et le premier homme justement puni dans ses enfans. (*Bossuet. Hist. univ.*)

Du reste, le décès même de l'enfant ne sera point un obstacle à sa légitimation, lorsqu'il aura laissé des descendans légitimes. (332.)

§ 2. *Comment et sous quelles conditions la légitimation a lieu.*

Si l'enfant est né dans l'état d'illégitimité, les père et mère en se mariant n'effacent la tache de sa naissance, qu'autant qu'ils l'ont l'un et l'autre légalement reconnu avant la célébration de leur mariage, ou, au plus tard, dans l'acte même de célébration. (331.)

Mais si l'enfant est seulement conçu au moment de la célébration du mariage, il suffira d'une reconnaissance tacite pour que la légitimation ait lieu; et il y aura reconnaissance tacite de la part du mari lorsqu'il aura épousé la mère, sachant qu'elle était enceinte; ou qu'il aura déclaré lui-même la naissance de l'enfant; ou enfin qu'il ne l'aura pas désavoué dans le délai fixé par la loi. (314, 1° *et* 2°, 56.)

Dans l'un comme dans l'autre cas, si le mariage se trouvait infecté d'une nullité absolue et perpétuelle, il ne pourrait opérer la légitimation, quelque invincible que paraîtrait avoir été l'ignorance où étaient les époux de l'empêchement qui s'opposait à leur union. (331, 201.)

Danti operam rei illicitæ imputantur omnia quæ sequuntur præter voluntatem suam. (*Cardinal de Palerme.*) — Que la loi récompense une personne qui a voulu mal faire, parce qu'elle a voulu faire un moindre mal, c'est ce qui ne peut être écouté. (*D'Aguesseau.*)

§ 3. *Quels sont les effets de la légitimation?*

La légitimation donne à l'enfant qui en est l'objet et à ses descendans, le même état et les mêmes droits de famille, que s'il était conçu dans le mariage même qui l'a opérée; mais sans que cette fiction puisse, dans aucun cas, préjudicier aux droits des tiers. (332, 333, 960.)

Lorsque le bâtard est légitimé par le mariage de son père avec sa mère, comme sa légitimation ne le rétablit pas dans une capacité qui lui soit naturelle, elle ne le rend capable de succéder que pour l'avenir, et n'a pas l'effet de lui acquérir les successions échues pendant que son incapacité subsistait encore. (*Domat.*, *tit. des héritiers*, *sect.* 2.)

CHAPITRE III.

DE LA PATERNITÉ ET DE LA FILIATION PUREMENT CIVILES, OU DE L'ADOPTION.

L'adoption est un contrat solennel par lequel deux personnes établissent entre elles des rapports de paternité et de filiation qui n'ont point leur fondement dans la nature.

Adoptio actus solemnis, quo quis in locum filii vel nepotis adsciscitur alieni. (*Poth. Pandectes.*)

L'adoption est *une*, quant à ses effets.

Mais eu égard à la diversité des conditions requises pour sa validité, et des formes prescrites pour la consommer irrévocablement, l'on peut en distinguer trois espèces :

1° L'adoption *ordinaire*, conférée par un acte entrevifs et comme un pur bienfait ;

2° L'adoption *rémunératoire*, également conférée par un acte entrevifs, mais en reconnaissance d'un service signalé ;

3° L'adoption, *à cause de mort*, conférée par un acte de dernière volonté, à la suite d'un engagement connu sous la dénomination de *tutelle officieuse*.

Les deux premières sont encore appelées adoptions *contractuelles* ou *entrevifs*, par opposition à la dernière, résultant d'un acte qui est l'ouvrage d'une seule des parties (l'adoptant), et ne doit produire un droit qu'à son décès, et sous la condition de l'acceptation postérieure de l'autre partie (l'adopté).

SECTION PREMIÈRE.

DE L'ADOPTION ORDINAIRE OU DE DROIT COMMUN.

Art. 1er. *Des conditions qui sont généralement requises pour qu'il puisse y avoir lieu à l'adoption.*

L'adoption exige le concours de trois sortes de conditions : les unes qui doivent se rencontrer dans la personne de l'adoptant ; les autres dans la personne de l'adopté ; les dernières dans les rapports de l'un à l'autre.

Les conditions personnelles à l'adoptant sont :

1° Qu'il ait la pleine jouissance des droits civils ; ou en d'autres termes, qu'il soit Français ;

2° Qu'il soit âgé de plus de cinquante ans (343) ;

3° Qu'il n'ait ni enfans, ni descendans légitimes (343) ;

4° Que s'il est marié, il soit muni du consentement de son conjoint. (344, 2e *al.*)

5° Qu'il jouisse d'une bonne réputation. (355, 2°.)

Les conditions personnelles à l'adopté sont :

1° Qu'il ait également la jouissance des droits civils français ;

2° Qu'il n'ait point été adopté précédemment, à moins que ce ne soit par le conjoint de celui qui se propose de l'adopter encore. (344, 1er *al.*)

3° Qu'il soit majeur de vingt et un ans. (346.)

4° Qu'il rapporte le consentement donné à l'adoption par ses père et mère ou par le survivant ; ou, s'il est majeur de vingt-cinq ans, qu'il ait requis leur conseil par un acte respectueux dans la forme établie au titre du mariage. (346.)

Enfin les conditions communes ou qui se rapportent indivisiblement à l'un et à l'autre, sont :

1° Que l'âge de l'adoptant excède de quinze ans au moins celui de l'adopté (343) ;

2° Que celui-ci ait dans sa minorité reçu du premier des secours non interrompus pendant six ans au moins (345) ;

3° Qu'il n'existe entre eux aucun rapport de paternité et de filiation naturelle (1). (6, 908.)

Nulla admittenda est, quâ, salvis legis verbis, mens ejus circumvenitur. — Nos enim non verbis, sed rebus ipsis leges imponimus. (L. 2, *C. Comm. de leg.*) — Nostri patris approbamus constitutionem, quæ naturalium adoptiones prohibuit, *multam absurditatem habentes.* (Nov. 89, cap. VII.) — Et ità adoptio non est modus legitimandi liberos. (*Goth., in Dict. nov.*) — Le respect de la morale a constamment fait obstacle dans l'ancienne comme dans la nouvelle législation, à ce que les adultérins acquissent des droits successifs ou de filiation. (*Cass., arrêt du* 13 *juillet* 1826.)

Art. 2. *Des formes de l'adoption ordinaire ou généralement de l'adoption entre vifs.*

Les parties doivent avant tout passer acte de leurs consentemens respectifs pardevant le juge de paix du domicile de l'adoptant. (353.)

Elles se lient par là l'une envers l'autre ; mais cet engagement devant modifier l'état de la per-

---

(1) Toutes les propositions dont se composent ces traités élémentaires sont puisées dans le texte de la loi, ou conformes à son esprit. C'est du moins ce que l'auteur prétend démontrer dans ses leçons orales. Il reconnait cependant que celles-ci et quelques autres auraient besoin, pour devenir incontestables, d'être consacrées par une loi interprétative.

sonne, ne peut être consommé qu'avec le concours de l'autorité publique.

En conséquence, l'acte d'adoption sera successivement soumis à l'homologation du tribunal civil du domicile de l'adoptant et de la cour royale.

A cet effet, une expédition de cet acte sera dans les dix jours de sa passation remis par la partie la plus diligente au procureur du roi; et le tribunal réuni en la chambre du conseil, après avoir vérifié avec soin, d'après les renseignemens qu'il se sera procurés, si toutes les conditions de la loi sont remplies, et avoir entendu le ministère public en ses conclusions, admettra ou rejettera l'adoption, en ces termes, sans énoncer les motifs de sa décision : *Il y a lieu* ou *il n'y a pas lieu à l'adoption.* (354, 355, 356.)

Ce jugement sera, dans le mois qui suivra sa prononciation, et toujours sur les poursuites de la partie la plus diligente, soumis à la cour royale, qui instruira l'affaire dans les mêmes formes que le tribunal de première instance, et prononcera également sans énoncer de motifs : *Le jugement est confirmé* ou *est réformé ; en conséquence, il y a lieu* ou *il n'y a pas lieu à l'adoption.* (357.)

Tout arrêt qui admettra une adoption sera prononcé à l'audience et affiché en tels lieux et en tel nombre d'exemplaires que la cour jugera convenable. (358.)

Enfin, dans les trois mois du jour où l'adoption aura reçu la sanction de la cour royale, elle devra, sur le vu d'une expédition en forme de l'arrêt, et à la réquisition de l'une ou de l'autre des parties, être inscrite sur les registres de l'état civil du lieu du domicile de l'adoptant; faute de quoi elle restera sans effet. (359.)

Art. 3. *De l'irrévocabilité de l'adoption.*

Le contrat d'adoption est indissoluble du moment où il a reçu son dernier complément par l'inscription, sur les registres de l'état civil, de l'arrêt qui l'homologue.

Et avant qu'il ait acquis ce caractère d'indissolubilité, il ne saurait, ainsi que tout autre contrat, être révoqué que du consentement mutuel des deux parties.

C'est pourquoi le décès, soit de l'adoptant, soit même de l'adopté, s'il laissait des enfans, n'empêcherait pas que l'acte passé devant le juge de paix ne fût soumis à l'homologation des tribunaux, et que l'adoption ne fût admise s'il y avait lieu. (353, 360, 1134.)

Mais comme l'homologation et l'inscription de l'arrêt sur les registres de l'état civil forment une condition *suspensive*, à l'événement de laquelle tous les effets du contrat sont subordonnés, il s'ensuit que si, dans l'intervalle, quelques-unes des qualités ou capacités spéciales qui y sont essentiellement requises venaient à manquer, l'adoption ne pourrait plus être légalement consommée. (359, 366, 1182.)

Du reste, lorsqu'une adoption aura été admise et aura reçu son dernier complément, nonobstant l'absence de l'une de ces qualités ou capacités essentielles au contrat, toute partie intéressée pourra se pourvoir par action principale dans la forme ordinaire, pour en faire prononcer la nullité, et sans qu'on puisse lui opposer l'arrêt d'homologation.

A plus forte raison si, durant l'instance d'homologation, l'un des contractans ou ses héritiers croyaient l'adoption inadmissible, ils pourraient remettre au procureur du roi leurs observations à ce sujet. (360, 2e *al.*)

Art. 4. *Des effets de l'adoption.*

L'adoption étant une institution de *pur droit civil*, ne peut produire que les effets que la loi positive y a *formellement* attachés.

Dans la législation du Code, l'adoption ajoute d'abord au nom propre de l'adopté celui de l'adoptant. (347.)

En second lieu, elle forme le lien d'une parenté civile, qui sert de fondement aux divers empêchemens de mariage que l'on a fait connaître ailleurs. (348.)

Troisièmement, elle rend commune à l'adoptant et à l'adopté, ainsi qu'aux descendans légitimes de celui-ci, l'obligation respectivement imposée aux père et mère et aux enfans de leur mariage de se fournir des alimens. (349.)

Enfin elle confère à l'adopté et à sa postérité légitime, sur la succession de l'adoptant, les mêmes droits que s'il était l'enfant du mariage, quand même il y aurait d'autres enfans de cette dernière qualité nés depuis l'adoption. (350.)

Mais l'adopté ne change pas pour cela de famille.

Ainsi il conservera dans la famille à laquelle il appartient par sa naissance, tous ses droits de successibilité et autres, comme il demeurera soumis aux obligations corrélatives. (348.)

Il restera sous l'autorité de ses père et mère, soit par rapport au mariage, soit à tous autres égards.

Par la même raison, il n'acquerra aucun droit à la succession des parens de l'adoptant; et réciproquement ceux-ci et l'adoptant lui-même n'en acquerront aucun à la sienne, sauf le droit de retour établi par la loi, par rapport aux choses données par l'adoptant, et dont on expliquera plus tard la nature et les effets. (350, 351, 352.)

SECTION II.

DE L'ADOPTION RÉMUNÉRATOIRE ET DES CONDITIONS AUXQUELLES ELLE EST SOUMISE.

Il ne peut y avoir lieu à l'adoption rémunératoire que lorsque l'adopté a par un acte de dévouement sauvé la vie à l'adoptant, comme si dans un combat il lui avait fait un rempart de son corps, ou qu'il l'eût retiré soit des flammes, soit des flots, en exposant lui-même ses jours. (345.)

La loi n'exige alors ni la condition de l'âge de cinquante ans accomplis dans la personne de l'adoptant; ni celle d'une différence d'âge de quinze ans entre lui et l'adopté; ni enfin celle de six années de soins et de secours non interrompus donnés à celui-ci par le premier à titre de bienfait.

La dernière est entièrement suppléée par le service signalé qui est la condition spéciale de cette sorte d'adoption; et quant aux deux autres, il suffira que l'adoptant soit majeur et plus âgé que l'adopté. (345.)

Sauf ces exceptions ou limitations, l'adoption rémunératoire est soumise à toutes les conditions de l'adoption ordinaire.

Elle s'opère du reste dans les mêmes formes, a les mêmes caractères d'irrévocabilité, et produit les mêmes effets.

SECTION III.

DE L'ADOPTION A CAUSE DE MORT, ET DE LA TUTELLE OFFICIEUSE QUI DOIT LA PRÉCÉDER.

ART. 1er. *Qu'est-ce que la tutelle officieuse, et quels en sont les conditions, la forme et les effets?*

La tutelle officieuse peut être définie : un contrat de bienfaisance par lequel l'un des contractans, qui est le tuteur officieux, prend envers l'autre mineur de quinze ans l'engagement alternatif, ou de l'adopter après l'avoir nourri et élevé gratuitement jusqu'à sa majorité, ou de le mettre alors à même de pourvoir à son existence.

La tutelle officieuse étant, dans les vues du législateur, une sorte d'adoption suspendue par une condition, exige le même concours de conditions que l'adoption ordinaire, mais sous une double modification. (361, 362.)

D'une part, il ne sera pas nécessaire que le tuteur officieux ait donné antérieurement aucun soin ou secours au pupille;

Et d'autre part, afin que la tutelle officieuse ne soit pas un moyen de se soustraire à l'accomplissement de l'une des conditions essentielles de l'adoption ordinaire, elle ne pourra avoir lieu qu'au profit d'enfans âgés de moins de quinze ans. (364, 1er *al.*)

Du reste, un mineur de quinze ans étant incapable de stipuler pour lui-même, le tuteur officieux devra obtenir le consentement des père et mère ou du survivant; à leur défaut, celui d'un conseil de famille; enfin, si l'enfant n'a pas de parens connus, celui des administrateurs de l'hospice qui l'aura recueilli, ou de l'administration municipale du lieu de sa résidence. (361.)

Quant à la forme du contrat, il suffira que le juge de paix du lieu du domicile de l'enfant dresse acte des demandes et consentemens respectifs. (363.)

La tutelle officieuse a pour premier effet, d'imposer à celui qui s'en charge tous les devoirs d'un tuteur ordinaire. (365, 370, 450, 469.)

Elle emporte en outre avec soi, sans préjudice de toutes stipulations particulières, l'obligation personnelle de nourrir le pupille, de l'élever et de le mettre en état de gagner sa vie; de telle sorte que le tuteur officieux est tenu de pourvoir à toutes les dépenses de cette éducation sur ses propres biens, sans pouvoir les imputer sur les revenus du pupille. (364, 2e *al.*, 365.)

Et si, durant la minorité du pupille, le tuteur officieux mourait sans avoir voulu ou sans avoir pu l'adopter, les héritiers seraient tenus de lui fournir des moyens d'existence jusqu'à sa majorité. (367.)

En troisième lieu, la tutelle officieuse renferme une promesse d'adoption dont le pupille devenu majeur peut réclamer l'accomplissement.

S'il n'est survenu aucun obstacle à l'adoption, et que le tuteur officieux y consente, elle aura lieu dans les formes prescrites pour l'adoption entre-vifs, et les effets en seront les mêmes en tous points. (368.)

Mais si dans les trois mois qui suivront la majorité du pupille ses réquisitions sont restées sans effet, soit que le tuteur ne veuille pas l'adopter, soit qu'il ne le puisse pas, celui-ci sera condamné à lui fournir les secours nécessaires pour lui procurer un état qui le mette à même de pourvoir à son existence, à supposer qu'il n'ait pas précédemment rempli cette obligation. (369, 1192.)

Enfin, la tutelle officieuse peut donner lieu à l'adoption à cause de mort, dont elle est un préliminaire indispensable.

Art. 2. *Quand peut-il y avoir lieu à l'adoption à cause de mort, et quelles en sont les conditions et les formes?*

L'adoption à cause de mort ne peut être conférée que par un tuteur officieux, à son pupille encore mineur; et après cinq années révolues depuis la tutelle.

La seule condition alors nécessaire est que le tuteur ne laisse ni enfans ni descendans légitimes. (366.)

La forme extérieure de l'acte est celle que la loi prescrit pour les testamens; et l'adoption, sauf les cas de restitution en entier, sera irrévocablement consommée par l'acceptation faite au nom du pupille, de la succession du tuteur officieux. (969, 461.)

TITRE CINQUIÈME.

DE LA PUISSANCE PATERNELLE.

La puissance paternelle est une autorité de *protection* et de *surveillance* que la loi donne aux père et mère sur leurs enfans, avec des moyens coercitifs pour les contraindre à l'obéissance, et un droit d'usufruit sur leurs biens.

Pater filio melior amicus (1). (*Glos. in L.* 46, ff. *de haered. inst.*)

La puissance paternelle n'est attribuée dans toute sa plénitude qu'à la paternité légitime.

Elle appartient, mais non dans la même étendue, ni avec les mêmes droits, aux père et mère naturels, sur leurs enfans légalement reconnus.

Le Code n'en confère aucune des prérogatives à la paternité purement civile résultant de l'adoption.

SECTION PREMIÈRE.

DE LA PUISSANCE PATERNELLE PAR RAPPORT AUX ENFANS LÉGITIMES.

Art. 1er. *Quels enfans sont soumis à la puissance paternelle.*

L'enfant doit à tout âge honneur et respect à ses père et mère (2); mais il n'est, à proprement

---

(1) . . . . On remplace une épouse,
Un ami....; mais un père est un bien précieux
Qu'on ne tient qu'une fois de la bonté des dieux (Ducis.)

(2) Il ne peut y avoir de piété filiale vraie et durable que celle qui est sanctifiée par le respect. Mais alors quel frein puissant à nos mauvaises passions!

Regardez ce Romain superbe,
Du foyer paternel banni par des ingrats,

parler, sous leur autorité, que jusqu'à sa majorité ou son émancipation, sauf les modifications relatives au mariage et à l'adoption. (371, 372, 148, 151, 346.)

Art. 2. *A qui appartient l'exercice de la puissance paternelle.*

Durant le mariage, le père exerce seul l'autorité paternelle; la mère n'en a que la survivance. (373.)

En cas de prédécès des père et mère, elle ne passe aux ascendans du degré supérieur que pour ce qui est relatif au mariage. (150.)

Art. 3. *Quels sont les principaux attributs de la puissance paternelle?*

Les principaux attributs de la puissance paternelle sont, par rapport à la personne, un pouvoir de direction et de correction, et par rapport aux biens, le droit d'en jouir et de les administrer.

§ 1er. *Du pouvoir de direction.*

Il consiste dans le droit qu'ont les père et mère de diriger l'éducation de leur enfant mineur; de lui faire embrasser la profession qui leur paraît le mieux assortie à sa fortune et à ses facultés; et

---

Il vient ensevelir sous l'herbe
Ces remparts orgueilleux que protégeait son bras.
Les menaces des dieux, les pleurs de la patrie,
Le cri de sa gloire flétrie,
Insensible, il a tout bravé.
Mais que ta mère en deuil se présente à ta vue,
Inflexible guerrier, ta grande ame est émue,
Et le Capitole est sauvé.

par suite, de le contraindre à demeurer, soit dans la maison paternelle, soit dans celle où ils auront jugé convenable de le placer.

Pietas patris consilium pro filio capit. (L. 22, § 4, ff. *ad leg. Jul.*)

Toutefois, la loi civile autorise l'enfant qui a 18 ans révolus, à s'enrôler dans les armées françaises, sans la permission de ses père et mère. (374.)

§ 2. *Du pouvoir de correction.*

Il consiste principalement dans la faculté accordée par la loi civile aux père et mère de faire *détenir*, avec le concours de l'autorité publique, l'enfant qui leur a donné de graves sujets de mécontentement. (375.)

Pater, *judex domesticus.* (Senec.) Inauditum filium pater damnare non potest. (L. 2, ff. *ad leg. Corn.*) Quùm in venatione filium qui novercam adulterabat necaverat pater, in insulam deportatus fuit; *quòd latronis magis quàm patris jure eum interfecit.* (L. 5, ff. *ad leg. Pomp.*)

Le temps de la détention ne peut excéder un mois, ou il peut être prolongé jusqu'à six, suivant que l'enfant a moins ou plus de quinze ans révolus. (376, 377.)

Ce droit de correction est exercé par le père de deux manières, ou directement et souverainement, ou par voie de réquisition.

Le père est juge souverain, lorsqu'il n'est point remarié et que l'enfant est au-dessous de quinze ans révolus, et n'a d'ailleurs ni état ni biens personnels. (376, 380, 382.)

Offer eum præsidi dicturo sententiam quam tu quoque dici volueris. (L. 3, C. *de patr. potest.*)

En ce cas, le président du tribunal civil délégué de l'autorité royale, n'est appelé qu'à rendre exécutoire la sentence du père, c'est-à-dire à délivrer l'ordre d'arrestation. (376.)

Si le père a passé à de secondes noces, ou si l'enfant est entré dans sa seizième année, ou si, étant âgé de moins de quinze ans révolus, il possède quelques biens ou exerce un état, la détention ne peut avoir lieu que par voie de réquisition. — Le père doit s'adresser au président du tribunal civil qui, après en avoir conféré avec le procureur du roi, délivre ou refuse l'ordre d'arrestation, et peut à plus forte raison abréger la détention requise. (377, 380, 382.)

L'enfant détenu sur la réquisition du père, soumise à la révision du président du tribunal civil, aura la voie de l'appel. — Pour en user, il lui suffira d'adresser un mémoire au procureur général; celui-ci se fera rendre compte des motifs de la détention par le procureur du roi; et sur son rapport, le président de la Cour royale pourra, après en avoir donné avis au père, révoquer ou modifier l'ordre d'arrestation. (382, 2e *al.*)

De quelque manière que le droit de correction soit exercé, il ne doit y avoir aucune signification ou formalité judiciaire; et de plus, ni l'ordre d'arrestation, ni sa révocation ne doivent être motivés. (378.)

Dans tous les cas aussi, le père, en demandant ou en requérant la détention, doit se soumettre à payer les frais et à fournir à l'enfant les alimens convenables. (378, 2e *al.*)

Quant à la mère, elle ne peut exercer le droit de correction que par voie de réquisition, et après avoir pris l'avis des deux plus proches parens paternels de l'enfant. (381.)

Elle le perd en passant à de secondes noces, à moins qu'elle ne soit maintenue dans la tutelle, cas auquel elle pourra l'exercer, mais seulement comme tutrice. (381, 395, 468.)

Le père est toujours maître d'abréger la durée de la détention par lui ordonnée ou requise; la mère ne le peut qu'avec le concours des mêmes parens dont les conseils l'ont affermie dans sa première détermination. (379, 381.)

Si l'enfant tombait en de nouveaux écarts, sa détention pourrait de nouveau être ordonnée ou requise, suivant les distinctions qui précèdent. (379, 2e *al.*)

§ 3. *Du droit d'usufruit légal.*

C'est le droit de jouir des biens de l'enfant en compensation des frais d'entretien et d'éducation auxquels les père et mère sont tenus de pourvoir. (384.)

L'on expliquera plus spécialement, au titre de l'usufruit, quelles sont les charges de cette jouissance, à quels biens elle s'étend, et quand elle cesse. (385, 386, 387.)

§. 4. *Du droit d'administration.*

Durant le mariage, l'administration des biens personnels des enfans mineurs appartient au père comme une prérogative de la puissance paternelle. (389, 1er *al.*)

Mais, en ce cas-là même, le père est, ainsi qu'un tuteur, comptable quant à la propriété et quant aux revenus, des biens dont il n'a point la jouissance; et quant à la propriété seulement, de ceux dont la loi lui donne l'usufruit. (389, 2e *al.*)

Le soin de la fortune des enfans est la dernière pensée du père de famille mourant. (*Démosth.*) — Filio meo servo; hæc est vox pietatis, excusatio iniquitatis. (*St. August., in ps.* 26.)

La mère survivante ne peut avoir l'administration des biens de ses enfans qu'en qualité de tutrice.

SECTION II.

DE LA PUISSANCE PATERNELLE PAR RAPPORT AUX ENFANS NATURELS LÉGALEMENT RECONNUS.

Les principes exposés dans la première section sont applicables aux enfans naturels légalement reconnus, sous les exceptions ou modifications qui suivent.

L'enfant naturel doit à ses père et mère le même respect que l'enfant légitime; mais la loi civile n'ajoute point ici sa sanction à celle de la loi naturelle. (371, 383.)

Les père et mère d'un enfant naturel mineur n'ont le droit de jouir, même après l'avoir légalement reconnu, d'aucune partie de sa fortune, quelle qu'en soit l'origine; et ils ne peuvent en avoir l'administration que comme tuteurs. (384, 389, 390, 383, 442.)

Ainsi, la puissance paternelle, par rapport à eux, ne consistera que dans le pouvoir de direction et de correction; et de plus l'enfant cessera d'y être soumis, même avant sa majorité ou son émancipation, du moment où il exercera un état ou acquerra des biens personnels. (372, 374, 382, 383.)

S'il y a eu reconnaissance de la part du père

et de la mère, l'exercice de cette puissance paternelle appartiendra, en cas de contestation, à celui d'entre eux que désignera le juge, d'après l'unique considération du plus grand avantage de l'enfant. (373, 383.)

Et afin de suppléer à l'autorité de respect qui peut manquer à la mère, par une autorité coercitive plus indépendante, la loi lui confie, relativement au droit de correction, les mêmes pouvoirs qu'au père; de telle sorte qu'elle pourra, ainsi que lui, faire détenir l'enfant, sans prendre l'avis de personne; et comme juge souverain ou par voie de réquisition, suivant que cet enfant se trouvera au-dessous ou au-dessus de quinze ans révolus. (381, 383.)

TITRE SIXIÈME.

DE LA MINORITÉ;

ET DE LA TUTELLE OU CURATELLE DES PERSONNES QUE LA LOI CONSTITUE DANS CET ÉTAT D'INCAPACITÉ.

La minorité est l'état des personnes à qui l'âge n'a point encore donné une raison assez ferme et assez éclairée pour diriger leurs actions, administrer leurs biens et en disposer comme doit le faire un bon père de famille.

La loi positive a, par une présomption générale et absolue, prolongé cet état d'incapacité dans les personnes de l'un ou de l'autre sexe jusqu'à leur vingt-et-unième année accomplie, sauf les modifications que peut y apporter l'émancipation, ou qui sont établies par des dispositions spéciales. (388, 481, 487, 144, 904, 1095, 1309, 1398, *etc.*)

La minorité légale, lorsque la personne est d'ailleurs naturellement capable d'une volonté réfléchie, n'est qu'une incapacité purement civile; et ne doit dès-lors produire qu'une nullité relative, dont le mineur lui-même ne saurait être admis à se prévaloir qu'autant qu'il est lésé. (1125, 1305.)

Et cette nullité sera couverte par sa ratification expresse ou tacite donnée en temps habile, ou par la prescription de dix ans. (1311, 1304.)

La simple déclaration de majorité dans l'acte par lequel il s'est obligé, ne formera point une fin de non-recevoir contre son action. (1307.)

Il n'est pas d'ailleurs restituable contre les obligations résultant de son délit ou quasi-délit, ou d'un quasi-contrat produit par le fait d'autrui. (1310.)

Il ne l'est point également contre l'inaccomplissement des formes établies dans l'intérêt général de la société, par des dispositions qui appartiennent au droit public. (942, 1070, 1074, 2195, *etc.*)

Il ne pourra enfin se faire relever des engagemens qu'il aura contractés par lui-même ou par son représentant légal, si ce n'est pour les mêmes causes et sous les mêmes conditions qu'un majeur, lorsque les formalités spéciales prescrites par la loi pour la disposition de ses biens, ou pour l'exercice de ses droits, auront été remplies. (1314.)

Mais aucune prescription ne courra contre lui, à moins d'une disposition formelle contraire. (2252.)

L'incapacité dont les mineurs sont frappés a donné lieu à l'établissement des tutelles et des curatelles.

Le mineur reçoit un curateur, ou un tuteur et un subrogé tuteur, suivant qu'il est ou non émancipé.

En général, le curateur est un administrateur ou un simple conseil qui est principalement préposé à la conservation du patrimoine. — Le tuteur et le subrogé tuteur doivent en outre, chacun dans l'étendue de ses attributions, prendre soin de la personne du mineur.

CHAPITRE PREMIER.

DE LA TUTELLE.

La tutelle peut être définie : une charge de famille, essentiellement gratuite, qui impose l'obligation de prendre soin de la personne d'un mineur, d'administrer sa fortune, et de le représenter dans tous les actes relatifs à la disposition de ses biens.

SECTION PREMIÈRE.

QUELS ENFANS MINEURS SONT CONSTITUÉS EN TUTELLE?

Doivent être pourvus d'un tuteur,

1° L'enfant mineur né du mariage ou légitimé par le mariage, du moment où la mort a frappé l'un de ses père et mère, à moins qu'il n'ait reçu antérieurement le bénéfice de l'émancipation;

2° L'enfant naturel légalement reconnu, du moment où il acquiert des biens propres, ou qu'il exerce un état, si toutefois aussi il n'a pas été émancipé auparavant;

3° Généralement tout mineur resté sans père ni mère, ou né de père et mère inconnus.

SECTION II.

DES DIFFÉRENTES ESPÈCES DE TUTELLE, ET COMMENT CHACUNE D'ELLES S'ÉTABLIT.

Il y a, par rapport aux enfans légitimes, quatre sortes de tutelle :

1° La tutelle déférée directement par la loi au survivant des père et mère;

2° La tutelle établie par un acte de dernière volonté du dernier mourant des père et mère;

3° La tutelle attribuée par la loi aux ascendans les plus proches, d'après la volonté présumée du dernier mourant des père et mère;

4°. La tutelle dative, dont la loi a confié la disposition au conseil de famille.

La tutelle des enfans naturels légalement reconnus est toujours dative.

Quant à celle des enfans nés de père et mère inconnus, elle est régie par des lois spéciales.

Du reste, plusieurs tuteurs pourraient être donnés aux mêmes mineurs. — La loi l'ordonne même en certains cas. (396, 417.)

Suivant que l'administration doit être ou non partagée, le second tuteur est appelé *protuteur* ou *cotuteur*.

La loi reconnaît encore des tuteurs *ad hoc*, c'est-à-dire des tuteurs qui ont une mission spéciale et essentiellement momentanée.—L'on en a déjà vu des exemples aux titres du mariage et de la paternité.

Art. 1. *De la tutelle légitime des père et mère.*

A la mort naturelle ou civile de l'un des époux, le survivant est investi de plein droit de la tutelle des enfans communs. (390.)

La mère ne peut, non plus que le père, en être privée; mais leur condition, comme tuteurs, diffère en plusieurs points.

1° Les pouvoirs que la loi attribue à un tuteur ne sauraient être restreints ou modifiés dans la personne du père. — Au contraire, celui-ci peut, par un acte de dernière volonté, dans l'une des formes prescrites pour la tutelle testamentaire, nommer à la mère survivante et tutrice un conseil spécial, sans l'avis duquel elle ne pourra faire aucun acte relatif à l'administration du patrimoine des mineurs. (392, 391, 1er *al.*, 1858.)

Si toutefois les actes pour lesquels le conseil est nommé sont spécifiés, elle sera habile à faire seule tous les autres. (391, 2e *al.*)

2° Le père, en se remariant, n'en conserve pas moins un droit absolu à la tutelle; tandis que la mère, tutrice, passant à de secondes noces, doit, avant la célébration du mariage, convoquer le conseil de famille formé ainsi qu'on l'expliquera ci-après; lequel pourra lui conserver ou lui retirer la tutelle, suivant que le demandera le plus grand avantage des mineurs.

Et à défaut de cette convocation, elle sera déchue de plein droit de la tutelle, en ce sens que le conseil de famille pourra, à la requête de toute personne intéressée, pourvoir à son remplacement comme si la tutelle était vacante.

Mais jusques-là elle n'en sera pas moins soumise à tous les devoirs d'un tuteur; et le second mari sera tenu solidairement avec elle du compte de la tutelle indûment conservée. (395.)

Lorsque le conseil de famille dûment convoqué maintiendra la mère dans la tutelle, il lui donnera nécessairement pour cotuteur le second mari, qui, en ce cas, ne sera solidairement responsable avec elle que de la gestion postérieure au mariage. (396.)

3° Enfin, la mère survivante a, dans son sexe même, une excuse qui l'autorise à refuser la tutelle; seulement, dans le cas où elle userait de ce privilège, elle devrait administrer jusqu'à ce qu'elle eût fait nommer un autre tuteur. (394.)

Si, lors du décès du mari, il n'y avait pas d'enfans actuellement nés du mariage, mais que la veuve fût enceinte, il n'y aurait lieu qu'à la nomination d'un *curateur*.

Ce curateur est nommé par le conseil de famille, et reçoit la dénomination spéciale de curateur au ventre.

A la naissance de l'enfant, la mère en devient de plein droit tutrice; et le curateur est investi des fonctions de subrogé tuteur, sans qu'il soit besoin d'une nouvelle délibération. (393.)

Art. 2. *De la Tutelle testamentaire.*

Le droit de nommer un tuteur par un acte de dernière volonté n'appartient qu'au survivant des père et mère, qui décède étant encore lui-même investi de la tutelle. (397.)

Ainsi la mère remariée, et non maintenue dans la tutelle des enfans de son premier mariage, ne saurait leur choisir un tuteur. (399.)

Et alors même que la mère remariée aurait conservé la tutelle, la loi veut que son choix soit subordonné à la confirmation du conseil de famille. (400.)

Quant aux formalités à observer pour l'établissement de la tutelle testamentaire, la nomination du tuteur pourra être faite, non-seulement par un *testament*, mais encore par une déclaration devant le juge de paix, assisté de son greffier, et même par un simple acte notarié dans la forme ordinaire. (392, 398.)

Art. 3. *De la tutelle des ascendans.*

Lorsque le dernier mourant des père et mère n'a point fait choix d'un tuteur pour le remplacer, il doit naturellement être présumé avoir voulu que les ascendans, s'il en existe, lui succédassent dans cette charge; et la loi ratifiant et interprétant sa volonté, veut, en ce cas, que la tutelle appartienne de droit à l'aïeul paternel du mineur; à défaut de celui-ci, à l'aïeul maternel; et ainsi en remontant, de manière que l'ascendant paternel soit toujours préféré à l'ascendant maternel du même degré. (402, 394.)

Que si, à défaut de l'aïeul paternel et de l'aïeul maternel, la concurrence se trouve établie entre deux ascendans qui appartiennent tous deux à la ligne paternelle, la tutelle passera de droit à celui qui sera l'aïeul paternel du père du mineur. (403.)

Que si enfin la même concurrence a lieu entre deux bisaïeuls de la ligne maternelle, le conseil de famille décidera quel est celui des deux qui devra être investi de la tutelle. (404.)

Art. 4. *De la tutelle dative.*

Lorsqu'il ne peut y avoir lieu, ni à la tutelle légitime des père et mère, ni à la tutelle testamentaire, ni enfin à la tutelle d'une nature mixte déférée aux ascendans, la loi veut qu'il soit pourvu, par le conseil de famille, à la nomination d'un tuteur. (405.)

Il appartient en outre à ce même conseil, si le mineur domicilié en France possède des biens dans les colonies ou réciproquement, de confier à un protuteur l'administration spéciale de cette portion de son patrimoine; ce que pourrait faire également le dernier mourant des père et mère, dans le cas de la tutelle testamentaire. (417, 397.)

Du reste, le conseil de famille a, comme on l'a déjà vu, et comme on le verra encore, beaucoup d'autres attributions.

Les règles qui suivent sur sa composition, sa convocation, le mode de ses délibérations et leur exécution, ou leur réformation, sont d'une application générale.

§ 1er. *Comment doit être composé le conseil de famille.*

En thèse générale, un conseil de famille est formé par le concours de six parens ou alliés du mineur, réunis dans le lieu du dernier domicile de ses père et mère, sous la présidence du juge de paix du canton.

Régulièrement le plus proche doit être préféré au plus éloigné; et parmi ceux qui se trouvent au même degré, le parent à l'allié, le plus âgé à celui qui l'est moins.

Mais d'un autre côté, le vœu de la loi est qu'ils soient pris dans la commune même ou dans la distance de deux myriamètres; et surtout qu'ils appartiennent moitié à la ligne paternelle, moitié à la ligne maternelle. (407.)

Que si les parens ou alliés de l'une ou de l'autre ligne ne se trouvent point en nombre suffisant dans les limites fixées par la loi, le juge de paix appellera, soit des parens ou alliés domiciliés à de plus grandes distances, soit dans la commune même des personnes connues pour avoir eu des relations habituelles d'amitié avec les parens du mineur. (409.)

Et par exception à la règle, lors même qu'il y aurait sur les lieux un nombre suffisant de parens ou alliés, le juge de paix, si l'intérêt du mineur paraît le demander, pourra permettre d'appeler, à quelque distance qu'ils soient domiciliés, des parens ou alliés plus proches en degré ou de même degré que les parens ou alliés présens, sauf à retrancher quelques-uns de ces derniers, de manière à ne point excéder le nombre six. (410.)

Sont dans tous les cas exceptés de cette limitation de nombre, les frères germains du mineur, et les maris des sœurs germaines. (408, 1er *al.*)

S'il y en a moins de six, l'on complétera le conseil de famille par d'autres parens ou alliés, en maintenant autant que possible la balance entre les deux lignes. (408, 3e *al.*)

Pareillement doivent être admis au conseil de famille, en outre des six parens ou alliés appelés à le composer, ou conjointement avec les frères germains et maris de sœurs germaines, quelque soit le nombre de ceux-ci, les ascendans et les ascendantes veuves. (408, 2e *al.*)

Il reste à faire observer que ceux-là ne peuvent être membres du conseil de famille, qui pourraient être écartés de la tutelle, à raison d'un défaut de capacité légale, ou pour des motifs de suspicion. (442, 445.)

Quant aux causes de *dispense* qui pourraient être alléguées, la loi s'en remet ici *entièrement* à la sagesse du juge, pour en apprécier le mérite.

§ 2. *A la diligence de qui, où, et comment le conseil de famille doit être réuni.*

Le conseil de famille peut être convoqué, soit sur la réquisition des parens du mineur, de ses créanciers ou d'autres personnes intéressées, soit d'office par le juge de paix qui doit le présider.

Toute personne peut même dénoncer à ce magistrat le fait qui donne lieu à la nomination d'un tuteur, ou généralement qui rend la convocation du conseil de famille nécessaire. (406.)

Le juge de paix fixe le jour de l'assemblée; si

ceux qui doivent la former ne se rendent pas à une invitation amiable, ils sont assignés dans la forme ordinaire, mais de manière qu'il y ait toujours entre la citation notifiée et le jour indiqué pour la réunion, un intervalle de trois jours au moins, quand toutes les parties citées résident dans la commune, ou dans la distance de deux myriamètres.—Lorsque, parmi les parties citées, il s'en trouvera de domiciliées au-delà de cette distance, le délai sera augmenté d'un jour par trois myriamètres. (411.)

Tout parent, allié ou ami, dûment convoqué, qui, sans excuse légitime, ne comparaîtra point, encourra une amende qui pourra s'élever jusqu'à cinquante fr., et sera prononcée, sans appel, par le juge de paix. (413.)

S'il y a excuse suffisante et qu'il convienne, soit d'attendre le membre absent, soit de le remplacer, en ce cas, comme en tout autre où l'intérêt du mineur semblera l'exiger, le juge de paix pourra, sur la demande des membres présens ou d'office, ajourner l'assemblée ou la proroger. (414.)

Cette assemblée se tiendra de droit chez le juge de paix même, s'il n'a désigné un autre local. (415.)

§ 3. *Comment un conseil de famille doit délibérer, et des formes de la délibération.*

Les parens, alliés ou amis, appelés à une assemblée de famille, ne sont pas tenus de s'y rendre en personne; ils ont dans tous les cas, la faculté de s'y faire représenter par un mandataire spécial; mais un même fondé de pouvoir n'en pourra représenter plusieurs. (412.)

La présence des trois quarts au moins des membres convoqués sera nécessaire pour que l'assemblée puisse délibérer. (415.)

Il convient que la délibération soit prise à la majorité absolue; mais une majorité relative suffira, si les minorités refusent de se réunir à l'une des deux opinions qui auront été émises par le plus grand nombre. Dans tous les cas de partage, la voix du juge de paix sera prépondérante. (416. *Proc.*, 116, 117.)

Toutes les fois que la délibération ne sera pas unanime, l'avis de chacun des membres sera consigné au procès-verbal. (*Proc.*, 883, 1er *al.*)

§ 4. *Comment la délibération devient exécutoire; et spécialement de l'homologation.*

De droit commun, les délibérations du conseil de famille sont exécutoires par elles-mêmes.

Mais en certains cas spécialement déterminés, elles ne le sont qu'après qu'elles ont été homologuées, c'est-à-dire approuvées et confirmées par un jugement sur requête du tribunal civil. (457, 511, *etc.*)

L'homologation doit alors être poursuivie par le tuteur, ou par un membre du conseil de famille délégué à cet effet, dans les formes réglées par le code de procédure civile. (458. — *Proc.*, 885, 887. — *Tarif des frais*, 78.)

Les confirmations ou nominations de tuteurs, protuteurs, co-tuteurs, ne sont point sujettes à homologation. (418.)

Seulement, si la délibération qui nomme un tuteur n'a point été prise en sa présence, elle doit lui être notifiée, à la diligence d'un membre de l'assemblée; et ce, dans les trois jours, outre un jour par trois myriamètres de distance, entre le domicile du tuteur et le lieu de la réunion. (*Proc.*, 882.)

§ 5. *Comment et pour quelles causes la délibération peut être réformée ou annullée.*

Le tuteur, le subrogé tuteur, le curateur, tout membre dissident du conseil de famille, qui pensera que la délibération a été prise contrairement à la loi ou aux intérêts du mineur, pourra en poursuivre la réformation devant le Tribunal.

La demande devra, sauf les cas d'exception établis par une disposition spéciale, être dirigée contre les parens, alliés ou amis qui ont formé la majorité. (*Proc.* 883, 2ᵉ *al.*)

Que si la délibération est de nature à être soumise à la sanction du Tribunal, les mêmes personnes pourront déclarer qu'elles s'opposent à l'homologation, par acte extra-judiciaire signifié à celui qui est chargé de la poursuivre; et alors, si elles ne sont pas appelées dans l'instance, elles auront qualité pour former opposition au jugement. (*Proc.* 888.)

Dans aucun cas, la délibération du conseil de famille ne pourra être considérée comme un jugement, et dès-lors la décision du Tribunal sera toujours sujette à l'appel. (448, 2ᵉ *al.* — *Proc.* 889.)

Quelqu'ait été l'avis du conseil de famille, aucune responsabilité ne pèse sur ses membres, si ce n'est celle qui peut résulter de l'application du principe, que chacun est garant du dommage causé par un fait qui lui est imputable à faute. (1382, 1383.)

Du reste, alors même que la délibération aurait été homologuée et exécutée sans contradiction, si elle avait été irrégulièrement prise par un conseil irrégulièrement formé, irrégulièrement convoqué, elle pourrait toujours, sur la demande des parties intéressées, être déclarée nulle, ainsi que tout ce qui s'est ensuivi, sauf le maintien des droits acquis à des tiers de bonne foi.

SECTION III.

DU SUBROGÉ TUTEUR.

Le subrogé tuteur est une sorte de tuteur en second, qui a généralement pour mission de surveiller l'administration du tuteur principal, et de se constituer son contradicteur, toutes les fois que ses intérêts se trouveront en opposition avec ceux du mineur. (420, 2e *al.*)

Ce surveillant et contradicteur permanent doit être donné à tout tuteur dont les fonctions ne sont point bornées à un objet spécial, déterminé par l'acte même de sa nomination. (420, 1er *al.*)

Il n'y aura pas même exception en faveur de tuteur officieux, si le pupille a perdu ses protecteurs naturels, c'est-à-dire n'a plus ni père ni mère. (365, 370, 389.)

Dans toutes les tutelles, la charge de subrogé tuteur est essentiellement dative.

Lorsque le tuteur principal doit être lui-même nommé ou confirmé, ou désigné entre plusieurs ascendans, par le conseil de famille, la nomination du subrogé tuteur aura lieu immédiatement après. (422.)

Dans les autres tutelles, le tuteur principal devra, avant de s'immiscer dans les biens pupillaires, convoquer le conseil de famille pour procéder à cette nomination; et faute par lui de le faire, le conseil de famille, convoqué comme il a été dit dans la section qui précède, pourra, s'il y a eu dol de sa part, lui retirer la tutelle, sans préjudice des indemnités dues au mineur. (421.)

Le subrogé tuteur doit, hors le cas des frères germains, être nécessairement pris dans celle des deux lignes à laquelle le tuteur n'appartiendra pas. (423.)

Et dans aucun cas, celui-ci ne pourra prendre part à la délibération; s'il est membre du conseil de famille qui l'a nommé tuteur, il doit se retirer. (*Id.*)

Le subrogé tuteur n'est point le suppléant du tuteur; il ne doit donc pas le remplacer et s'ingérer dans l'administration si la tutelle devient vacante ou est abandonnée par absence; mais il est, en ce cas, sous peine des dommages-intérêts qui pourraient en résulter pour le mineur, tenu de provoquer la nomination d'un nouveau tuteur. (424.)

SECTION IV.

QUELLES PERSONNES PEUVENT ÊTRE TUTEURS OU SUBROGÉS TUTEURS?

Pour être capable des fonctions de tuteur et de subrogé tuteur, il faut en général être mâle, majeur, et avoir le plein exercice de ses droits civils.

Ainsi ne peuvent être nommés tuteurs ou subrogés tuteurs, les femmes, les mineurs, les interdits. (442, 1°, 2°, 3°, 426.)

Doivent en outre être écartés de ces mêmes fonctions, pour cause de suspicion légale, 1° tous ceux qui ont, ou dont les père et mère ont avec le mineur, un procès dans lequel l'état de ce mineur, sa fortune ou une partie notable de sa fortune sont compromis (442, 4°);

2° Tout individu qui aura été précédemment exclu ou destitué d'une tutelle. (445, 442.)

Par exception à la règle générale, le défaut de qualité, résultant de la minorité ou du sexe, ne pourra être opposé aux père, mère et ascendantes du mineur. (442, 1°, 3°.)

SECTION V.

DES CAUSES QUI DISPENSENT DES FONCTIONS DE TUTEUR OU DE SUBROGÉ TUTEUR LES PERSONNES D'AILLEURS HABILES A LES EXERCER.

La charge de la tutelle est un devoir de famille que ne peuvent régulièrement décliner les personnes nommément appelées à le remplir, soit par la loi, soit par le survivant des père et mère, soit par le conseil de famille. (401.)

Toutefois, des considérations d'intérêt public, de justice, et le plus grand avantage du mineur lui-même, ont fait admettre plusieurs causes d'excuses communes aux tuteurs et aux subrogés tuteurs. (426.)

L'on entend en général par excuse tout motif légitimement allégué pour se soustraire à des fonctions onéreuses.

Les causes d'excuses établies par rapport à la tutelle dans des vues d'intérêt général, sont :

1° La qualité de prince du sang. (427. — *Sénat. Cons. du* 28 *flor. an* XII, 9. — *Charte de* 1830.)

2° Les fonctions de grand amiral, de maréchal de France, d'inspecteur ou colonel général; celles de grand officier de la couronne; celles de ministre et conseiller d'état. (427. — *S. C. pré-*

cité, 32, 48, 75. — *S. C. du* 16 *therm. an* x, 68.)

3° La pairie, et la qualité de membre de la chambre des députés. (427. — *S. C.* 28 *flor. an* XII, 57, 78, 88.)

4° Les fonctions de membre de la cour de cassation et de la cour des comptes; celles de préfet; et enfin toute fonction publique exigeant résidence dans un département autre que celui où la tutelle s'établit; ce qui doit s'entendre même des fonctions ecclésiastiques. (427, 2e *et* 3e *al.* — *Loi du* 16 *sept.* 1807, *art.* 7. — *Avis du* 20 *nov.* 1806.)

5° Le service militaire actif. (428.)

6° Toute mission du Roi, hors du royaume, quand même elle ne serait pas authentique, sauf en ce cas à ne prononcer la dispense que sur la représentation d'un certificat du ministre dans le département duquel se placera la mission alléguée. (428, 429.)

Nonobstant le motif d'ordre public qui sert de fondement à toutes ces excuses, le tuteur ou subrogé tuteur peut renoncer à s'en prévaloir; et il est censé l'avoir fait, en acceptant la tutelle, alors que la cause de dispense existe et est connue de lui. (430.)

Mais si la cause de dispense n'a existé ou n'a été connue de lui que depuis l'acceptation de la tutelle, il pourra s'en faire décharger en convoquant, dans les trente jours, un conseil de famille pour y être procédé à son remplacement.

En ce cas, la cause de dispense cessant, le nouveau tuteur pourra réclamer sa décharge, comme le tuteur excusé pourra redemander la tutelle, sauf au conseil de famille à ne la rendre à celui-ci, qu'autant que ce nouveau changement d'administration serait sans inconvénient pour le mineur. (431.)

Les causes d'excuses fondées sur des raisons de justice et de convenance, sont :

1° L'absence de tout lien de parenté ou d'alliance, si d'ailleurs il se trouve dans la distance de quatre myriamètres des parens ou alliés en état de gérer la tutelle, ce qui est applicable même au tuteur choisi par le survivant des père et mère. (432, 401.)

2° Le sexe, par rapport à la mère et aux ascendantes qui sont capables d'être tutrices. (394, 442.)

3° Une infirmité grave et dûment justifiée. (434, 1er *al.*)

4° L'âge de 65 ans accomplis. (433.)

5° Les fonctions de tuteur ou de subrogé tuteur dans deux tutelles différentes, et même dans une seule si celui qui en est chargé est époux ou père. (435.)

6° Le nombre de cinq enfans légitimes actuellement existans ou étant morts en activité de service dans les armées françaises, ou ayant laissé eux-mêmes des enfans qui leur survivent. (436.)

Hi enim qui pro patriâ ceciderunt, in perpetuum per gloriam vivere intelliguntur. (L. 18, ff. *de exc. inst. pr. eod. tit.*)

Les deux dernières excuses ne dispenseront en aucun cas un père de la tutelle de ses propres enfans. (435, 436.)

Toutes celles qui composent cette seconde série reposant sur des motifs d'intérêt purement privé, l'on devra à plus forte raison appliquer ici cette maxime de droit commun que *chacun est libre de renoncer à un privilége établi par la loi en sa faveur.*

D'un autre côté, la naissance d'un cinquième enfant, l'accomplissement de l'âge de 65 ans pendant la tutelle n'autoriseront aucun tuteur ou subrogé tuteur à se faire remplacer. (433, 437.)

Il en sera autrement d'une infirmité survenue ou qui se serait aggravée depuis l'acceptation de ces fonctions. (434, 2e *al.*)

Enfin l'on pourra dans tous les cas s'en faire décharger à 70 ans accomplis. (433.)

Quant au mode d'admission des excuses, soit de l'une, soit de l'autre classe, si le tuteur ou subrogé tuteur nommé assiste en personne à la délibération qui lui défère cette charge, il devra, sous peine d'être déclaré non recevable dans toute réclamation ultérieure, proposer sur-le-champ ses excuses au conseil de famille, qui en délibérera séance tenante. (438.)

En cas de non présence, ou si la tutelle est testamentaire ou légitime, le tuteur ou subrogé tuteur devra convoquer le conseil de famille à l'effet de délibérer sur ses excuses dans le délai de trois jours, à partir, soit de celui où sa nomination lui aura été notifiée, soit de celui où il aura connu l'événement qui l'investit de la tutelle. — Ce délai, passé lequel il pourra aussi être déclaré non recevable à réclamer la dispense, sera augmenté d'un jour par trois myriamètres de distance du lieu de son domicile à celui de l'ouverture de la tutèlle. (439. — *Proc.* 882.)

Lorsque ses excuses seront rejetées, il pourra se pourvoir devant les tribunaux pour les faire admettre; seulement il sera tenu d'administrer provisoirement pendant le litige. (440.)

S'il triomphe dans cette instance, les membres du conseil de famille contre lesquels il l'aura poursuivie pourront, suivant les circonstances, ne pas être condamnés à en supporter personnellement les frais, qui, en ce cas, demeureraient à la charge du mineur. — Si, au contraire, il succombe, on lui appliquera rigoureusement la règle que *la partie qui perd sa cause doit les dépens*. (441. — *Proc*. 883, 130.)

SECTION VI.

DES CAUSES D'EXCLUSION OU DE DESTITUTION.

Elles sont au nombre de trois :

Une condamnation à une peine afflictive ou infamante ;

Une inconduite ou immoralité notoire ;

Une incapacité ou infidélité attestée par une gestion préjudiciable au mineur. (443, 444.)

La première cause opère de plein droit ; c'est, à proprement parler, une incapacité légale. (443. — *Pén*. 28, 34, 42.)

Dans les autres cas, l'exclusion ou la destitution sera prononcée par le conseil de famille convoqué à la diligence du subrogé tuteur, ou d'office par le juge de paix, qui ne pourra se dispenser de faire cette convocation quand elle aura été requise par un ou plusieurs parens ou alliés du mineur, au quatrième degré ou à un degré plus rapproché. (446.)

Toute délibération qui prononce l'exclusion ou la destitution du tuteur doit être motivée et ne pourra être prise qu'après qu'il aura été entendu ou appelé. (447.)

S'il adhère à la délibération, l'on en fera mention, et le nouveau tuteur entrera de suite en fonctions.

S'il y a réclamation, alors la délibération devra être soumise à la sanction du tribunal.

L'homologation sera poursuivie par le subrogé tuteur que le tuteur exclu ou destitué pourra lui-même assigner devant le tribunal pour se faire déclarer maintenu dans la tutelle. (448. — *Proc.* 882, 883.)

Les parens ou alliés qui ont requis la convocation, auront, par là même, qualité pour intervenir dans la cause qui sera instruite et jugée comme affaire urgente. (449.)

Les causes d'exclusion et de destitution sont encore communes aux tuteurs et aux subrogés tuteurs. — Mais un tuteur ne pourra provoquer la destitution du subrogé tuteur ni voter dans le conseil de famille convoqué pour cet objet. (426.)

SECTION VII.

DE L'ADMINISTRATION DE LA TUTELLE.

Le tuteur peut et doit agir en cette qualité ou entre légalement en fonctions, du jour même de l'ouverture de la tutelle, s'il s'en trouve investi de plein droit; ou si elle lui est déférée par le survivant des père et mère, du jour de l'ouverture du testament; ou enfin s'il a été nommé ou choisi entre plusieurs ascendans par le conseil de famille, du jour de la délibération; à supposer, dans les deux derniers cas, que le testament ait été ouvert ou la délibération prise en sa présence. (390, 2135, 1°, 2194.)

Que si, à raison de son absence, l'on a dû lui notifier l'acte de sa nomination, alors il ne sera réputé être entré en fonctions que du jour où cette notification lui aura été faite. (418.)

Les fonctions de tuteur consistent généralement à prendre soin de la personne du mineur et à administrer sa fortune.

Un pupille est le plus précieux et le plus sacré de tous les dépôts. (*Platon.*)

Art. 1er. *Des fonctions du tuteur par rapport à la personne du mineur.*

Le tuteur doit surveiller avec la même sollicitude que les père et mère l'éducation physique et morale de l'enfant confié à ses soins. Mais il n'est pas tenu d'en faire lui-même les frais en cas d'insuffisance des biens de son pupille, s'il n'est d'ailleurs dans la classe des personnes qui lui doivent des alimens. (450, 1er *al.*, 203, 205, 206, 207.)

Il a aussi les mêmes pouvoirs de direction et de correction; mais il ne peut les exercer avec la même indépendance, à moins qu'il ne soit lui-même investi de la puissance paternelle. (454, 468, 386, 395.)

Ainsi, en premier lieu, le conseil de famille doit régler, au moins par aperçu, la somme qui sera consacrée à la dépense annuelle du mineur; et il a dès-lors le droit de délibérer sur le degré d'instruction qu'il importe de lui faire acquérir et la profession qu'il convient de lui faire embrasser. (454.)

Inprimis, mercedes præceptoribus, non quas minimas poterit, sed pro facultate patrimonii, pro dignitate natalium constituet. (L. 12, § 3, ff. *de adm. et per tut.*)

En second lieu, le tuteur qui aura des sujets de mécontentement graves sur la conduite du mineur, ne pourra provoquer sa détention qu'avec l'autorisation du conseil de famille et par voie de réquisition seulement. (468, 381, 382.)

Du reste, le survivant des père et mère qui se serait excusé de la tutelle aurait sans contredit le droit de conserver la surveillance immédiate de ses enfans et la direction de leurs études.

Nulli magis quàm matri educatio pupilli committenda. (L. 1, C. *ubi pup. educ.*)

De plus, le père ou la mère ou le conseil de famille investi du droit de choisir un tuteur, pourra toujours, pour le plus grand avantage du mineur, scinder la tutelle en confiant à l'un l'éducation de la personne, et à l'autre l'administration des biens.

Enfin, dans tous les cas, les père, mère et ascendans, alors même qu'ils auraient été entièrement exclus de la tutelle, conserveront ceux des attributs de la puissance paternelle qui ne rentrent pas essentiellement dans les fonctions et les devoirs du tuteur. (384, 148, 150, 151, *etc.*)

Art. 2. *Des fonctions du tuteur en ce qui concerne l'administration des biens.*

Le tuteur est le représentant légal du mineur, et en cette qualité stipule pour lui sans son concours dans tous les actes qui intéressent son état ou sa fortune, à moins que la loi n'en ordonne autrement. (450, 1er *al.*, 75, 1095, 1309, 1398, 904, 970, 972, 976.)

Comme administrateur du bien d'autrui, le tuteur répond des fautes qu'il peut commettre dans sa gestion, et est en général tenu de toutes les obligations qu'impose l'acceptation d'un mandat gratuit. (450, 2e *al.*, 1137, 1372, 1374, 1992.)

Il est en outre soumis à des règles spéciales

qui modifient en quelques points l'application des principes du droit commun à l'espèce particulière de mandat, dont il est investi par la loi, et déterminent l'étendue de ses pouvoirs.

Son premier devoir est de faire constater la quotité et la nature des biens dont l'administration lui est confiée.

Ainsi dans le cas où, soit avant, soit depuis sa nomination, il est échu au mineur une succession, il doit, dans les dix jours de son entrée en fonctions, ou de l'ouverture de la succession, requérir la levée des scellés, s'ils ont été apposés, et faire procéder immédiatement à l'inventaire, en présence du subrogé-tuteur. (451, 1er *al.*)

Que, s'il se trouve créancier du défunt, il doit le déclarer, sur la réquisition que l'officier public est tenu de lui en faire, avant la description des titres et papiers; et faute par lui de satisfaire à cette réquisition qui sera, ainsi que sa réponse, consignée au procès-verbal, sa créance sur le mineur héritier sera réputée éteinte par un paiement antérieur, ou par une remise gratuite, à moins qu'il n'eût une juste cause d'en ignorer l'existence. (451, 2e *al.*, 1299.)

Le défaut d'inventaire, outre qu'il peut faire suspecter la fidélité du tuteur, et donner lieu à sa destitution, devra, en l'absence de tous autres documens certains, faire admettre le mineur à la preuve, par commune renommée, de la consistance des biens dont se composait la succession; et rendra le subrogé-tuteur qui n'aura pas contraint le tuteur à l'accomplissement de ce devoir, garant solidaire des restitutions dont celui-ci sera passible. (444, 2°, 1442, 1382, 1383.)

L'on fera connaître au titre des partages de succession ce que doit contenir un inventaire régulier, l'officier public qui doit en être le ministre, et les formalités qui doivent y être observées.

Dans le mois qui suivra la clôture de cet acte, le tuteur doit faire vendre, en présence du subrogé-tuteur, avec la publicité et en la forme prescrites pour les ventes mobilières par autorité de justice, tous les meubles corporels que le conseil de famille ne l'aura pas autorisé à conserver en nature; sinon il répondra de leur détérioration ou dépréciation, à moins qu'il ne justifie avoir agi en bon père de famille. (452, 796, 805, 826, — *Proc.*, 945, 989, 617, 618.)

Cette dernière obligation, comme on l'expliquera d'ailleurs plus tard, ne peut peser sur les père et mère tuteurs, par rapport aux meubles dont ils ont l'usufruit, tant que dure cet usufruit; ou du moins n'est pour eux qu'une faculté. (453, 589.)

Le tuteur devra en outre, lors de son entrée en exercice, faire régler par le conseil de famille la somme à laquelle pourront s'élever les frais d'administration des biens dont il n'a pas l'usufruit légal, et se faire autoriser, s'il y a lieu, à s'aider dans sa gestion d'un ou plusieurs mandataires salariés.—Il sera responsable de ces administrateurs particuliers, quand même ils lui auraient été désignés. (454.— 1994, 2121.)

Par la même délibération, le conseil de famille fixera positivement la somme à laquelle commencera pour le tuteur l'obligation d'employer l'excédant des capitaux ou simples revenus dont il doit compte au mineur, sur la dépense annuelle de celui-ci, et les frais d'administration de ses biens. — Le tuteur sera tenu de faire cet emploi dans le délai de six mois, à partir du jour où la somme déterminée aura dû se trouver intégralement entre ses mains ; de telle sorte que l'expiration de ce délai suffira pour le constituer en demeure, et pour faire dès-lors courir à sa charge les intérêts des capitaux ou revenus capitalisés restés sans emploi. — Dans le cas où il n'aurait pas fait délibérer le conseil de famille sur cet objet, il devrait après ce même délai de six mois, les intérêts de toute somme non employée, quelque modique qu'elle fût, le tout sans préjudice de l'application des principes du droit commun en matière de mandat, s'il était prouvé qu'il eût fait servir à ses propres affaires les deniers du mineur. (455, 456, 1996.)

L'on peut au surplus partager en trois classes les actes que la loi a placés dans les attributions du tuteur ; il en est qu'il peut faire de sa seule autorité ; il en est d'autres pour lesquels il a besoin de l'autorisation du conseil de famille ; il en est enfin pour lesquels cette autorisation-là même serait insuffisante, si elle n'était homologuée par le tribunal.

La première classe comprend tous les actes conservatoires ou d'administration nécessaire, et généralement ceux qui ne s'appliquent qu'aux revenus ou aux capitaux mobiliers disponibles.

Ainsi le tuteur pourra consentir seul, et sans être astreint à observer aucune forme spéciale, soit un bail de neuf ans ou au-dessous, soit la vente des récoltes annuelles des fonds de terre ou des produits des mines et carrières, ou des coupes périodiques de bois assujettis à un aménagement régulier. (1718, 590, 592.)

Il pourra également recevoir seul le remboursement des créances exigibles, et même des capitaux de rentes, et employer en acquisition d'immeubles, ou de la manière qui lui paraîtra la plus sûre et la plus avantageuse, le produit de la vente des meubles, les capitaux remboursés, et les revenus capitalisés. (1067.)

Il pourra encore, en vertu de son mandat général, poursuivre devant les tribunaux le paiement des créances mobilières, défendre aux actions réelles immobilières, et interrompre par une assignation en justice les prescriptions qui pourraient s'accomplir contre le mineur. (464, 2244, 1663, 1676. *Proc.*, 3, 2°; 23.)

Il pourra enfin toujours, sans être dans la nécessité de prendre l'avis du conseil de famille, répondre seul à une demande en partage de biens indivis. — Mais le partage ne pourra en aucun cas avoir lieu que dans les formes que l'on fera connaître ailleurs. (465.)

La seconde classe se compose de certains actes qui, sans être des actes de propriété proprement dits, sortent des limites d'une simple administration, et peuvent compromettre des droits acquis au mineur.

C'est ainsi que le tuteur ne pourra, sans une autorisation préalable du conseil de famille, accepter ou répudier une succession échue à son pupille, ni même accepter pour lui une donation entre-vifs, du moins en sa seule qualité de tuteur. (461, 463, 935.)

C'est encore ainsi que la même autorisation lui sera nécessaire pour provoquer un partage, quel qu'en soit l'objet, pour intenter ou suivre une action réelle immobilière, enfin pour acquiescer à une demande qui aurait ce même caractère. (464, 465.)

Le tuteur ne pourrait aussi, sans consulter le conseil de famille et sans observer les formes qui ont été précédemment rappelées, ni vendre les meubles qu'il a dû conserver en nature, d'après la première délibération, ni consentir la cession des capitaux de rente, et autres droits mobiliers incorporels. (452. *Proc.*, 945, 989, 645, 646, 650.)

Toutefois, les rentes sur l'Etat et les actions de la Banque de France dont la valeur est chaque jour constatée avec la plus grande publicité, pourront être transférées par le tuteur, suivant le cours légalement coté, sans qu'il soit besoin d'affiches ni de publication. — Et même l'autorisation du conseil de famille ne sera pas nécessaire si le mineur n'a qu'une rente de 50 francs et au-dessous, ou n'a pas plus d'une action entière. (*Loi du 24 mars 1806, et décret du 25 septembre 1813.*)

Enfin, les actes qui appartiennent à la 3e classe sont ceux de haute administration, qui portent sur des droits de propriété, ou engagent au moins indirectement le patrimoine du mineur.

Tels sont les transactions, les aliénations volontaires à titre onéreux de biens immeubles, et les actes d'emprunt avec ou sans constitution d'hypothèque. (467, 2045, 457, 483, 484.)

Lors donc que le tuteur jugera un emprunt nécessaire ou une aliénation avantageuse, il devra d'abord se faire autoriser par le conseil de famille à consentir cet acte, puis soumettre la délibération au tribunal civil, et en obtenir l'homologation. (457, 458.)

L'autorisation ne devra être accordée que si l'acte présente un avantage évident, ou est d'une nécessité absolue; et si c'est le cas de la nécessité, qu'après qu'il aura été constaté par un compte sommaire que rendra le tuteur, que les revenus et les biens mobiliers du mineur sont insuffisans pour pourvoir aux frais de son éducation ou au paiement de ses dettes. (457, 2e et 3e *al.*)

Il est encore dans les devoirs du conseil de famille de subordonner l'emprunt ou l'aliénation à l'accomplissement des conditions qu'il jugerait utiles, et d'indiquer les immeubles qui devraient être de préférence engagés au prêteur ou aliénés, si toutefois le choix n'était point déterminé par les circonstances. (457, 3e *al.* 2209.)

Nec verò domum vendere liceat, in quâ defecit pater, minor crevit; in quâ majorum imagines videre revulsas satis esset lugubre. (L. 22, C. *de adm. tut.*)

Enfin, si l'aliénation autorisée est une *vente*, elle ne pourra avoir lieu qu'en présence du subrogé tuteur, et dans les formes spéciales que la loi a établies pour protéger le mineur contre la collusion des acheteurs. (459. — *Proc.* 955 *et suiv.*)

Telles sont les limites que la loi donne aux pouvoirs du tuteur, par rapport aux actes qu'elle l'autorise d'ailleurs à faire comme représentant la personne civile du mineur.

Mais il en est qui lui sont interdits dans un sens absolu.

C'est d'abord le compromis qui priverait le mineur du tribut que le ministère public lui doit de ses lumières dans toutes les causes où il est partie. (1989. — *Proc.* 83, 6°, 1004.)

Ce sont, en second lieu, les actes qui, par leur nature même, lui seraient ou pourraient lui devenir essentiellement préjudiciables, comme la donation entre-vifs, le cautionnement, les contrats purement aléatoires. (903, 904, 2011, 1964, *etc.*)

Ce sont enfin ceux qui seraient en opposition directe avec les devoirs d'un tuteur, ou le placeraient entre son intérêt et sa conscience, comme s'il se rendait personnellement cessionnaire d'une créance ou d'une action contre le mineur lui-même, ou adjudicataire de ses biens mis en vente. (450, 3e *al.* 1596.)

Il pourrait cependant devenir son locataire ou son fermier; mais alors le bail devrait être consenti par le subrogé tuteur et avec une autorisation spéciale du conseil de famille. (450, 420.)

Une conséquence nécessaire des principes exposés sous cette section est, que tant que le tuteur et le mineur conservent respectivement ces qualités, aucune prescription ne peut courir entre eux, non plus qu'entre deux époux. Il y a même empêchement légal d'agir. (2253.)

Une dernière observation qui doit encore être ici consignée, c'est que les mêmes règles seront applicables au protuteur, à raison des biens dont l'administration lui a été confiée.

Du reste, le tuteur et le protuteur, entre lesquels la tutelle a été partagée, ne seront point garans l'un de l'autre s'ils se sont renfermés dans leurs attributions respectives. (417, 1995.)

SECTION VIII.

DES CAUSES QUI METTENT FIN A LA TUTELLE.

La tutelle finit de la part du mineur, ou s'il y en a plusieurs, successivement de la part de chacun d'eux;

1° Par son émancipation. (471, 480.)

2° S'il n'est pas émancipé, du moment où il aura atteint sa majorité, à moins qu'il ne se trouve alors frappé d'interdiction. (471, 488, 174.)

3° Par sa mort naturelle ou civile, arrivée avant l'émancipation ou la majorité. (25.)

Les causes qui peuvent mettre fin à la tutelle, de la part du tuteur, sont, indépendamment des cas d'incapacité, de dispense ou de destitution qui surviendraient durant son administration,

1° Sa démission unanimement acceptée par le conseil de famille. (405, 432, 1134. — *Proc.* 883.)

2° Son absence dûment constatée. (424.)

3° Son décès, la tutelle étant ainsi qu'un mandat ordinaire une charge personnelle qui ne passe pas aux héritiers. (419, 2003.)

Toutefois, si les héritiers du tuteur sont majeurs, ils devront continuer sa gestion jusqu'à la nomination d'un nouveau tuteur. (419, 2010.)

Ils seront d'ailleurs, quel que soit leur âge, responsables des faits de leur auteur, et passibles des mêmes restitutions. (419, 873.)

La tutelle peut encore finir,

1° A l'égard d'un tuteur testamentaire ou datif, par l'expiration du temps dans lequel ses fonctions auront été circonscrites, ou par l'événement de la condition prévue comme devant en être le terme.

2° Relativement à la mère survivante, qui passe à de secondes noces, par la délibération qui pourvoit à son remplacement, soit avant son convol, soit depuis la déchéance par elle encourue.

Et c'est au surplus un principe général, que même après que la tutelle a fini légalement, le tuteur reste investi des mêmes pouvoirs à l'égard des tiers, et demeure soumis aux mêmes obligations envers le mineur, tant que de fait il continue son administration, si d'ailleurs il ne lui a pas été nommé un successeur.

Les mêmes causes, à l'exception cependant de la dernière qui ne peut s'appliquer qu'à la mère tutrice légale, feront cesser les fonctions de subrogé tuteur. (425.)

SECTION IX.

DU COMPTE DE TUTELLE.

Le tuteur est, ainsi que tout mandataire, tenu de rendre compte de l'exécution de son mandat. (469, 1993.)

Mais il est encore à cet égard soumis à quelques règles spéciales.

§ 1er. *Quand doit être rendu le compte de tutelle.*

En général, un tuteur n'est comptable de sa gestion que lorsqu'elle finit. (469.)

Cependant, tout autre que le père ou la mère peut, durant la tutelle, être astreint, par une délibération du conseil de famille, à remettre au subrogé tuteur des états de situation d'année en année, ou à des époques moins rapprochées.

Ces états de situation qui seront rédigés sur papier non timbré, sans aucune formalité de justice, ne pourront en aucun cas tenir lieu du compte définitif. (470.)

§ 2. *Par qui doit être rendu le compte de tutelle.*

L'obligation de rendre compte pèse non seulement sur le tuteur ou ses héritiers, mais encore sur toute personne qui, sans avoir la qualité de tuteur, a été chargée provisoirement de l'administration des biens du mineur. (394, 440, 420, 393.)

De là il suit que les héritiers du tuteur pourraient être comptables sous deux rapports distincts; d'abord comme étant passibles des obligations contractées par leur auteur; puis comme ayant eux-mêmes administré jusqu'à l'entrée en fonctions du nouveau tuteur. (419.)

§ 3. *A qui le compte de tutelle doit être rendu.*

Quand le mineur se trouvera dégagé des liens de la tutelle, le compte sera rendu à lui-même ou à ses héritiers.

Il le recevra seul, s'il est majeur; mais s'il n'est qu'émancipé, il devra être assisté de son curateur, ou d'un curateur *ad hoc* qui sera désigné par le conseil de famille, à supposer que le premier soit le rendant compte lui-même. (471, 480, 482.)

Lorsque au contraire la tutelle finira de la part du tuteur seulement, comme aussi lorsqu'il y aura eu une administration qui n'est point une tutelle proprement dite, alors ce sera au tuteur en fonctions à demander et à faire apurer le compte de son prédécesseur ou de l'administrateur provisoire.

Et comme ce premier compte doit à son égard tenir lieu de l'inventaire, il faudra qu'il soit vérifié et débattu en présence du subrogé tuteur. (451.)

§ 4. *Où et comment le compte de tutelle doit être rendu.*

Quelle que soit la personne à qui le compte sera rendu, il pourra être vérifié et arrêté amiablement, dans la forme qu'il conviendra aux parties d'adopter.

Que si elles ne peuvent se mettre d'accord, la contestation sera portée devant les juges du lieu où la tutelle a été déférée; et il sera procédé dans les formes généralement établies pour les redditions de compte faites en justice. (*Proc.* 527.)

Dans tous les cas, les dépenses communes du compte seront à la charge du mineur, à moins que le tuteur ne doive s'imputer à faute la nécessité même où il se trouve de le rendre, comme s'il avait été destitué. (471, 1382. — *Proc.* 532.)

Et celui-ci sera néanmoins tenu, aussi dans tous les cas, de faire l'avance de ces frais, qui, s'il y a lieu, lui seront alloués au chapitre des dépenses. (471. — *Proc.* 533.)

Quant à ceux qui auront été faits pour le contraindre à présenter son compte, ou auxquels auront donné lieu les débats élevés sur les divers articles de ce compte, ils seront dans le cas ordinaire des dépens que doit supporter la partie qui succombe. (473. — *Proc.* 130, 131.)

C'est du reste une maxime fondamentale en cette matière, qu'aucune stipulation ne peut soustraire un tuteur à la nécessité de rendre compte de l'exécution de son mandat.

En conséquence, tout traité sur les faits de la tutelle que pourra souscrire le mineur devenu majeur, sera nul s'il n'a été précédé de la reddition d'un compte détaillé, et de la remise des pièces justificatives; le tout constaté à un intervalle de dix jours au moins, par un récépissé de l'oyant compte, contenant l'inventaire des pièces communiquées. (472.)

§ 5. *Quels doivent être les élémens du compte tutélaire.*

De même que c'est dans les obligations que le mandat accepté et exécuté impose au mandant et au mandataire, qu'il faut chercher les élémens du compte que celui-ci doit à celui-là ; de même les élémens du compte pupillaire se trouveront dans les obligations respectives du tuteur et du mineur.

Ainsi, d'une part, le tuteur doit se charger en recette de toutes les sommes qu'il a perçues ou dû percevoir pour le mineur ; des intérêts des capitaux ou revenus capitalisés restés entre ses mains sans emploi, suivant ce qui a été dit ci-dessus ; enfin des dommages intérêts dont peuvent le rendre passible les fautes qu'il aurait commises dans sa gestion.

D'autre part, on devra lui allouer toutes les dépenses dont l'objet a été utile, au moins dans l'origine, et qui se trouveront suffisamment justifiées ou par écrit, ou par témoins, ou même par de simples présomptions, suivant leur nature et l'usage. (471, 2e *al.*, 1353.)

La différence entre les deux chapitres constituera le reliquat.

Si ce reliquat est en faveur du mineur, il portera intérêts de plein droit du jour même de la clôture du compte amiablement rendu et arrêté.

S'il est au contraire en faveur du tuteur, les intérêts ne courront que du jour de la sommation de payer, mais sans qu'il soit besoin d'une demande judiciaire. (475, 1153, 3e *al.*, 1652, *etc.*)

Dans le cas où le compte aurait été rendu en justice, par défaut contre le mineur, le tuteur reliquataire garderait les fonds sans intérêts, et même sans être tenu, ainsi que le serait tout autre comptable, de fournir une caution. (*Proc.* 542.)

§ 6. *Quelle est la durée de l'action en reddition du compte tutélaire ?*

L'action du mineur en reddition du compte de tutelle est prescrite par dix ans, à compter de sa majorité acquise. (475.)

Cette prescription particulière, établie en faveur du tuteur seulement, a pour fondement légal la présomption que le mineur devenu majeur, qui garde le silence pendant le laps de dix années, reconnaît par là même tacitement que la recette se trouve entièrement absorbée par la dépense.

Si le compte avait été rendu, l'action en paiement du reliquat ne pourrait être écartée, soit de la part du tuteur, soit de celle du mineur, que par la prescription ordinaire de trente ans. (2274, 2262.)

CHAPITRE II.

DE LA CURATELLE DES MINEURS.

SECTION PREMIÈRE.

DE LA CAUSE QUI DONNE LIEU A L'ÉTABLISSEMENT DE CETTE CURATELLE OU DE L'ÉMANCIPATION.

§ 1er. *Qu'est-ce que l'émancipation, et combien l'on peut en distinguer d'espèces ?*

L'émancipation peut être définie : un acte solennel, qui affranchit le mineur de la puissance paternelle ou le dégage des liens de la tutelle, sans néanmoins lui donner le libre exercice de tous ses droits civils.

En considérant l'émancipation sous le triple rapport des conditions d'âge et de consentement qui y sont requises, des formalités nécessaires pour l'opérer, et des effets plus ou moins étendus qu'elle produit, elle est *tacite* ou *expresse*, *civile* ou *commerciale*.

L'émancipation est *tacite*, quand elle a lieu comme conséquence nécessaire et immédiate d'un autre acte, à savoir, du mariage.

Elle est *expresse*, lorsqu'elle est conférée directement par une déclaration formelle du père, de la mère ou du conseil de famille.

Elle est *civile* ou *ordinaire*, quand son objet est de rendre le mineur capable des actes de la vie sociale, qui sont de droit commun.

Enfin elle est *commerciale*, lorsqu'elle doit en outre l'habiliter à faire des actes de commerce. (487, 1308. — *Com.*, 2, 3, 632, 633.)

§ 2. *A quel âge et par qui le mineur peut-il être émancipé?*

Le mineur habile à contracter mariage est par là même capable de l'émancipation tacite. (476.)

L'émancipation directe et purement civile peut être conférée par le père ou la mère qui est investi de la tutelle, ou a conservé quelque attribut de la puissance paternelle, à tout mineur, de l'un ou de l'autre sexe, qui aura accompli sa quinzième année. (477, 1er *al.*)

Elle peut aussi l'être par le conseil de famille, au mineur entièrement affranchi de la puissance paternelle, mais alors seulement qu'il sera parvenu à l'âge de dix-huit ans révolus. (478, 1er *al.*)

En ce dernier cas, lorsqu'un ou plusieurs parens ou alliés du mineur, au 4e degré, ou à des degrés plus proches, le jugeront digne de l'émancipation, ils pourront, si le tuteur ou le subrogé tuteur tarde trop à le faire, requérir le juge de paix de convoquer le conseil de famille, pour délibérer à ce sujet; et le juge de paix devra déférer à cette réquisition. (479, 420, 2e *al.*)

Quant à l'émancipation commerciale, un mineur ne sera apte à la recevoir, soit du conseil de famille, soit du père ou de la mère, que lorsqu'il aura atteint l'âge de dix-huit ans accomplis. (*Com.*, 2.)

§ 3. *Quelles sont les formes de l'émancipation?*

L'émancipation tacite est opérée par la célébration même du mariage.

L'émancipation directe ordinaire résultera, soit de la simple déclaration du père ou de la mère reçue par le juge de paix assisté de son greffier; soit de la délibération du conseil de famille qui l'aura autorisée, et de la déclaration que le juge de paix aura, comme président de l'assemblée, faite dans le même acte, *que le mineur est émancipé*. (477 et 478, 2e *al.*)

Enfin, pour opérer l'émancipation *commerciale*, il faudra,

1° Que le mineur ait préalablement reçu le bénéfice de l'émancipation ordinaire, soit tacite, soit expresse.

2° Qu'il ait en outre obtenu, soit du père ou de la mère, soit du conseil de famille, dont la délibération en ce cas sera sujette à homologation, une autorisation spéciale de faire le commerce ou d'exercer certains actes de commerce.

3° Que cette autorisation ait été enregistrée et affichée au greffe du tribunal de commerce du lieu où il se propose de fixer le siège de son établissement. (*Com.*, 2.)

§ 4. *Quels sont les effets de l'émancipation ?*

L'émancipation ordinaire, tacite ou expresse, transporte dans la personne du mineur les pouvoirs ou les droits dont était par rapport à lui, investi, soit le tuteur, soit le père ou la mère émancipant.

Mais en même temps elle donne lieu à l'établissement de la curatelle.

Par l'émancipation commerciale, le mineur est en outre, suivant qu'on va l'exposer, réputé majeur pour tous les faits relatifs à son commerce ou à son art. (487, 1308. — *Com.*, 2 et 3.)

SECTION II.

DE LA NOMINATION DU CURATEUR, ET DE SES FONCTIONS.

Les principes qui régissent l'établissement des tutelles et déterminent les causes qui peuvent en dispenser, en exclure ou en rendre incapable, sont aussi applicables aux curatelles, si ce n'est que dans le cas de la femme mineure, tacitement émancipée par le mariage, le mari, majeur, sera de droit son curateur. (2208, 3e *al.*)

Les fonctions du curateur consistent généralement à assister le mineur émancipé, dans tous les actes que la loi n'autorise pas celui-ci à faire seul.

SECTION III.

DE L'ADMINISTRATION DE LA PERSONNE ET DES BIENS DU MINEUR ÉMANCIPÉ.

En ce qui concerne la personne, le mineur émancipé est entièrement libre de se choisir un domicile propre et d'embrasser la profession à laquelle il se croira le plus d'aptitude. (372, 374 *et suiv.*)

Relativement aux biens, il sera, avec la simple assistance de son curateur, habile à faire en son nom tous les actes dont la loi confie l'exercice à un tuteur sous sa seule responsabilité, et en outre à accepter une donation entre vifs ou à provoquer un partage. (935, 840.)

Il pourra même faire *seul* plusieurs des actes qui appartiennent à l'administration simple, à savoir, passer un bail dont la durée n'excède pas neuf ans, recevoir ses revenus, vendre les produits annuels ou périodiques de ses propriétés, interrompre une prescription qui est sur le point de s'accomplir, intenter une action purement mobilière. (481, 482.)

Mais, pour les autres actes plus importans de cette première classe, et spécialement pour la recette d'un capital mobilier, quelle que soit d'ailleurs l'origine de ce capital, il faudra, comme on vient de le dire, le concours du curateur qui, dans le dernier cas, devra surtout surveiller l'emploi des deniers reçus. (482, 480.)

Quant aux actes des deux autres classes qu'un tuteur ne peut faire qu'avec l'autorisation du conseil de famille, homologuée ou non homologuée, le mineur émancipé, quoique assisté de son curateur, n'en sera lui-même capable, sauf la double exception rappelée plus haut, qu'en remplissant les conditions et en observant les formes prescrites au mineur en tutelle. (483, 484, 464. *L. du 24 mars* 1806, *et décr. du 25 septembre* 1813.)

L'émancipation commerciale étant une sorte de majorité anticipée pour les actes de commerce, le mineur commerçant ou artisan pourra, sans l'assistance de son curateur et sans l'autorisation du conseil de famille, emprunter même sur hypothèque, pourvu qu'il le fasse pour les besoins de son commerce ou pour l'exercice de son art; ce qui, en l'absence de toute preuve contraire, devra être présumé. (*Com.* 6.)

Mais, à tous autres égards et notamment en ce qui concerne l'aliénation de ses immeubles, il est toujours mineur. (487. — *Com.*, 6, 2e *al.*)

Le mineur émancipé n'est, non plus que le majeur, restituable contre les obligations commerciales ou autres qu'il aura contractées dans les limites de sa capacité et avec les formalités requises. (481, 1308, 1314.)

Cependant ses engagemens *non commerciaux* résultant d'achats ou de fournitures à crédit seront réductibles en cas d'excès. — Les tribunaux prendront à cet égard en considération la fortune du mineur, la bonne ou la mauvaise foi des vendeurs ou fournisseurs, l'utilité ou l'inutilité de la dépense. (484, 2e *al.*)

SECTION IV.

DES CAUSES QUI FONT CESSER LA CURATELLE, ET SPÉCIALEMENT DE LA RÉVOCATION DE L'ÉMANCIPATION.

La curatelle peut finir, à savoir :

De la part du curateur, par sa destitution, par sa démission acceptée, par son absence dûment constatée, enfin par son décès;

De la part du mineur :

1° Par sa majorité acquise;

2° Par son décès;

3° Par la révocation du bénéfice de l'émancipation.

L'émancipation *directe*, soit ordinaire, soit commerciale, pourra être retirée à tout mineur qui aura contracté des engagemens immodérés, quand même ces engagemens, d'ailleurs susceptibles d'être réduits par leur excès, ne l'auraient pas été à raison de leur nature ou de la bonne foi des créanciers. (485, 484, 2e *al.*)

Les formes de la révocation seront les mêmes que celles de l'émancipation qu'il s'agit de révoquer. (485. — *Com.* 2, 3.)

Du jour où le mineur aura été privé du bénéfice de l'émancipation, il rentrera en tutelle ou sous l'autorité paternelle, et il y restera jusqu'à son mariage ou jusqu'à sa majorité accomplie. (486, 476.)

Quant au mineur émancipé indirectement et de plein droit par le mariage, il ne pourrait être privé de ce bénéfice de la loi que par le remède extrême de l'interdiction.

APPENDICE AU TITRE VI.

DE LA TUTELLE ET DE LA CURATELLE DES ENFANS ADMIS DANS LES HOSPICES.

Les enfans dont l'éducation est confiée à la charité publique, c'est-à-dire les enfans trouvés, abandonnés et orphelins pauvres, seront de droit sous la tutelle de la commission administrative de l'hospice où ils auront été recueillis.

Un des membres de cette commission sera spécialement chargé des fonctions de tuteur par rapport à la personne. — Les autres formeront le conseil de famille ou de tutelle.

Quant aux biens, s'il en survenait à l'enfant, ils seraient administrés par le receveur de l'hospice. (*L. du* 25 *vent. an* XIII, 1 *et* 5, 1er *al.* — *Décr. du* 19 *janv.* 1811, 1, 2, 5, 6, 15.)

Dans le cas où l'enfant serait placé hors de

l'hospice comme ouvrier, serviteur, apprenti, la commission pourra, par un simple acte administratif, visé du préfet ou du sous-préfet, déférer la tutelle à la commission administrative de l'hospice le plus voisin de la nouvelle résidence de l'enfant. (*L. du* 25 *vent. an* XIII, 2.)

Relativement à l'émancipation, la commission exercera les pouvoirs attribués aux père et mère par les dispositions du droit commun.—La déclaration d'émancipation sera faite, d'après son avis, par celui de ses membres qui aura été désigné tuteur, et qui seul comparaîtra à cet effet devant le juge de paix. — L'acte d'émancipation sera délivré sans autres frais que ceux d'enregistrement et de papier timbré. — Enfin le receveur de l'hospice remplira les fonctions de curateur. (*L. du* 25 *vent. an* XIII, 3, 4, 5, 3e *al.*)

Jusqu'à la sortie de l'enfant, les revenus qu'il peut avoir seront perçus au profit de l'hospice à titre d'indemnité des frais de son entretien et de sa nourriture. — Les capitaux de 150 francs ou au-dessus seront placés dans les monts-de-piété ou à la caisse d'amortissement, s'il n'y a pas dans la commune un mont-de-piété. — Quant aux capitaux au-dessous de 150 francs, la commission en disposera suivant qu'elle le jugera convenable. (*Même loi*, 7, 6.)

TITRE SEPTIÈME.

DE LA MAJORITÉ ET DE L'INTERDICTION.

La majorité est l'état de celui à qui l'âge a donné cette maturité de jugement dont l'homme social a besoin pour la conduite de sa personne et de ses affaires.

La loi positive répute généralement majeure, par rapport aux actes de la vie civile, toute personne de l'un ou de l'autre sexe qui a vingt-un ans accomplis, sauf les restrictions relatives au mariage et à l'adoption. (488, 148, 151, 153, 348.)

Quant à la majorité politique, elle est plus ou moins reculée, suivant l'importance des fonctions qu'il s'agit de remplir.

Mais il peut arriver que l'homme majeur, d'après la présomption de la loi, soit cependant privé de l'usage de sa raison; ou qu'il se rende, par un crime, indigne d'exercer lui-même les droits qui lui sont conservés; et alors, soit dans son propre intérêt, soit dans l'intérêt de l'ordre public, il passera des liens de la minorité à ceux de l'interdiction.

L'interdiction est l'état de celui qu'un acte de l'autorité publique a déclaré incapable de conduire sa personne, d'administrer ses biens et d'en disposer, même pour le temps de la majorité acquise par l'âge.

Elle est judiciaire ou purement légale.

CHAPITRE PREMIER.

DE L'INTERDICTION JUDICIAIRE.

L'interdiction judiciaire est celle qui a été prononcée par un tribunal civil, sur la demande des personnes auxquelles la loi a confié l'exercice de cette action.

Elle peut être absolue ou ne s'appliquer qu'à certains actes de la vie civile.

L'interdiction judiciaire absolue, qui est l'interdiction proprement dite, donne lieu à l'établissement d'une tutelle.

Lorsque la personne n'est déclarée incapable que de certains actes de la vie civile, alors elle est simplement pourvue d'un curateur appelé *conseil judiciaire*.

SECTION PREMIÈRE.

DE L'INTERDICTION JUDICIAIRE ABSOLUE.

Art. 1er. *Pour quelles causes et contre quelles personnes cette interdiction peut être prononcée.*

Une seule cause peut donner lieu à l'interdiction judiciaire : la privation de l'usage habituel de la raison, dans l'accomplissement des devoirs communs et généraux de la vie sociale, par l'effet d'un vice d'organisation ou d'une maladie qui ne laisse aucun espoir prochain de guérison. Mais il n'est pas nécessaire que cet état d'infirmité morale soit continu, ou en d'autres termes, ne présente aucun intervalle lucide. (489.)

Si celui dont les facultés mentales sont ainsi voilées ou enchaînées, est parvenu à l'âge de majorité, son interdiction, en supposant qu'elle ait été régulièrement provoquée, devra toujours être prononcée.

Mais s'il est encore mineur, l'on ne pourra le faire actuellement interdire qu'autant que son émancipation, l'approche de sa majorité, ou d'autres circonstances rendraient nécessaire l'application de cette mesure extrême. (489, 174, 2°.)

Art. 2. *Quelles personnes peuvent ou doivent provoquer l'interdiction?*

Tout parent, quoiqu'il y en ait d'autres à un degré plus rapproché, a qualité pour faire prononcer l'interdiction de son parent.

La demande serait également recevable de la part d'un époux.

Mais un allié ne pourrait la former que sous le nom et du consentement de son conjoint, ou en qualité de tuteur de ses enfans. (490.)

Lorsque la personne qui est dans un état habituel d'imbécillité ou de démence n'aura ni époux ni parens connus, c'est au procureur du roi près le tribunal du lieu de son domicile, qu'appartiendra l'exercice de cette action de famille.

Enfin, si la démence allait jusqu'à la fureur, et que l'époux ou les parens négligeassent de provoquer l'interdiction, le procureur du roi, chargé de veiller au maintien de l'ordre public, pourrait encore et même en ce cas devrait agir. (491.)

Art. 3. *Où la demande en interdiction doit être portée, et comment elle doit être instruite et jugée.*

La demande en interdiction doit être formée contre la personne même qui en est l'objet, et portée devant le tribunal de première instance du lieu de son domicile. (492, *Proc.*, 59.)

Elle est introduite, sans préliminaire de conciliation, par requête présentée au président. (*Proc.*, 49, 890.)

Cette requête énoncera les faits d'imbécillité, de démence ou de fureur, indiquera les témoins, et enfin sera accompagnée de toutes les pièces qui pourraient dès-lors justifier la demande. (493. —*Proc.*, 890.)

Le président en ordonnera la communication au procureur du roi, à supposer qu'il ne soit pas lui-même demandeur, et commettra un juge pour faire le rapport à jour indiqué. (*Proc.*, 891.)

Sur le rapport du juge, le tribunal ordonnera, si les faits sont pertinens, et qu'il y ait lieu de passer outre, qu'un conseil de famille émettra son avis sur l'état de la personne dont l'interdiction est demandée. (494. *Proc.*, 892.)

Ce jugement et tous autres qui suivront, soit en première instance, soit en appel, ne pourront être rendus que sur les conclusions du ministère public. (515. *Proc.*, 83, 892.)

Les parens demandeurs ne pourront faire partie du conseil de famille, non plus que le conjoint et les enfans de la personne dont l'interdiction est demandée, quand même la demande ne serait point formée en leur nom.

Cependant ces derniers pourront, dans tous les cas, être appelés dans l'assemblée, mais sans y avoir voix délibérative. (495.)

Après que la requête introductive et l'avis du conseil de famille auront été signifiés au défendeur, celui-ci sera interrogé par le tribunal entier en la chambre du conseil, ou, s'il ne peut s'y présenter, par un juge à ce commis, assisté du greffier. Dans tous les cas, le procureur du roi sera présent à l'interrogatoire. (496. *Proc.*, 893, 1er *al.*)

Sur ce premier interrogatoire ou sur un autre qui pourra suivre, le tribunal commettra, s'il y a lieu, un administrateur provisoire pour prendre soin de la personne et des biens du défendeur, et l'instruction se poursuivra au surplus dans la forme ordinaire.

Toutefois, si dans l'insuffisance des preuves résultant des interrogatoires et des pièces produites, le tribunal ordonne une enquête, il pourra en même temps ordonner que les témoins seront entendus hors de la présence du défendeur qui sera en ce cas représenté par son conseil. (*Proc.*, 893, 2e *et* 3e *al.*, 260, 261.)

Enfin, conformément au droit commun, le jugement définitif ne pourra être rendu qu'à l'audience, les parties entendues ou appelées. (498.)

Il pourra être interjeté appel de ce jugement non-seulement par celui dont l'interdiction aura été prononcée, ou par le provoquant, mais encore par tout membre du conseil de famille qui aura été d'avis de l'interdiction. — L'appel sera dirigé contre le provoquant, ou contre celui dont l'interdiction a été provoquée. (*Proc.*, 894, 1er *et* 2e *al.*, 883.)

En cas d'appel, la Cour royale pourra, si elle le juge convenable, interroger de nouveau la personne dont l'interdiction est demandée, ou bien la faire interroger par un commissaire qui ne devra pas nécessairement être pris dans son sein. (500. — *Proc.*, 121. — *Com.*, 16.)

Tout jugement ou arrêt portant interdiction sera, à la diligence des demandeurs, et à peine des dommages-intérêts des parties qui contracteraient avec l'interdit, levé, signifié à celui-ci et inscrit dans les dix jours sur les tableaux qui doivent être affichés dans la salle de l'auditoire, et dans les études des notaires de l'arrondissement. (501.)

A ce dernier effet, les notaires seront eux-mêmes tenus, à peine des dommages-intérêts des tiers, d'afficher dans leurs études l'extrait du jugement qui aura été remis au secrétaire de la chambre sur son récépissé et leur aura été par lui communiqué, sans qu'il soit besoin d'autre notification. (*Vent.*, 18, *et décr. du* 16 *févr.* 1807, 92.)

ART. 4. *Quels sont les effets de l'interdiction.*

L'interdiction a pour effet d'imprimer à l'interdit toutes les incapacités civiles d'un mineur non émancipé, et par suite de placer sa personne et ses biens sous l'administration d'un tuteur.

§ 1er. *De l'état d'incapacité de l'interdit.*

L'interdit est, ainsi que le mineur, civilement incapable de s'obliger; mais, comme il est en outre supposé absolument incapable de donner un consentement même imparfait, ses engagemens, quels qu'en soient la nature et l'objet, seront nuls de droit; de sorte que pour obtenir sa restitution en entier, il ne sera point obligé de prouver qu'il est lésé. (509, 502, 1305, 1398, *etc.*)

Et néanmoins par cela seul que son représentant légal ou lui-même n'attaquera point l'acte qu'il a souscrit, en état d'interdiction, il sera censé l'avoir consenti dans un intervalle lucide; et dès-lors la nullité, bien que de droit, ne sera qu'une nullité relative, susceptible d'être couverte comme toutes les nullités de cette nature, et dont l'autre partie ne sera en aucun cas admise à se prévaloir. (1125, 1304.)

Ce principe est spécialement applicable au mariage ; d'autant mieux que la solennité de l'engagement doit naturellement faire supposer qu'au moment où il a été formé, l'interdit jouissait en effet de toute sa raison.

L'interdiction n'aura d'ailleurs son effet que du jour du jugement ou de l'arrêt, alors que les premiers juges auraient rejeté la demande. (502.)

Et toutefois le jugement d'interdiction n'étant que déclaratif d'une incapacité naturelle préexistante, les actes antérieurs pourront être annullés, si la cause de l'interdiction existait dès-lors notoirement. (503.)

Mais après la mort d'un individu les actes par lui faits ne pourront être attaqués sur le fondement d'un état habituel d'imbécillité ou de démence, qu'autant que son interdiction aura été prononcée ou provoquée avant son décès, à moins que l'acte même qui est attaqué ne prouve l'absence de la raison. (504.)

Hors de là, il faudra, conformément aux principes généraux du droit sur la formation des obligations, prouver l'aliénation mentale au moment même où l'acte a été souscrit. (1108, 901.)

§ 2. *De la tutelle de l'interdit.*

Si après que le jugement d'interdiction dûment signifié est devenu exécutoire, il n'est pas attaqué par la voie de l'appel; ou si sur l'appel intervient un arrêt confirmatif, il sera donné à l'interdit un tuteur et un subrogé-tuteur. — L'administrateur provisoire cessera ses fonctions et rendra son compte au tuteur, s'il ne l'est pas lui-même. (505. *Proc.*, 147, 443, 449, 450, 457.)

Le mari, même mineur, sera tuteur légitime de sa femme interdite. (506.)

Hors de ce cas unique, la tutelle des interdits est essentiellement dative. (505. *Proc.*, 895.)

La femme pourra être tutrice de son mari, à l'exclusion des père et mère et autres ascendans; le fils majeur, tuteur de son père ou de sa mère. (507, 508, 442.)

Les causes d'incapacité, de dispense et d'exclusion seront au surplus les mêmes que dans la tutelle des mineurs, si ce n'est que nul, à l'exception des époux, des ascendans et descendans, ne sera tenu de conserver la tutelle d'un interdit au-delà de dix ans. (508, 505.)

Et en général les règles établies pour la tutelle des mineurs, et spécialement pour l'administration de leur personne et de leurs biens, seront applicables à la tutelle des interdits, avec les seules modifications que doit nécessiter l'état d'infirmité physique et moral de ces derniers, ou leur qualité d'époux et de père. (509.)

Les revenus de l'interdit seront essentiellement employés à adoucir son sort et à accélérer sa guérison. Il appartiendra d'ailleurs au conseil de famille d'arrêter, selon les caractères de sa maladie et l'état de sa fortune, qu'il sera traité dans son domicile ou placé dans une maison de santé et même dans un hospice. (510.)

De même en nommant la femme tutrice de son mari, le conseil de famille réglera la forme et les conditions de son administration, sauf à elle à se pourvoir devant le tribunal contre ce règlement, si elle croit qu'il blesse ses droits. (507. *Proc.*, 883.)

A défaut d'un règlement spécial la femme tutrice exercera provisoirement, comme mandataire légale de son mari, les droits de la puissance paternelle, en ce qui touche l'administration et la jouissance des biens de ses enfans.

A plus forte raison, recouvrerait-elle, à supposer qu'elle ne l'eût pas conservée par les stipulations de son contrat de mariage, la faculté d'administrer ses biens propres et de toucher ses revenus, restant du reste dans tous les cas soumise à la nécessité de l'autorisation supplétive du juge pour les actes qui excéderaient les limites d'une simple administration. (222.)

Quant aux pouvoirs de direction et de correction sur la personne de ses enfans, elle en sera investie pendant tout le temps de l'interdiction, en sa seule qualité de mère. (149, 381. *Com.*, 2.)

Enfin les actes qui sont prohibés au tuteur d'un mineur ou absolument hors des limites de son mandat, seront également défendus au tuteur d'un interdit, ou en dehors de ses pouvoirs.

Cependant lorsque les enfans d'un interdit contracteront mariage, il pourra leur être constitué sur ses biens une dot à titre d'avancement d'hoirie, conformément à ce qui aura été réglé par le conseil de famille, dont l'avis devra en ce cas être homologué par le tribunal, sur les conclusions du procureur du roi. (511.)

Art. 5. *Comment cesse l'interdiction?*

L'interdiction cesse avec les causes qui l'ont déterminée.

Cependant l'interdit ne pourra reprendre l'exercice de ses droits civils qu'après avoir obtenu un jugement de main-levée. (512.)

La demande en main-levée sera instruite et jugée dans la même forme que l'interdiction, si ce n'est que l'interdit, au nom duquel elle sera formée, ne doit point se supposer de contradicteur, et ne sera dès-lors tenu de signifier sa requête ni à son tuteur ni à aucun autre; sauf aux membres du conseil de famille qui seront d'avis du maintien de l'interdiction, à intervenir dans l'instance ou à se rendre appelans du jugement de main-levée. (512. *Proc.*, 896, 894, 2ᵉ *al.*, 339, 466.)

SECTION II.

DU CONSEIL JUDICIAIRE.

Le conseil judiciaire n'est autre chose qu'un curateur nommé par le juge à une personne qu'il déclare incapable de faire seule certains actes de la vie civile.

Les seuls actes auxquels il soit permis au juge d'étendre cette sorte d'interdiction imparfaite, sont les aliénations de biens immeubles ou droits réels immobiliers; les emprunts avec ou sans constitution d'hypothèque; les transactions; les poursuites judiciaires, soit en demandant, soit en défendant; la recette ou la remise d'un capital mobilier, quelle que soit l'origine de ce capital. (499, 513.)

Les causes qui peuvent donner lieu à la curatelle dont on vient de définir la nature sont : le vice de prodigalité, la honteuse passion du jeu, la manie des procès, enfin une faiblesse d'esprit, une légèreté de caractère qui porterait à consentir aux actes les plus ruineux.

La nomination d'un conseil judiciaire peut être provoquée par les mêmes personnes qui seraient recevables à provoquer l'interdiction. (514, 490, 491.)

Elle peut être demandée, ou directement et principalement, ou subsidiairement à une demande en interdiction ; et ces conclusions subsidiaires pourront même toujours être suppléées par le juge, s'il lui apparaît que bien qu'il n'y ait pas lieu d'interdire le défendeur, sa raison est néanmoins dominée par des passions si violentes, ou son intelligence tellement bornée, qu'il serait dangereux de l'abandonner entièrement à lui-même. (514, 499. *Proc.*, 894, 3ᵉ *al.*)

La cause sera au surplus, soit en 1ʳᵉ instance, soit en appel, instruite et jugée dans la même forme que l'interdiction, et le jugement devra recevoir la même publicité. (514. *Proc.*, 894, 3ᵉ *al.*, 897.)

La nomination d'un conseil judiciaire aura en général pour effet, non de priver la personne de l'exercice de ses droits civils, mais seulement de l'obliger à se faire assister par son curateur dans les actes énumérés plus haut, ou dans ceux de ces actes qui auraient été limitativement énoncés dans le dispositif même du jugement. (499, 513.)

Ainsi, à la différence de l'interdiction absolue, la nomination d'un conseil judiciaire ne suspendra le cours d'aucune prescription. (2252.)

Et cette incapacité purement civile ne pourra d'ailleurs en aucun cas rétroagir sur des actes antérieurs au jugement qui l'établit. (502.)

Enfin la défense de procéder sans l'assistance d'un conseil pourra être levée par un nouveau jugement, après une instruction semblable à celle sur laquelle le premier est intervenu. (514, 2ᵉ *al.*)

CHAPITRE II.

DE L'INTERDICTION LÉGALE.

L'on appelle interdiction légale celle qui est directement prononcée par la loi même comme la conséquence d'une peine.

Elle est attachée à toute condamnation *contradictoire* à la peine des travaux forcés à temps ou de la reclusion. (*Pén.*, 29.)

Elle commence au moment de l'exécution de l'arrêt et a la même durée que la peine.

Elle imprime les mêmes incapacités *civiles* que l'interdiction judiciaire absolue.

Les droits de celui qui en est frappé seront exercés par un curateur qui doit être nommé d'après les règles et suivant les formes prescrites pour la nomination des tuteurs aux interdits judiciairement.

Ce curateur n'est et ne peut être chargé que d'administrer les biens; et même il lui est défendu de faire passer à l'interdit aucune somme, aucune provision, aucune portion de ses revenus. (*Pén.*, 29, 31.)

L'interdiction légale cesse de plein droit avec la peine. (*Pén.*, 30.)

Les règles relatives à l'interdiction judiciaire seront pour le surplus applicables à l'interdiction légale, notamment en ce qui concerne la dot à constituer aux enfans qui se marieraient, et le compte à rendre par le curateur, soit au condamné réintégré dans la possession de ses biens, soit à ses héritiers s'il meurt avant d'avoir fini sa peine. (511. — *Pén.* 30. — *L. du 6 octobre 1791, tit. 4, art.* 5, 6.)

La condamnation par contumace à une peine de nature à entraîner la mort civile constituera aussi le condamné dans un état d'interdiction légale absolue, depuis le jour où il aura subi par effigie l'exécution de l'arrêt jusqu'à l'expiration des cinq années de grâce, ou jusqu'à ce qu'il se représente ou soit saisi dans ce même délai. (*Pén.* 28, 1er *al.*)

Mais, en ce cas, les biens seront régis comme ceux d'un *absent présumé* par la direction des domaines et droits d'enregistrement, qui remplira les fonctions d'un curateur nommé par jugement, et rendra compte de son administration, soit au condamné, s'il purge sa contumace dans le délai de grâce de cinq ans, soit à ses héritiers, lorsqu'il aura encouru la mort civile ou qu'il sera décédé avant de l'encourir. (*Pén.* 28, 2e *al.* 112, 27, 29, 30, 25, 31. — *Instr.* 465, 466, 471, 472, 476.)

Quant aux autres condamnations par *contumace* en matière criminelle, quelle que soit la peine prononcée, elles auront simplement pour effet de faire considérer le condamné comme étant en *prévention d'absence*, et d'attribuer à la direction des domaines l'administration des biens frappés du séquestre jusqu'à l'expiration du délai donné pour purger la contumace, ou jusqu'à ce que le contumax soit décédé ou ait été déclaré absent sur la demande des héritiers présomptifs. (*Instr.* 471, 635, 641. — *Cod. du 3 brumaire an* IV, 464, 475, 478, 482. — *Civ.* 115, 120.)

Mais l'accusé contumax sera, dans tous les

cas privé de l'exercice de ses droits politiques; toute action en justice lui sera déniée; enfin ses biens seront séquestrés, et non pas seulement du jour de l'exécution par effigie de l'arrêt qui le condamne; mais du jour où le second délai qui lui est accordé pour se présenter étant expiré, il aura été déclaré rebelle à la loi. (*Instr.* 465, 469.)

Durant ce séquestre, des secours, tels qu'ils seront réglés par l'autorité administrative, pourront être accordés sur les biens de l'accusé ou du condamné contumax à sa femme, à ses enfans, à ses père et mère et autres ascendans qui seront dans le besoin. (*Instr.* 475.)

TITRE HUITIÈME.

DE L'ÉTAT D'ABSENCE;

ET DE L'ADMINISTRATION DES BIENS OU DE L'EXERCICE DES DROITS DE L'ABSENT.

L'absence, dans un sens propre et légal, est l'état de la personne dont on ignore l'existence au lieu de son domicile, sans qu'on ait aucune preuve positive ou de sa vie ou de sa mort.

L'absence produit une sorte d'interdiction de fait, en ce que, dans l'intérêt de la société, de la famille et de l'absent lui-même, d'autres personnes sont appelées à administrer ses biens ou à exercer ses droits.

Pour déterminer le mode d'administration des biens d'un absent proprement dit ou régler l'exercice de ses droits, la loi distingue trois degrés ou périodes dans l'absence :

1° La présomption qui donne lieu à une curatelle purement conservatoire;

2° La déclaration qui confère aux héritiers présomptifs de l'absent la faculté de se faire envoyer provisoirement en possession de ses biens;

3° La confirmation ou envoi en possession définitif.

SECTION PREMIÈRE.

DE LA PRÉVENTION OU PRÉSOMPTION D'ABSENCE.

Il y a prévention d'absence dès l'instant où une personne ayant disparu du lieu de son domicile ou cessé d'y donner de ses nouvelles, son existence peut être raisonnablement révoquée en doute, d'après les circonstances qui ont accompagné le fait de la disparition ou la cessation de toute nouvelle.

Art. 1er. *De l'administration des biens que possédait l'absent présumé au moment où il a pu être et a été en effet considéré comme tel.*

Tous ceux qui ont un intérêt déjà né à ce que l'absent soit légalement représenté, ou à ce qu'on ne laisse point dépérir ses biens, seront recevables à se pourvoir près le tribunal civil du lieu de son dernier domicile, pour le faire constituer en prévention d'absence, et lui faire nommer, s'il y a lieu, un curateur qui puisse exercer ses droits ou veiller à la conversation de son patrimoine. (112.)

Les pouvoirs de ce curateur ou mandataire, constitué par le juge, doivent être strictement et rigoureusement limités aux actes nécessaires; et ils ne s'étendront, si le jugement ne renferme des dispositions contraires, qu'aux simples actes conservatoires. (112, 1988, 1989.)

Ainsi, lorsque l'absent aura laissé lui-même un procureur fondé, il n'y aura lieu de lui en nommer un autre qu'autant que la procuration se trouverait insuffisante ou viendrait à cesser. (112, 122.)

Ainsi encore, lorsqu'il se trouvera intéressé dans une liquidation ou un partage que provoque une autre partie intéressée, il suffira, (comme on verra d'ailleurs que cela se pratique à l'égard des absens improprement dits ou *non présens*), que le tribunal commette un notaire pour le représenter dans les inventaire, reddition de compte et autres opérations amiables nécessaires pour parvenir à la liquidation ou au partage. (113, 838. — *L. du* 11 *février* 1791 *et du* 6 *oct.* 1791, *sect.* 2, *tit.* 1er, *art.* 7.)

Du reste, le mandat devrait, suivant les circonstances, embrasser la généralité des affaires de l'absent ou ne s'appliquer qu'à telle ou telle portion de son patrimoine; et, dans ce dernier cas, le tribunal du lieu du domicile pourrait, après avoir jugé la question de prévention d'absence, renvoyer devant le tribunal du lieu de la situation des biens pour l'établissement de cette curatelle spéciale. (112, 1987. *Proc.* 121, 266.)

Le ministère public étant le protecteur né de toutes les personnes qui ne peuvent veiller elles-mêmes à leurs intérêts, il devra être entendu sur toutes les demandes qui intéressent les présumés absens; mais ce sera en outre son devoir, comme son droit, d'agir d'office pour eux aux mêmes fins que les tiers pécuniairement intéressés, s'il ne s'en présente point pour provoquer des mesures qui paraîtraient d'ailleurs indispensables et urgentes. (114. — *Proc.* 83.)

Quant aux formes de procéder sur une demande en prévention d'absence aux fins de faire pourvoir à l'administration des biens ou à l'exercice des droits de l'absent, il suffira de présenter, à cet effet, au président du tribunal une requête accompagnée des pièces justificatives; ce magistrat commettra un juge pour examiner l'affaire; et au jour indiqué, le tribunal prononcera sur le rapport du juge commissaire et les conclusions du procureur du roi. (*Proc.* 859.)

ART. 2. *Des effets de la prévention d'absence par rapport aux droits éventuels qui peuvent compéter à l'absent, ou dont il était saisi sous la condition résolutoire de son décès.*

Aux yeux de la loi, la vie et la mort du présumé absent sont également incertaines.

De ce principe combiné avec cet autre, que

c'est à celui qui forme une demande à en justifier la légitimité, il suit,

D'une part, que le créancier d'un droit subordonné à la condition du décès de l'absent, ne peut être admis à l'exercer sur le seul fondement de la présomption d'absence;

D'autre part, qu'on ne peut aussi être admis à exercer au nom de l'absent un droit subordonné à la condition de sa survie, si ce droit ne s'est ouvert que depuis l'absence présumée. (123, 135, 1315.)

Si donc il s'ouvrait une succession à laquelle aurait droit le présumé absent, sa portion, à moins que son existence ne fût volontairement reconnue, serait dévolue à ceux qui devaient la recueillir à son défaut, d'après les dispositions de la loi ou du testament. (136, 739, 775, 786, 1043, 1044.)

Il ne sera même pas nécessaire, pour écarter l'absent, de faire juger préalablement la question de prévention d'absence; mais en cas de réclamation de sa part, si, d'après les probabilités humaines, il ne pouvait s'élever des doutes sérieux sur son existence, à l'époque de l'ouverture de la succession, ceux qui s'en seraient emparés à son préjudice, seraient, comme possesseurs de mauvaise foi, passibles de la restitution des fruits.

Et de plus, s'il n'y avait pas eu d'inventaire régulier, la preuve de la consistance du mobilier pourrait être faite contre eux par la commune renommée. (138, 549, 550, 1442.)

Du reste, dans l'exercice de l'action en pétition d'hérédité, l'absent, ainsi que ses successeurs et ayant cause qui exciperaient du droit de transmission, demeurent soumis aux principes du droit commun. (137.)

ART. 3. *Des effets de la prévention d'absence par rapport au conjoint de l'absent.*

L'incertitude qui règne sur la vie de l'absent ne saurait, dans aucun cas, autoriser son conjoint à contracter une nouvelle union; mais cette même incertitude ne permettait pas qu'on laissât soit au ministère public, soit aux divers membres de la famille, l'exercice de l'action en nullité du mariage contracté au mépris de la prohibition de la loi : ce qui forme une exception temporaire au principe général en matière de nullités d'ordre public. (139, 184, 187.)

L'absent pourra d'ailleurs toujours agir, soit par lui-même, soit par un fondé de pouvoir muni de la preuve de son existence. (139, 188.)

La femme pouvant être nommée tutrice de son mari interdit, pourra à plus forte raison être investie de la curatelle de son mari présumé absent. Elle obtiendra du moins provisoirement, si elle ne l'a déjà en vertu de son contrat de mariage ou d'un jugement de séparation de biens, l'administration de son propre patrimoine; et la reprendra même de droit dans le cas où c'est une condamnation par contumace qui aura constitué le mari en prévention d'absence; sauf à elle à se pourvoir de l'autorisation supplétive du juge pour les actes qui exigent une autorisation spéciale. (141, 221 *à* 223, 507. — *Instr.* 471.)

ART. 4. *Des effets de la prévention d'absence par rapport aux enfans mineurs non émancipés.*

Pendant l'absence présumée de la mère, les pouvoirs du père, comme administrateur légal de la personne et des biens de ses enfans mineurs, ne peuvent éprouver aucune altération.

Si c'est le père qui soit en prévention d'absence, alors la mère aura dès ce moment-là même l'exercice provisoire de l'autorité paternelle, à savoir en sa qualité de mère, quant aux pouvoirs de direction et de correction; et comme mandataire légale de son mari, quant à l'administration et à la jouissance des biens des enfans. (141, 381. — *Com.* 2.)

Enfin, si lorsqu'un époux disparaît ou cesse de donner de ses nouvelles, l'autre est absent lui-même ou déjà décédé; ou si le conjoint présent vient à mourir avant la déclaration d'absence, le conseil de famille pourra et devra, six mois après la disparition ou les dernières nouvelles, confier, pour le temps de la prévention d'absence, la tutelle ou surveillance des enfans mineurs aux plus proches ascendans, ou à défaut d'ascendans, aux plus proches parens ou alliés ou plus intimes amis de la famille, suivant les règles établies pour les tutelles datives. (142, 424.)

Il en sera de même par rapport aux enfans que l'époux présumé absent aurait eus d'un précédent mariage. (143.)

Art. 5. *Des effets de la prévention d'absence en ce qui concerne spécialement les enfans mineurs ou majeurs qui veulent contracter mariage.*

L'absent étant dans l'impossibilité de manifester sa volonté, l'exercice de la puissance paternelle, par rapport au mariage des enfans, appartiendra de droit à la mère en cas d'absence du père; aux aïeuls et aïeules en cas d'absence des père et mère ; enfin, en cas d'absence des père et mère, aïeuls et aïeules, au conseil de famille. (149, 150, 160.)

La preuve de l'absence résultera d'un acte de notoriété délivré par le juge de paix du lieu où l'ascendant a eu son dernier domicile, sur la déclaration de quatre témoins appelés d'office par ce magistrat. (155.)

Et dans le cas où le dernier domicile de l'ascendant dont le consentement ou le conseil est requis, ne serait point connu, son absence pourrait être prouvée de la même manière que pourrait l'être son décès, suivant ce que l'on a exposé au titre du mariage. (*Avis des 27 mess. et 4 th. an* XIII.)

SECTION II.

DE LA DÉCLARATION D'ABSENCE.

L'on ne peut, sous quelque rapport que ce soit, être constitué en état d'absence déclarée que par un jugement. (115.)

Ceux qui ont des droits subordonnés à la condition du décès de l'absent (tels ses héritiers présomptifs au jour de sa disparition ou de ses dernières nouvelles, tel le propriétaire d'un fonds dont il a l'usufruit, etc.), seront seuls recevables à provoquer la déclaration d'absence. (115, 120, 123.)

Elle ne pourra l'être au plutôt qu'après quatre années révolues depuis la disparition ou les dernières nouvelles ; et ce délai de rigueur sera prorogé à dix ans, si l'absent a pourvu par une procuration générale à l'administration de ses biens, quand même les pouvoirs du mandataire viendraient à cesser par l'expiration du temps pour lequel ils lui ont été donnés, ou par toute autre cause. (115, 121, 122, 2003.)

La demande en déclaration d'absence devra toujours être formée par requête au président du tribunal civil du lieu du dernier domicile de l'absent.

Le tribunal, à l'effet de constater l'absence, ordonnera, d'après les pièces et documens produits, qu'une enquête soit faite contradictoirement avec le procureur du Roi, dans l'arrondissement du domicile et dans celui de la résidence, s'ils sont distincts l'un de l'autre; et en statuant sur la demande, il aura d'ailleurs égard aux motifs de l'absence et aux causes qui ont pu empêcher d'avoir des nouvelles de l'individu présumé absent. (116, 117.)

Dans tous les cas, le jugement de déclaration d'absence ne sera rendu qu'un an après celui qui aura ordonné l'enquête. (119.)

Enfin, le procureur du Roi enverra, aussitôt qu'ils seront rendus, les jugemens tant préparatoires que définitifs, au ministre de la justice, qui doit leur donner toute la publicité possible. (118.)

Art. 1er. *Des effets de la déclaration d'absence par rapport aux biens que l'absent possédait au jour de sa disparition ou de ses dernières nouvelles.*

La déclaration d'absence, sans rendre absolue la présomption de mort, la fait cependant prédominer sur la présomption de vie; et la loi appelle alors à la curatelle de l'absent ceux qui, dans la supposition de son décès à l'époque depuis laquelle l'on n'a eu aucune preuve directe et positive de son existence, sont les plus intéressés à la conservation de son patrimoine.

Ainsi, lorsque l'absence aura été régulièrement déclarée, les héritiers présomptifs de l'absent, au jour de sa disparition ou de ses dernières nouvelles, à quelque ordre de successibilité qu'ils appartiennent d'ailleurs, pourront demander que ses biens soient remis en leurs mains, comme si sa succession était ouverte; tous ceux qui auront des droits acquis subordonnés à la condition de son décès, seront également admis à les exercer provisoirement; enfin, son testament même sera ouvert à la réquisition des parties intéressées ou du procureur du Roi, et recevra aussi provisoirement son exécution, si les héritiers institués ou légataires la réclament. (120, 123, 140, 723.)

Régulièrement, pour obtenir cette curatelle qui a reçu la dénomination spéciale d'*envoi en possession provisoire*, l'on devra procéder dans les mêmes formes que lorsqu'il s'agit d'établir un curateur à tout ou partie des biens d'un absent présumé. (112, 120. — *Proc.* 860.)

Néanmoins, ceux qui auront provoqué la déclaration d'absence, pourront, par le jugement même qui la prononce, se faire envoyer en possession de la partie des biens qu'ils sont appelés à administrer, soit comme en étant créanciers sous la condition du décès de l'absent, soit comme héritiers ou légataires. (120.)

Quelle que soit la qualité des demandeurs, ils devront préalablement donner caution pour sûreté de leur administration; et ils seront, en thèse générale, tenus des mêmes obligations que le tuteur d'un mineur ou d'un interdit. (120, 125.)

C'est ainsi qu'ils devront faire procéder à l'inventaire du mobilier et des titres de l'absent, en présence du procureur du Roi ou d'un juge de paix délégué par ce magistrat. (126, 1er *al.*)

C'est encore ainsi que, suivant que l'ordonnera le tribunal remplissant les fonctions du conseil de famille, le mobilier devra être vendu pour le tout ou pour partie; et qu'en cas de vente, il devra être fait emploi du prix ainsi que des fruits échus. (126, 2e *al.*)

Quant aux immeubles, ceux qui en auront obtenu la possession pourront, pour leur sûreté, en faire constater l'état par un expert que nommera le tribunal, et dont le rapport sera homologué sur les conclusions du procureur du Roi. Les frais de ce rapport, ainsi que ceux de l'inventaire, seront pris sur les biens de l'absent. (126, 3e *al.*)

Enfin, les envoyés en possession provisoire devront rendre compte de leur administration lorsqu'elle finira. (125.)

Cette curatelle et tous les effets du jugement qui aura déclaré l'absence, cesseront de plein droit si l'on acquiert la preuve, soit de l'existence de l'absent, soit de son décès arrivé à une époque où d'autres personnes que celles qui ont obtenu l'envoi en possession provisoire étaient appelées à lui succéder; sauf à pourvoir, s'il y a lieu, à l'administration de ses biens, comme on l'a exposé en la section 1re. (125, 130, 131.)

Le mandat dont il s'agit n'est point, comme celui du tuteur, un office gratuit; les personnes qui s'en trouvent chargées ne seront, quoi qu'il arrive, tenues de rendre à l'absent, ou à ses héritiers au jour de son décès, que le cinquième des fruits qu'elles auront perçus en leur qualité d'envoyés en possession provisoire. Elles ne seront plus comptables que du dixième, lorsqu'il se sera écoulé quinze ans depuis le jour de la disparition ou des dernières nouvelles; après trente années révolues, depuis la même époque, la totalité des revenus leur appartiendra irrévocablement. (127.)

Si les obligations de l'envoyé en possession provisoire, considéré comme curateur, sont généralement les mêmes que celles d'un tuteur, ses pouvoirs ont aussi généralement la même étendue et les mêmes limites.

Ainsi ceux qui obtiennent l'envoi en possession provisoire deviennent par-là même les seuls contradicteurs légitimes des personnes qui ont des rapports d'intérêt avec l'absent; ils auront même le plein et libre exercice de toutes ses actions actives et passives, sous la seule surveillance du procureur du Roi, qui doit conclure dans toutes les causes où l'une des parties est défendue par un curateur. (134. — *Proc.* 89, 6°.)

Mais ils ne pourront, en cette qualité de curateur, aliéner les biens de l'absent, emprunter pour lui avec ou sans constitution d'hypothèque, acquiescer à une action immobilière, transiger, etc., si ce n'est en vertu d'une autorisation spéciale du tribunal qui a prononcé l'envoi en possession provisoire. (128, 2126, 1988, 2045, *etc.*)

Enfin, les actes qui sont absolument interdits au tuteur ne leur seront également jamais permis. (*Proc.* 1004, 86, 6°, *etc.*)

La qualité qui prédomine dans les envoyés en possession provisoire est, comme on vient de l'exposer, celle de dépositaire et de mandataire, en un mot de curateur; néanmoins, tant que l'absent ne reparaîtra pas, ou que son décès ne sera point prouvé avoir eu lieu à une époque postérieure à sa disparition ou à ses dernières nouvelles, ils seront, vis-à-vis des tiers, réputés héritiers, et comme tels propriétaires.

Ainsi, pour juger si la prescription s'est accomplie contre eux en faveur du tiers détenteur d'un fonds appartenant à l'absent, il faudra, en faisant abstraction de celui-ci, considérer uniquement leur qualité de majeur ou de mineur et le lieu de leur propre domicile.

Et leur possession qui, par rapport à l'absent, est purement précaire, changera de nature, et deviendra *ipso facto* une possession à titre de maître, à l'égard du véritable héritier, du jour où les droits de celui-ci se seront ouverts; bien plus, elle aura ce caractère du jour même de leur entrée en jouissance, à l'égard du parent à un degré plus rapproché, héritier présomptif au jour de la disparition ou des dernières nouvelles, qui n'aurait pas demandé l'envoi en possession provisoire; à moins que cet héritier ne se présente avec la preuve du décès arrivé postérieurement. (2229, 2236, 2240, 133.)

Ainsi, par rapport à l'action en pétition d'hérédité, la prescription commencera à courir du jour de l'envoi en possession provisoire ou du jour du décès prouvé, sauf l'exception établie en faveur des enfans et descendans de l'absent, ainsi qu'on l'exposera en la section troisième. (133.)

ART. 2. *Des effets de la déclaration d'absence par rapport aux droits éventuels qui ont pu compéter à l'absent depuis sa disparition ou ses dernières nouvelles, ou dont il était alors saisi sous la condition résolutoire de son décès.*

La présomption de mort que fait naître la déclaration d'absence se reportant, comme on l'a dit, au jour de la disparition ou des dernières nouvelles, il s'ensuit que si une succession ouverte depuis a été recueillie au nom de l'absent, ceux auxquels elle était dévolue à son défaut doivent la reprendre et en jouir, comme possesseurs de bonne foi, sans aucune charge de restitution de fruits, et sans être tenus de donner caution. (120, 136, 137, 138.)

Quant aux droits dont l'absent était saisi, sous la condition résolutoire de son décès, l'on a vu en l'article qui précède, que par la déclaration d'absence, cette condition était provisoirement réputée accomplie en faveur du créancier, et que celui-ci pouvait en conséquence exercer ses propres droits, comme s'ils étaient ouverts, à la charge de donner caution, et, le cas échéant, de rendre compte de son administration, sous la déduction d'une certaine portion des fruits. (123, 125, 127.)

Art. 3. *Des effets de la déclaration d'absence, par rapport au conjoint de l'absent.*

Le jugement de déclaration d'absence ne peut non plus qu'aucun autre acte, suppléer la preuve légale du décès de l'absent, en faveur du conjoint qui se présenterait devant l'officier de l'état civil, pour contracter un second mariage, sauf l'application du principe qui, dans le cas où le mariage aurait été célébré par erreur ou par collusion, subordonne l'exercice de l'action en nullité à la preuve de l'existence de l'absent. (147, 184, 140.)

Mais cette maxime que la présomption de mort, résultant de la déclaration d'absence, ne porte aucune atteinte au lien qui unit deux époux, ne peut être invoquée lorsqu'il ne s'agit que de leurs intérêts pécuniaires.

Ainsi le mari ne serait pas, du moins en thèse générale, fondé à prétendre conserver la jouissance de la dot de son épouse déclarée absente.

Néanmoins, s'il y avait société de biens entre les deux époux, le conjoint présent qui n'aurait point convolé à de secondes noces, pourrait, en optant pour la continuation de la communauté, empêcher l'exercice provisoire des droits éventuels à titre de succession, ou dérivant d'une disposition révocable, qui se trouveraient en opposition avec ceux dont il est investi comme associé. (124, 123, 895, 967.)

En ce cas, le mari conservera, ou la femme prendra par préférence l'administration de la communauté et de tous les biens propres de l'absent, dont les revenus doivent accroître le fonds social, d'après les dispositions de la loi, ou les stipulations du contrat de mariage. (124, 1401, 1497.)

L'un et l'autre sont dispensés de donner caution, mais non de faire procéder à l'inventaire, soit des biens communs, soit des propres de l'absent, dont doit jouir la société; et sauf les pouvoirs plus étendus qu'aurait le mari comme chef de la communauté, d'après le droit commun, l'époux présent administrateur légal est généralement soumis dans son administration aux mêmes règles que l'envoyé en possession provisoire.

Il jouira aussi du même avantage, c'est-à-dire qu'indépendamment de sa portion dans la communauté, il aura droit de retenir, suivant les distinctions qui ont été faites précédemment, d'abord les quatre cinquièmes, puis les neuf dixièmes, puis enfin la totalité de ce dont s'est accrue la portion de son conjoint absent, durant le cours de son administration. (124, 126, 127, 1421, *etc.*)

L'administration légale du conjoint qui opte pour la continuation de la communauté, finira par sa renonciation, par sa mort, par la preuve acquise de l'existence de l'absent, ou de son décès, enfin par l'envoi en possession définitif; et le compte sera rendu, ainsi qu'il vient d'être dit, soit à l'absent lui-même, soit à ses héritiers au jour de son décès prouvé, soit à ses héritiers au jour de sa disparition ou de ses dernières nouvelles. (129, 130, 131.)

Un second mariage contracté au mépris de la prohibition de la loi, ferait encore nécessairement déchoir l'époux administrateur légal, du bénéfice de son option.

Si l'époux présent demandait, comme il en a le droit, la dissolution provisoire de la communauté, il exercerait ses reprises et tous ses droits légaux et conventionnels, à la charge de donner caution pour les dons, reprises d'apport, préciputs subordonnés à la condition de sa survie, et dès-lors susceptibles de restitution. (124, 1092, 1514, 1515, 1520, *etc.*)

C'est ainsi que l'on procéderait nécessairement s'il n'y avait pas société de biens entre les époux.

La femme qui, en vertu de son option, administrera la communauté, restera soumise, pour tous les actes qui excéderont les bornes d'une simple administration, à la nécessité de l'autorisation supplétive du juge, comme si le mari n'était encore qu'en prévention d'absence.

Que si elle a préféré dissoudre la communauté, alors, bien qu'elle soit toujours dans les liens du mariage quant à sa personne, elle se trouvera provisoirement affranchie de l'autorité maritale, quant à la disposition de ses biens.

Il en sera de même par rapport à la femme *non commune en biens* qui ne peut empêcher l'envoi en possession provisoire des héritiers.

Art. 4. *Des effets de la déclaration d'absence, par rapport aux enfans mineurs non émancipés.*

La déclaration d'absence donnera dans tous les cas provisoirement ouverture, suivant l'ordre établi par la loi, soit à la tutelle légitime du père ou de la mère, soit à la tutelle testamentaire, soit à la tutelle des ascendans, soit enfin à la tutelle dative. (123, 142, 402, 403, *etc.*)

Art. 5. *Des effets de la déclaration d'absence, en ce qui concerne spécialement les enfans mineurs ou majeurs qui veulent contracter mariage.*

Le jugement de déclaration d'absence, et même le jugement préparatoire qui ordonne l'enquête, prouvera, sans qu'il soit besoin d'acte de notoriété, l'absence de l'ascendant auquel devrait être notifié l'acte respectueux, ou dont le consentement même serait nécessaire. (155. — *Avis des 27 messid. et 4 therm. an* XIII.)

SECTION III.

DE LA CONFIRMATION D'ABSENCE.

La confirmation de l'absence ne peut, ainsi que la déclaration, résulter que d'un jugement.

C'est aux héritiers et ayant-cause de l'absent au jour de sa disparition ou de ses dernières nouvelles, qu'il appartient encore de provoquer la confirmation de l'absence, soit qu'ils aient ou n'aient pas réclamé et obtenu l'envoi en possession provisoire.

Cette nouvelle poursuite ne peut avoir lieu que lorsqu'il s'est écoulé un siècle révolu depuis la naissance de l'absent, ou trente ans au moins depuis l'envoi en possession provisoire ou l'administration légale du conjoint présent. (129.)

La demande en confirmation sera au surplus introduite, instruite et jugée dans les mêmes formes que la demande en prévention; le tribunal doit s'assurer que l'absence a continué; mais la loi s'en remet à sa prudence sur le mode de preuve. (*Id.*)

La confirmation de l'absence rend la présomption de mort absolue, en ce sens qu'elle fait cesser entièrement la présomption de vie, si ce n'est par rapport au lien conjugal qui ne peut dans aucun cas n'être dissous que conditionnellement.

Le jugement de confirmation prononcera donc l'envoi en possession définitif des demandeurs, et déchargera les cautions, si l'envoi en possession provisoire a précédé; la communauté continuée par l'option du conjoint présent sera dissoute, et les droits des époux liquidés et réglés, comme si l'absent venait de mourir, sauf la retenue dont l'on a parlé plus haut. (129, 127.)

Par l'envoi en possession définitif, les héritiers et autres successeurs au jour de la disparition ou des dernières nouvelles, seront réputés propriétaires à l'égard de l'absent lui-même; toutefois sous la condition résolutoire de son retour, ou de la preuve acquise de son décès, à supposer que le temps qui se sera écoulé depuis cet événement n'exclue point toute réclamation de la part des vrais héritiers. (132.)

Et, ce qui est une dérogation aux principes du droit commun en cette matière, la condition venant à s'accomplir ne résoudra que pour l'avenir le droit de propriété, comme le simple droit de possession; et bien plus, n'obligera ces propriétaires, dont le titre s'évanouit, à restituer à l'absent ou à l'héritier qui se présente en temps utile, la valeur des biens qu'ils auront aliénés, ou qui auront été détériorés ou détruits même par leur propre fait, que jusqu'à concurrence du profit qu'ils auront tiré de l'aliénation ou de la dégradation.—En cas de vente, ils pourront même offrir, au lieu du prix, les biens provenant de l'emploi qu'ils en auraient fait. (132.)

Du reste, aucune prescription ne saurait être opposée à l'absent.

Mais s'il est décédé avant d'avoir réclamé, soit par lui-même, soit par un fondé de pouvoir, l'action, dans la main de ses héritiers, deviendra prescriptible.

La prescription ne commencera à courir contre ses enfans et descendans directs que du jour de l'envoi en possession définitif; l'envoi en possession provisoire ne donnera, par rapport à cet ordre d'héritiers, qu'une détention précaire des biens de l'absent : ce qui est une exception au principe établi précédemment. (133.)

A l'égard de tous autres héritiers, la prescription courra, comme on l'a déjà dit, du jour du décès prouvé, et à défaut de documens positifs sur l'époque du décès, du jour de l'envoi en possession provisoire.

APPENDICE AU TITRE VIII.

DES RÈGLES PARTICULIÈRES AUX MILITAIRES ET MARINS, EN MATIÈRE D'ABSENCE.

Comme dans le cours d'une expédition, les militaires et marins peuvent être empêchés de correspondre avec leur famille par mille circonstances imprévues; que d'ailleurs leur éloignement a une cause indépendante de leur volonté, l'accomplissement d'un devoir impérieux envers l'Etat; qu'enfin ils acquittent souvent la dette d'un frère, leur cohéritier, à qui leur présence sous les drapeaux donne l'avantage de pouvoir veiller à ses propres intérêts, ces considérations réunies ont fait introduire en leur faveur et maintenir des règles spéciales qui modifient, sur quelques points, les dispositions du droit commun par rapport aux absens *présumés*. (*L. du* 11 *vent. an* II. — *Décr. du* 16 *mars* 1807.)

Ainsi, les militaires et marins en activité de service, les officiers de santé et tous autres citoyens attachés au service des armées de terre et de mer, ne peuvent, en temps de guerre, être écartés d'une succession légitime ou testamentaire, par cela seul qu'ils se trouveraient en prévention d'absence. (*L. du* 11 *vent. an* II. — *L. du* 16 *fruct. an* II, 1.)

Immédiatement après l'apposition des scellés, si le juge de paix sait à quel corps ils sont attachés, il leur écrira, dans tous les cas, pour les prévenir de l'ouverture de la succession. (*L. du* 11 *vent. an* II, 1.)

Et à supposer qu'ils soient présens au corps, le conseil d'administration pourra, au bivouac ou en pays ennemi, faire fonction de notaire pour recevoir leur procuration, que le fondé de pouvoir sera seulement tenu de soumettre à l'enregistrement avant d'en faire usage. (*L. du* 16 *fruct. an* II, 2, 3, 4.)

Le délai d'un mois expiré, s'ils ne donnent pas de leurs nouvelles et n'envoient pas leur procuration, un conseil de famille sera convoqué à la requête de leurs parens ou de leurs créanciers, ou d'office par le juge de paix, à l'effet de leur nommer un curateur. (406. — *L. du* 11 *vent. an* II, 2.)

Ce curateur provoquera la levée des scellés, assistera à leur reconnaissance, pourra faire procéder, soit à l'inventaire, soit à la vente des meubles et en recevoir le prix; enfin devra administrer les immeubles en bon père de famille. (*Même loi*, 3 *et* 4.)

Du reste, si les militaires et marins, soumis à cette curatelle spéciale, ont disparu de leur corps, et que quatre années s'écoulent sans qu'on reçoive de leurs nouvelles, la déclaration d'absence pourra être provoquée, et alors ils rentreront dans le droit commun. — Seulement, comme il faut d'abord s'assurer qu'ils ne sont plus sous les drapeaux, où est en effet le lieu de leur résidence, le procureur du Roi devra demander préalablement et par écrit au ministre de la guerre ou de la marine des renseignemens sur eux, et il en sera fait mention dans les jugemens préparatoire et définitif. (*Circulaire du* 16 *décemb.* 1806.)

Les désastres qu'a entraînés une lutte de vingt-cinq ans contre l'Europe entière, et particulièrement les malheurs des campagnes de 1812 et de 1813, ont encore fait établir quelques dispositions exceptionnelles, mais essentiellement temporaires et transitoires, par rapport à la déclaration d'absence des militaires et marins qui, ayant fait partie des armées françaises dans l'intervalle du 21 avril 1792 au traité de paix du 20 novembre 1815, auront cessé de paraître avant cette dernière époque, soit à leur corps, soit au lieu de leur domicile ou de leur résidence. (*L. du* 13 *janv.* 1817.)

D'abord les héritiers présomptifs et les autres parties intéressées, telles que l'épouse, un créancier sous la condition du prédécès, ont pu de suite se pourvoir, pour faire déclarer l'absence, sans être obligés d'attendre le délai de quatre ans, ou de dix ans, à supposer qu'il existât une procuration. (*L. précit.*, 1, 9, 11.)

Mais, en ce dernier cas, l'envoyé en possession provisoire sera comptable de la totalité des fruits perçus pendant les dix premières années de l'absence. (9.)

En second lieu, la demande doit être rendue publique, comme on a vu que cela était prescrit à l'égard des jugemens d'absence; et le jugement définitif peut intervenir après le délai d'un an depuis cette annonce officielle. (2, 6.)

Enfin l'absence pourra être déclarée, sans aucune autre instruction, ou après des enquêtes, ou un ajournement qui ne saurait excéder une année, s'il paraît constant que l'individu a disparu sans qu'on ait de ses nouvelles, à savoir, depuis deux ans, quand le corps ou l'équipage dont il faisait partie servait en Europe; et depuis quatre ans, quand ce corps ou cet équipage se trouvait hors de l'Europe. (4.)

TITRE NEUVIÈME.

DE L'ÉTAT DE DÉCONFITURE ET DE L'ÉTAT DE FAILLITE OU DE BANQUEROUTE.

Dans le langage de nos lois, le débiteur *non commerçant*, dont l'insolvabilité devient notoire par les poursuites auxquelles il est en but, tombe en état de *déconfiture*; le *commerçant de profession*, qui cesse de payer ses dettes commerciales, tombe en état de *faillite*.

Il faut, pour constituer la déconfiture, des jugemens de condamnation, des saisies, en tel nombre ou de telle nature, qu'on ne puisse raisonnablement douter de l'insuffisance des biens pour acquitter les dettes.

Pour autoriser une déclaration de faillite, il suffit de l'impuissance avouée ou dûment constatée de satisfaire à des engagemens *commerciaux*. — Il n'est pas indispensable qu'il y ait insolvabilité. (*Comm.*, 437, 441.)

Le commerce vit d'exactitude et de ponctualité. (*Rap. de Renouard.*)

Le commerçant *failli*, reconnu insolvable, sera en état de *banqueroute simple*, lorsqu'il aura fait des dépenses excessives, ou se sera livré à des opérations ruineuses par elles-mêmes, ou de pur hasard, comme à des jeux de bourse, ou aura méconnu essentiellement les devoirs que lui imposait sa profession. — Il sera en état de banqueroute frauduleuse, lorsqu'il aura diminué le gage de ses créanciers par des recelés ou par des actes simulés passés à des tiers. (*Com.*, 438, 439, 586, 587, 593, 594, 8, 69, *etc.*)

Si l'état de faillite et l'état de déconfiture diffèrent *dans le fait*, et par les personnes auxquelles ils s'appliquent ; ils ne diffèrent pas moins *dans le droit* et par leurs effets.

La déconfiture est tout entière dans les saisies ou jugemens de condamnations qui la caractérisent. — La faillite est un changement d'état qui *doit* être consacré par l'autorité publique.

Le débiteur *déconfit* n'est point civilement tenu de rendre compte à ses créanciers de l'emploi des biens qu'il a dissipés. — Le commerçant failli, administrateur malheureux de la fortune publique, doit justifier de sa bonne foi, sous les peines infligées aux banqueroutiers.

Le premier conserve le libre exercice du droit de propriété et n'est frappé d'aucune incapacité, sauf aux créanciers à mettre, par voie de saisie, les biens qui lui restent, sous la main de la Justice, et à faire révoquer, par l'action paulienne, les actes frauduleux qui préjudicieraient à leurs droits. — Le second se trouve, par la déclaration de faillite, dans les liens d'une interdiction légale absolue, par rapport à la masse de ses créanciers.

D'un autre côté, l'état de déconfiture laisse chaque créancier maître d'agir comme bon lui semble pour obtenir son paiement. — L'état de faillite ou de banqueroute donne lieu à une sorte de curatelle temporaire qui paralyse les poursuites individuelles, au moins de la part des créanciers purement chirographaires.

En outre, l'état de déconfiture n'a d'autre terme que celui que veut bien y mettre chaque créancier en particulier, à moins que le débiteur ne revienne à bonne fortune. — L'état de faillite peut cesser par une convention où la majorité des créanciers fait la loi à la minorité dissidente.

La déconfiture et la faillite ont toutefois quelques effets qui leur sont communs : l'une et l'autre rendent actuellement exigible une dette à terme, révoquent certains contrats qui ont pour cause la considération de la personne, donnent lieu à la garantie de fait en matière de délégation et de partage, etc. (*Civ.*, 1188, 1913, 1865, 2003, 1276, 1446, 1613, 2032, etc.)

CHAPITRE UNIQUE.

DES COMMERÇANS FAILLIS ET DE L'INTERDICTION DONT ILS SONT FRAPPÉS.

SECTION PREMIÈRE.

DE LA DÉCLARATION ET DE L'OUVERTURE DE LA FAILLITE.

La faillite s'ouvre à l'instant où le commerçant cesse ses paiemens; si en ce jour-là même elle est déclarée, l'époque de la déclaration et celle de l'ouverture se confondent : l'une fixe irrévocablement l'autre.

Mais souvent plusieurs jours, et quelquefois plusieurs semaines, plusieurs mois s'écoulent avant que le commerçant, qui a de fait cessé ses paiemens, soit légalement constitué en état de faillite; et alors l'autorité chargée de déclarer la faillite aura une seconde mission à remplir, celle de déterminer l'époque précise de son ouverture, en s'attachant aux premiers actes qui ont rendu notoire l'embarras des affaires du failli. — Sa retraite ou la clôture de ses magasins équivaudront ici à des refus de paiement. (*Com.*, 441, 454.)

ART. Ier. *Quelle autorité est investie du pouvoir de déclarer une faillite et de fixer l'époque de son ouverture?*

La déclaration d'une faillite et la fixation de l'époque de son ouverture sont dans les attributions exclusives des tribunaux de commerce composés de magistrats plus à même que tous autres d'apprécier la position du failli. (*Com.*, 441.)

L'on suivra d'ailleurs les règles de compétence établies par le droit commun ; c'est-à-dire que la matière étant personnelle, la demande devra être formée devant le tribunal de commerce du lieu du domicile du failli, ou si c'est une société, du lieu de son principal établissement. (*Proc.*, 59.)

La faillite étant déclarée, la banqueroute simple est un délit dont la connaissance appartiendra aux tribunaux correctionnels. La banqueroute frauduleuse, un crime qui devra être déféré aux Cours d'assises. (*Com.*, 588, 595. — *Pén.*, 402.)

En cas de conflit, la règle, *que l'action criminelle doit avoir le pas sur l'action civile*, recevra son application. (*Instr.*, 3.)

Art. 2. *Contre qui la déclaration de faillite doit être poursuivie ?*

La demande en déclaration de faillite ne peut, par la nature même des choses, être formée que contre le failli personnellement.

Cependant si un commerçant est mort en cessation de paiemens, la déclaration pourra être poursuivie contre les héritiers. (*Com.*, 475.)

Mais, en ce cas, l'accusation de banqueroute ne sera point recevable, sauf l'annullation des actes frauduleux préjudiciables aux créanciers.

Art. 3. *Sur la demande de qui, et comment la faillite doit être déclarée, et l'époque de son ouverture, fixée.*

Et d'abord la loi fait un devoir au failli de provoquer lui-même le jugement déclaratif de sa faillite, en faisant connaître sa position au tribunal par la voie du greffe, le troisième jour au plus tard de la cessation de ses paiemens. (*Com.*, 440.)

A défaut du failli, tout créancier, celui-là même qui l'est pour une cause étrangère au commerce, pourra, par une simple requête, demander que la faillite soit déclarée et son ouverture reportée à telle ou telle époque.

Enfin le tribunal pourra d'office statuer sur l'un et l'autre point, d'après la notoriété publique. (*Com.*, 449, 454.)

Tout jugement qui déclare une faillite ou fixe spécialement l'époque de son ouverture, devra être affiché et inséré par extrait dans les journaux.

Art. 4. *Comment, et à la requête de qui le jugement qui déclare la faillite ou fixe l'époque de son ouverture peut être rétracté ou réformé.*

Le jugement déclaratif de la faillite ou spécialement déterminatif de l'époque de son ouverture, sera susceptible d'opposition, de la part de toute personne intéressée. (*Com.*, 457.)

Il ne sera susceptible d'appel que de la part de ceux qui y auront formé opposition.

Contumax non appellat.

Les délais de l'opposition courront du jour de l'insertion dans les journaux et de l'affiche (1); ceux de l'appel, du jour de la signification du jugement. (*Com.*, 457. *Proc.*, 443.)

---

(1) Ne serait-il pas préférable que le délai ne courût pour le failli, que du jour de l'exécution du jugement qui ordonne le dépôt de sa personne dans la maison d'arrêt, ou l'apposition des scellés en son domicile? (*Com.*, 449, 455. *Proc.*, 158, 159.)

SECTION II.

DES CARACTÈRES DE L'INTERDICTION SOUS LE POIDS DE LAQUELLE SE TROUVE UN FAILLI, ET DE L'ANNULLATION DES ACTES PRÉJUDICIABLES AUX CRÉANCIERS.

Le commerçant déclaré failli est par là même dessaisi de l'administration de tous ses biens, et placé sous la curatelle de ses créanciers. (*Com.*, 442.)

En conséquence, les engagemens qu'il aura contractés depuis devront être annullés sur la demande de ceux-ci, mais sans qu'il puisse, alors que l'état de faillite aura cessé, se prévaloir lui-même de son incapacité essentiellement temporaire et purement civile.

Cette sorte d'interdiction légale doit d'ailleurs, comme l'interdiction judiciaire, rétroagir à sa cause, c'est-à-dire au jour même de la cessation des paiemens, en d'autres termes à l'époque de l'ouverture de la faillite.

Mais, d'une part, tous paiemens de dettes échues, et tous actes de commerce ou de haute administration qui auront été faits par le failli dans l'intervalle de l'ouverture à la déclaration, seront, quoique toujours présumés frauduleux de sa part, validés dans l'intérêt des tiers qui auront traité avec lui de bonne foi, dans l'ignorance où ils étaient du mauvais état de ses affaires. (*Com.*, 445. *Civ.*, 2005.)

D'autre part, certains actes essentiellement préjudiciables à la masse, doivent être indistinctement rescindés ou annullés dans son intérêt, bien qu'ils soient antérieurs non-seulement à la déclaration, mais à l'ouverture même de la faillite, s'ils ont eu lieu à une époque tellement rapprochée de cet événement, qu'un homme clairvoyant ait pu dès-lors le prévoir.

Ce sont les dispositions à titre gratuit, les paiemens de dettes non encore échues, et, suivant qu'on l'exposera ailleurs, les constitutions d'hypothèques.

Le législateur présume que dans les dix jours qui ont précédé l'ouverture de la faillite, toute personne ayant quelque expérience des affaires, a dû soupçonner l'état de gêne du failli, et sa chute prochaine. — Cette présomption n'admet aucune preuve contraire, mais ne saurait être étendue à un plus long terme. (*Com.*, 443, 444, 446.)

Au surplus, lorsque la masse des créanciers demandera la rescision des engagemens souscrits par le failli avant ou depuis la déclaration de faillite, elle devra nécessairement restituer aux parties intéressées ce qui sera justifié être entré dans l'actif de la faillite, en vertu de ces engagemens. (*Civ.*, 1312.)

Quant aux actes qui ne se trouvent pas compris dans l'une des catégories qu'on vient d'établir, ils ne pourront être attaqués et rescindés que conformément aux principes du droit commun. (*Civ.*, 1167. *Com.*, 445, *in fin.*, 447.)

Ainsi, une donation antérieure aux dix jours qui ont précédé l'ouverture, ne pourra être annullée qu'autant qu'il sera reconnu que le failli l'a faite avec l'intention de préjudicier à ses créanciers.

Ainsi une aliénation à titre onéreux, antérieure à l'ouverture, ne pourra également l'être, qu'autant qu'il apparaîtra qu'elle est le résultat d'un concert frauduleux entre le failli et le tiers-acquéreur.

Ce qu'il importe de faire remarquer, c'est que le tiers-créancier ou acquéreur en vertu d'un titre annullé comme entaché de fraude et de simulation, se trouverait ici complice du crime de banqueroute frauduleuse, et serait comme tel, passible des mêmes peines que le failli. (*Pén.*, 59, 60, 62, 402. *Com.*, 597, 598.)

Le failli n'est point seulement interdit par rapport à ses biens, il l'est en quelque sorte dans sa personne même, qui doit toujours demeurer à la disposition des créanciers, pour les renseignemens qui peuvent leur être nécessaires; et le tribunal ordonnera son dépôt dans la prison pour dettes, où il demeurera jusqu'à la clôture de la faillite, à moins qu'il ne donne des gages de sa fidélité à remplir tous les devoirs que la loi lui impose. (455, 466 *à* 469, 490.)

Enfin, le failli est privé de la jouissance de tous droits politiques, jusque-là qu'il ne pourrait être témoin dans un acte notarié. (*Ch. de l'an* VIII, *art.* 5.) — Il lui est même interdit de se présenter à la bourse parmi les commerçans. (*Com.*, 614.)

SECTION III.

DE LA CURATELLE DU FAILLI, ET DE LA LIQUIDATION PROVISOIRE DE LA FAILLITE.

La curatelle du failli est exercée, sous la surveillance d'un juge commissaire, par des agens ou syndics provisoires que le tribunal désigne d'office, ou sur la présentation des créanciers, en choisissant de préférence parmi ceux-ci. (*Com.*, 454 *à* 459, 476 *à* 482.)

Ces agens ou syndics sont tout à la fois les mandataires de la masse et les représentans légaux du failli.

C'est donc contre eux que devront être suivies ou intentées les actions concernant les biens de la faillite, comme il leur appartiendra exclusivement d'exercer les actions, et de faire tous les actes conservatoires des droits, soit du failli, soit de la masse des créanciers. (*Com.*, 494, 499, 500, 528.)

Ils devront encore, en leur double qualité, procéder, 1° à la formation ou à la rectification du bilan; 2° à l'inventaire; 3° au recouvrement des créances actives, et à la vente des marchandises; 4° enfin à la vérification des créances.

I. Le bilan est un état actif et passif des affaires et des biens du failli. — C'est un devoir pour lui de remettre sans aucun retard entre les mains des agens ou syndics, ce document indispensable.

Les syndics dresseront au besoin, ou rectifieront le bilan, à l'aide des livres et papiers du failli, et des renseignemens qu'ils pourront obtenir de sa famille et de ses commis. (*Com.*, 470 *et suiv.*)

II. En déclarant la faillite, le tribunal doit ordonner que les scellés seront apposés de suite au domicile du failli et dans ses établissemens de commerce; le juge de paix pourra, en cas d'urgence, les apposer d'office, avant même la déclaration de faillite; enfin, les agens ou syndics requerront au besoin cette mesure conservatoire. (*Com.*, 449 *et suiv.*, 462.)

Les scellés seront levés et l'inventaire dressé dans la forme ordinaire. — C'est encore un devoir pour le failli de s'y trouver présent. (*Com.*, 486, 487.)

III. Les créances actives seront recouvrées et les marchandises vendues sous l'autorisation du juge-commissaire, et de la manière dont il le prescrira. (*Com.*, 463 *à* 498.)

Les syndics ne pourront d'ailleurs transiger

sur des droits litigieux, ou faire d'autres actes de haute administration, qu'en vertu d'une délibération des créanciers homologuée par le tribunal. (*Civ.*, 467. — *Com.*, 563.)

IV. La vérification est un mode d'établir la légitimité d'une créance, tout-à-fait spécial aux faillites. — Elle se fait contradictoirement entre chaque créancier et les syndics, en présence du juge-commissaire qui en dresse procès-verbal, et sur le rapport duquel la contestation sera, s'il y a lieu, jugée par le tribunal de commerce. (*Com.*, 503, 508, *etc.*)

La vérification, si la créance est admise, doit être suivie de *l'affirmation*, c'est-à-dire d'une déclaration assermentée faite entre les mains du juge-commissaire, que la chose ou somme réclamée est bien réellement due. (*Com.*, 506, 507.)

SECTION IV.

DE LA CLÔTURE DE LA FAILLITE, ET DE LA RÉHABILITATION COMMERCIALE.

L'état de faillite peut cesser en vertu d'une délibération des créanciers, appelée *concordat.* — Il finira, à défaut de concordat, par le *contrat d'union* et l'entière expropriation du failli. — De quelque manière que la faillite se termine, le failli ne sera réintégré dans ses droits politiques que par la *réhabilitation.*

ART. 1er. *Du Concordat.*

Le concordat est une convention par laquelle les créanciers d'une faillite rétablissent leur débiteur à la tête de ses affaires, en lui accordant des termes pour se libérer, et en lui faisant au besoin remise d'une partie de leurs droits.

Cette convention devant abolir l'état de faillite et être opposable même aux parties intéressées qui y auraient formellement refusé leur adhésion, elle a été soumise à des formes et conditions particulières.

Et d'abord il ne pourra être délibéré de concordat qu'après que la faillite aura subi toutes ses phases jusqu'à la vérification des créances inclusivement ; et la délibération ne pourra être prise que par des créanciers dont les titres auront été admis et affirmés. (*Com.*, 519, 1er *al.*)

En second lieu, une convocation devra être faite spécialement à cet effet par les syndics, et l'assemblée se former sous la présidence du juge-commissaire, qui dressera procès-verbal de ce qui y aura été dit et décidé. — C'est un devoir pour le failli de s'y présenter en personne. (*Com.*, 514 *à* 518.)

La troisième et la principale condition du concordat est le concours du consentement d'un nombre de créanciers représentant par leurs titres de créances les trois quarts au moins du passif vérifié et affirmé, et formant la majorité de ceux qui ont rempli cette double formalité de la vérification et de l'affirmation. (*Com.*, 519, 2e *al.*)

Si les créanciers hypothécaires ou privilégiés renoncent à leur hypothèque ou privilège pour tout ou partie de leurs créances vérifiées et affirmées, ils prendront part à la délibération. — Autrement ils en seront exclus, quand même cette qualité de créancier hypothécaire ou privilégié leur serait contestée. Mais alors ils ne seront point comptés parmi les créanciers pour le calcul de la majorité numérique, et leurs créances seront entièrement retranchées de la masse pour la computation de la majorité des trois quarts en somme. — En cas de renonciation *partielle*, l'on ne fera figurer dans la masse que la portion des créances devenue chirographaire par l'effet de cette renonciation. (*Com.*, 519, 2e *al.*, 520.)

Une quatrième condition essentielle du concordat est qu'il soit consenti et signé, *séance tenante.* —Cependant s'il était alors souscrit par la majorité en nombre, ou par la majorité des trois quarts en somme, une seconde délibération devrait être indiquée à huitaine, mais sans qu'il puisse y en avoir une troisième, dans le cas où la double majorité requise manquerait encore. (*Com.*, 522.)

Enfin le concordat, régulièrement consenti par cette double majorité, sera soumis à l'homologation du tribunal de commerce, qui prononcera après avoir entendu le rapport du juge-commissaire sur les causes et les caractères de la faillite, dont il a dû s'enquérir avec soin dans le cours de sa mission. (*Com.*, 524, 521, 526, 474, 488, 489.)

Tout créancier pourra d'ailleurs former opposition au concordat pendant huitaine; et le jugement d'homologation ne pourra être rendu qu'à l'expiration de ce délai. (*Com.*, 523, 524.)

La faveur d'un concordat ne peut en aucun cas être accordée à un failli déclaré banqueroutier frauduleux. (*Com.*, 521, 612, 613.)

Le concordat dûment homologué sera obligatoire pour tous les créanciers chirographaires, même pour ceux qui seraient demeurés étrangers à toutes les opérations de la faillite. (*Com.*, 524.)

De plus il pourra être invoqué par le failli comme une fin de non-recevoir contre une poursuite en banqueroute *simple*; cette poursuite n'intéressant pas essentiellement l'ordre public, et pouvant devenir très-préjudiciable aux créanciers concordataires. — En cela du moins le *civil* doit ici emporter le *criminel*.

Enfin le jugement d'homologation vaudra pour le failli main-levée de l'interdiction dont il était frappé ; et c'est à lui que les syndics devront rendre compte de leur administration. (*Com.*, 525.)

Le concordat participe de la nature des contrats synallagmatiques, en ce que les concordataires n'ont réintégré leur débiteur dans l'exercice de ses actions et ne lui ont accordé des termes ou remis une partie de leurs créances que sous la condition tacite qu'ils seraient exactement payés du surplus. — En conséquence, si le failli ne remplit pas ses nouveaux engagemens, il devra, sur la demande d'un ou de plusieurs créanciers, être déclaré déchu du bénéfice des termes ou de la remise, et constitué de nouveau en faillite, sans qu'on puisse toutefois attaquer les actes qu'il aurait faits dans l'intervalle avec des tiers de bonne foi. (*Civ.*, 1184, 2005.)

Le concordat sera encore nécessairement anéanti par une condamnation pour banqueroute *frauduleuse*.

Mais il ne serait susceptible d'être rescindé ou annullé pour une autre cause, qu'autant que cette cause constituerait une ouverture de requête civile contre le jugement d'homologation. (*Proc.*, 480.)

Art. 2. *Du contrat d'union.*

Si le concordat n'est pas consenti par la double majorité requise, ou s'il n'est point homologué par le tribunal, ou si après l'homologation il est résolu ou annullé, les biens du failli resteront sous la main des créanciers, entre lesquels il existera une sorte de communion appelée *contrat d'union*, et il sera procédé de suite à une liquidation définitive.

A cet effet, de nouveaux agens, appelés syndics définitifs, seront nommés à la majorité individuelle des créanciers présens et votans.

Tout créancier dont le titre est vérifié et affirmé, aura d'ailleurs le droit de concourir à cette nomination ; peu importe que sa créance soit hypothécaire, privilégiée, ou purement chirographaire. (*Com.*, 527.)

Les syndics définitifs recevront le compte des syndics provisoires ; ils représenteront, comme ceux-ci, tout à la fois le failli et la masse des créanciers, et en cette double qualité poursuivront, s'il y a lieu, la vente des biens meubles et immeubles de la faillite, dont le prix sera distribué aux créanciers, ou par contribution, ou par ordre de privilège ou d'hypothèque, suivant la nature de leurs droits. (528, 532, 563.)

La vente des immeubles aura lieu suivant les formes prescrites pour la vente des biens de mineurs. (*Com.*, 564, 565.)

La liquidation étant terminée, les syndics rendront leur compte ; l'état de faillite sera clos par un procès-verbal du juge-commissaire, et chaque créancier rentrera dans l'exercice de ses droits individuels ; sauf au failli à s'affranchir de la contrainte par corps, en implorant le bénéfice de cession, ou plutôt une déclaration d'excusabilité, puisqu'il ne peut rien avoir à céder. (*Com.*, 562, 531.)

Art. 3. *De la réhabilitation.*

La réhabilitation est un acte de l'autorité judiciaire, qui efface entièrement la tache imprimée à un commerçant par l'état de faillite, et lui rend en conséquence ses droits politiques et son honneur commercial.

Les conditions préalables à la réhabilitation sont :

1° Que le failli ait été admis à un concordat, ou déclaré excusable, à la clôture de sa faillite. (*Com.*, 526, 531, 612.)

2° Qu'il ait intégralement payé tout ce qu'il devait en capital, intérêts et frais, même comme simple caution, et sans égard à la remise qui lui aurait été consentie dans un concordat. (*Com.*, 605, 608.)

La demande doit être adressée directement à la Cour royale qui prononce après s'être assurée de la vérité des faits exposés. (*Com.*, 604 *et suiv.*)

Toute partie intéressée, et spécialement tout créancier qui n'aura pas été complètement désintéressé, pourra, pendant l'instruction, s'opposer à la réhabilitation, par un simple acte au greffe, appuyé des pièces justificatives. (*Com.*, 607, 608.)

TITRE DIXIÈME.

DES PERSONNES MORALES

RETENUES PAR LA LOI DANS LES LIENS D'UNE MINORITÉ PERPÉTUELLE, ET PLACÉES SOUS LA TUTELLE OU CURATELLE DE L'AUTORITÉ ADMINISTRATIVE.

CHAPITRE PREMIER.

DES COMMUNES.

L'on entend par commune une agrégation de familles unies par des relations purement locales. (*Loi du* 10 *juin* 1793, *art.* 2.)

C'est une sorte d'association dont l'on devient membre par la fixation de son domicile dans le lieu où elle est établie.

Les communes sont dans l'ordre civil des personnes morales habiles à acquérir et à posséder toute espèce de biens, et ayant, comme tout propriétaire, le droit d'en disposer.

Mais elles sont toujours réputées mineures. (*Décl. de* 1652.)

Le Roi est de droit leur tuteur.

Le maire a, comme délégué de l'autorité royale, l'administration de cette tutelle, sous la surveillance du conseil municipal.

Le conseil de préfecture du département fait office de conseil de famille.

Enfin, le Roi s'est réservé d'homologuer sur l'avis du préfet, les actes d'aliénations et autres, excédant les bornes d'une simple administration.

Le mode administratif des recettes et dépenses communales est déterminé par des lois spéciales dont l'application appartient exclusivement à l'autorité administrative. (*Loi du* 11 *fruct. an* 7.)

En général, les pouvoirs d'un maire, comme tuteur de sa commune, sont beaucoup plus restreints que ceux d'un tuteur ordinaire.

Un maire ne peut affermer les biens communaux susceptibles de l'être, qu'en se conformant aux usages de l'administration. — Il ne peut faire aucun emploi des capitaux de la commune, sans l'autorisation du préfet ou du roi, suivant l'importance de la somme ou la nature de l'emploi. (*Décr. du* 16 *juillet* 1810.)

Les bois communaux sont d'ailleurs soumis à un mode d'administration particulier, essentiellement conservateur, appelé régime forestier. (*Forest.*, 1, 90 *et suiv.*)

Le mode de jouissance des autres biens communaux ne peut être changé que par une ordonnance royale, sur la demande du conseil municipal, et de l'avis du préfet. (*Décr. régl. du* 9 *brum.*, *an* XIII; *avis des* 23 *juillet* 1807, 29 *mai* 1808, *etc.*)

En ce qui concerne l'exercice de ses actions, une commune ne peut ester en justice, soit en demandant, soit en défendant, sans une autorisation spéciale du conseil de préfecture. (*Edit d'août* 1683; *autre d'août* 1764, *art.* 43 *à* 45. *Loi du* 28 *pluv.*, *an* VIII, *art.* 4, 15. *Proc.*, 1032.)

Dans les instances qui ont pour objet un droit immobilier, c'est à la commune à demander cette autorisation; et faute par elle de la rapporter dans le délai qui aura été fixé par le juge, l'affaire est instruite et jugée par défaut.

Mais dans le cas d'une action personnelle-mobilière, le créancier demandeur doit lui-même faire autoriser la commune, en sollicitant, du conseil de préfecture, la permission de l'assigner; permission qui ne peut d'ailleurs lui être refusée, si le paiement qu'il réclame n'est pas alors autorisé par le préfet. (*Ord. de* 1683. *Arr. du* 17 *vend., an* x. *Avis des* 3 *juillet* 1806, 12 *août* 1807, *etc.*)

Les biens immeubles des communes ne peuvent, ainsi que ceux du mineur, être aliénés que pour une juste cause.

L'aliénation est précédée d'une enquête administrative *de Commodo et Incommodo*, à laquelle il est procédé par tel commissaire que le préfet juge convenable de déléguer.

Elle doit être consentie par le conseil municipal et autorisée par une ordonnance royale, sur l'avis du préfet. (*Loi des* 10 *août* 1791, 2 *prair.*, *an* v. *Ord. régl. du* 23 *juin* 1819, *etc.*)

Le concours du conseil municipal et de l'autorité royale sera également indispensable, pour qu'une donation entre-vifs ou testamentaire faite au profit d'une commune, ait son effet. (910.)

Les communes, quoique considérées comme mineures, usent d'ailleurs par rapport aux prescriptions, du même droit que les majeurs. (2227.)

Mais ce principe ne s'applique qu'aux biens communaux proprement dits, c'est-à-dire aux biens dont la commune jouit par ses fermiers ou par ses habitans, comme en jouirait un simple particulier s'il en était propriétaire.

L'on ne saurait donc l'invoquer pour se maintenir dans la possession exclusive de ceux que leur destination rend inaliénables, et qui, comme on l'exposera ailleurs, constituent ce que l'on est convenu d'appeler *domaine public municipal*. (542.)

CHAPITRE II.

DES FABRIQUES, DES HOSPICES ET AUTRES ÉTABLISSEMENS PUBLICS.

Les fabriques, les hospices, les établissemens de charité, et tous autres légalement autorisés, sont, ainsi que les communes, des personnes morales, habiles à acquérir et à posséder toute espèce de biens.

Ils sont également réputés mineurs et soumis à la même tutelle administrative, si ce n'est que leurs actions sont exercées par le trésorier, sous la surveillance du conseil de fabrique ou des membres du bureau.

Et nonobstant leur privilège d'être réputés mineurs, l'on peut aussi prescrire contre eux de la même manière que contre les majeurs, à moins qu'il ne s'agisse d'un bien que l'usage auquel il est destiné place hors du commerce des hommes. (2227.)

Enfin, les donations qui leur sont faites ne peuvent aussi avoir leur effet qu'autant qu'elles ont été autorisées par le Roi, principe établi, moins dans leur intérêt que dans la vue de conserver aux familles leur patrimoine, et d'empêcher qu'une trop grande masse de biens ne se trouve bientôt hors de la circulation. (910.)

La même autorisation leur sera nécessaire pour acquérir par contrat de rente viagère. (*Ed. d'août* 1661. *Déc. du* 23 *juin* 1806.)

CHAPITRE III.

DE L'ÉTAT CONSIDÉRÉ COMME UNE PERSONNE CIVILE.

La grande communauté, c'est-à-dire l'Etat est lui-même une personne morale, qui peut aussi acquérir, posséder des biens, et en disposer.

Il est plus immédiatement que les communes sous la tutelle du Roi.

Res publica minorum jure uti solet (L. 4, C. *quib. caus. maj.*)

Ses actions sont exercées, suivant la nature des droits qui en sont l'objet, par le préfet, ou par le directeur des domaines, et l'administration générale. (*Proc.*, 69. *Instr.* 24 *sept.* 1807, *etc.*)

Le régime forestier auquel l'on a dit qu'étaient soumis les bois communaux, a été principalement établi pour les bois de l'Etat. (*Forest.*, *titre* 1, 2, 3.)

Les biens dépendant du domaine de l'Etat, ne sont aliénables qu'en vertu d'une loi. (*Loi du* 1er *déc.* 1790, *art.* 8.)

Ils sont néanmoins prescriptibles comme ceux des communes et des établissemens publics. (2227.)

Il ne faut pas d'ailleurs confondre le domaine de l'Etat avec le domaine public.

Le premier se compose de biens de la même nature que ceux qui forment le patrimoine des simples particuliers; le second, au contraire, de biens qui, par leur destination actuelle, ne sont pas susceptibles d'une propriété privée.

FIN DU PREMIER CAHIER.

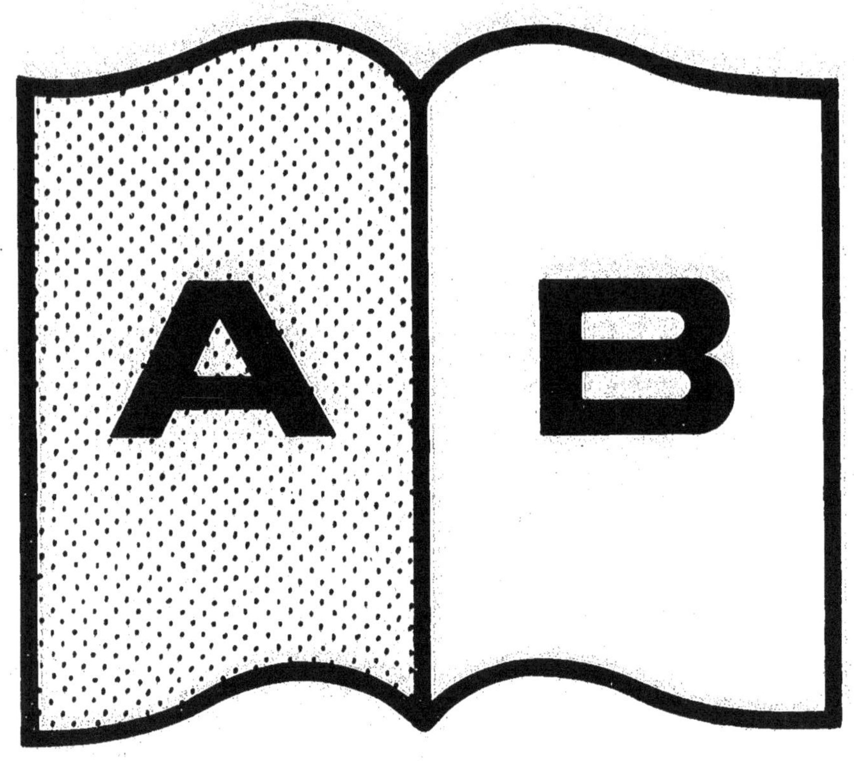

Contraste insuffisant

NF Z 43-120-14

www.ingramcontent.com/pod-product-compliance
Lightning Source LLC
Chambersburg PA
CBHW060959220326
41599CB00023B/3773

* 9 7 8 2 0 1 9 5 8 5 0 6 8 *